개인
주의
신화

개인
주의
신화

우리는 왜
개인이 아닌가

황소걸음
Slow & Steady

3판 서문

이 책의 2판이 출간된 지 4년이 지난 지금, 과도한 개인주의에 대한 미국의 찬양은 여전히 강력하다. 이를 극명하게 드러낸 것이 2016년 대통령 선거다. 도널드 트럼프Donald Trump는 독립심, 자율성, 자립, 개인의 자원, 개인적인 성공 같은 가치관에 극단적으로 헌신하는 것을 옹호했다. 트럼프 대통령은 공개적인 연설, 토론, 언론 인터뷰, 소셜 미디어 포스팅에서 자신감 넘치고 뻔뻔한 태도로 자신의 남다른 재능을 자랑했다.

"패배자와 비방꾼들에게 미안한 얘기지만, 내 IQ는 최상위권입니다. 여러분 모두 그 사실을 알고 있습니다! 제발 멍청한 사람, 자신 없는 사람이라고 자책하지 마세요. 그건 여러분 잘못이 아닙니다."

"내 기억력은 세계 최고이고, 그건 누구나 아는 사실입니다."

"나는 재생 가능 에너지에 대해 지구상의 어떤 인간보다 아는 게

많습니다."

"세금에 대해 나보다 많이 아는 사람은 세계 역사를 통틀어도 없을 겁니다. 세금에 대해 나보다 많이 아는 사람은 없습니다."

"IS(이슬람국가)에 대해서 나는 군 장성들보다 많은 것을 알고 있습니다. 내 말을 믿으세요."

"나는 당신이 평생 만나본 사람 중에 반유대주의 성향이 가장 약한 사람입니다."

"나보다 성서를 사랑하는 사람은 없습니다."

"나보다 여성을 존중하는 사람은 없습니다."

"나보다 장애인에게 친절한 사람은 없습니다."

"평등을 위해 나보다 많은 일을 한 사람은 없습니다."

이런 주장과 허세를 자기중심적인 사람의 증거로 보는 사람도 있겠지만, 긍정적인 자부심의 지표이자 타고난 지도자의 자신감으로 받아들이는 사람이 많다. 2016년 공화당 전당대회에서 트럼프 후보자에게 갈채와 환호성이 쏟아진 건 이 때문이다. 그는 전당대회에서 외쳤다. "나보다 이 시스템을 잘 아는 사람은 없습니다. 이것이 내가 이 시스템을 고칠 수 있는 이유입니다."

이 책은 극단적 개인주의와 과장된 개인의 힘을 아무렇지 않게 받아들이는 태도에 이의를 제기한다. 나의 목표는 독자를 정치적 수사 너머로 데려가 사회적 힘이 개인의 인생 경험에 구체적으로 어떻게 영향을 미치는지 살펴보는 것이다. 개인이 자기 삶에 영향을 미치는 결정을 내릴 때 저마다 기량과 능력에 차이가 있다는 점을 부인하진 않지만, 사회학자들도 알다시피 이는 전체 이야기의 일부에 불과하다. 이 책은 인간에게 내재된 사회성, 우리의 본질적인 상호 의존성, 우리에게 기본적으로 필요한 사람과 사람의 결속에 중점을 둔다.

3판에서 새로워진 점

나는 3판에서 의미 있는 통계자료를 업데이트하고, 필요한 곳에 새로운 참고 목록을 추가했다. 가장 중요한 변화는 국가의 힘을 다룬 완전히 새로운 장(6장)을 추가한 것이다. 나는 6장에서 국경이 가하는 제약, 통치 이데올로기가 미치는 영향, 경찰과 군대의 물리적 힘을 검토한다.

자립과 독립에 대한 미국인의 남다른 믿음은 뿌리 깊은 문화적 신념이다. 정치인과 선거 전략가들은 이런 문화적 신념의 힘을 자신에게 유리한 쪽으로 활용하는 데 민첩하다. 사실 미국인도 다른 나라 사람들과 크게 다르지 않다. 즉 미국인도 사회성을 가지고 태어났고, 상호 의존적이며, 사회적 힘에 의해 만들어진다. 이것이 초판의 메시지이자, 3판에서도 핵심적인 주제다.

서문

사회 바깥에 존재하는 소외된 개인에 의한 생산은 개인들이 함께 살면서 대화하지 않는 세상에서 언어의 발달을 논하는 것만큼이나 말이 안 된다.

카를 마르크스Karl Marx

개인의 이 내면적 소외는 환멸에 빠지고 비관적 성향을 띠는 개인주의를 떠받치는 뿌리 가운데 하나다. 이런 개인주의는 오늘날에도 청교도적 과거가 있는 사람의 국민성과 관습에서 발견된다.

막스 베버Max Weber

미국 헌법이 제정된 1787년, 역사적으로 중요한 법리가 확립됐다. 미국 헌법을 작성한 사람, 즉 재산을 소유한 극소수 백인 남성의 정치적 이익에 도움이 되는 법리다. 이 법리에 따르면 여성과 노예, 아메리카 원주민, 이민자, 재산이 없는 사람은 투표할 수 없고, 공직에 선출될 수도 없으며, 기본적인 인권과 자유가 허락되지 않았다. 결과적으로 미국에 거주하는 사람 중 거의 90퍼센트는 법적인 관점에서 '사람persons'이 아닌 것으로 간주됐다. 사람의 자격에 대한 이 편협한 시각은 1858년까지 여전히 지배적이었다. 오죽하면 당시 에이브러햄 링컨Abraham Lincoln도 이렇게 말했다. "백인과 흑인 사이에는 신체적 차이가 있는데, 나는 이 차이 때문에 두 인종이 정치적·사회적 평등을 누리며 공존하기는 영원히 어려울 거라고 생각합니다."[1]

한 세기가 지나고 사람의 법적 권리를 둘러싼 국제적인 논쟁은 극적인 전환점을 맞이했다. 1993년 침팬지와 고릴라, 오랑우탄에게 도덕적·법적 권리를 부여하는 일에 헌신적인 과학자와 철학자들이 위대한유인원프로젝트Great Ape Project, GAP라는 조직을 설립한 것이다. 이 조직을 이끄는 사람 가운데 한 명의 말을 빌리면, "침팬지는 지능이 있고 사교적인 존재로, 사회에서 사는 법을 알고 쉽게 배우며, 다른 침팬지들의 몇 가지 기술을 똑같이 따라 하고, 사랑하고 미워하고 느끼며 발전과 문명을 인식한다. 그리고 그들이 겪은 모든 고문과 고통에도 인간을 좋아한다".[2] GAP의 취지에 동의한 스페인 의회의 한 위원회는 2008년 유인원에게 '인간의' 권리 중 일부를 부여하는 결의안을 통과시켰다.[3]

2005년 인간의 배아 세포를 유인원과 다른 동물의 배아 세포와 결합하는 기술을 개발한 과학자의 특허 신청을 미국 특허청이 퇴짜 놓으면서 문제가 복잡해졌다. 이 과학자의 목적은 인간과 동물의 교배종 혹은 키마이라*를 창조하는 것이었다. 존 돌 John Doll 부청장은 논란의 소지가 많은 특허청의 결정에 대해 설명하면서 이렇게 말했다. "주먹구구식 백분율을 이용해서 인간과 인간이 아닌 존재를 구분하는 법을 아는 사람은 없다고 생각합니다."⁴ 그럼에도 과학자들은 2017년에 인간과 돼지를 한 배아에 결합한 교배종을 만드는 데 성공했다고 발표했다. 이식을 목적으로 인간의 장기를 다른 동물에서 자라게 만드는 것이 이 연구의 궁극적인 목적이다. 그런 날이 오면 인간과 돼지의 교배종이 법적인 인격체로 인정받을까?

인간은 수백 년 동안 사람의 자격personhood이라는 문제와 씨름했다. 여성과 노예, 흑인은 백인 남성과 동등한가? 유인원과 인간을 구분하는 경계선은 무엇인가? 우리는 개인을 정의하기 위해 어떤 기준을 사용해야 하는가? 이는 우리 대다수에게 분명한 답이 있는 단순한 질문처럼 보인다. 시간과 공을 들일 가치조차 없는 사소한 질문처럼 보이기도 한다. 그러나 이 문제는 인류 문명의 역사에서 중요한 쟁점 가운데 한자리를 차지해왔다. 우리가 한 개인을 정의하기 위해 선택하는 방식은 살아가는 방식에 어마어마한 영향을 미친다. 우리의 종교적 신념과 정치, 법률제도, 경제는 모두 개인에 대한 특정한 믿음에 근거를 둔다. 인류학자는 사람의 자격이라는 질문에 대한 답이 문화에 따라 천차만별이라고 한다. 역사가는 그 답이 특정 문화에서 시간이 지나며 극적으로 변한다고 설명한다. 오늘 당신이 이웃이나 친구에

---

* 그리스신화에 나오는 괴물로 머리는 사자, 몸은 염소, 꼬리는 뱀 모양이다.

게 사람의 자격을 어떻게 정의할지 묻는다면, 십중팔구 당신과 사뭇 다른 답이 돌아올 것이다. 이는 오늘날 낙태 논쟁만 봐도 분명히 알 수 있다.

이 책은 사람의 자격이라는 문제를 사회학적 관점에서 다룬다. 더 구체적으로 말하면 개인과 사회의 관계를 탐구한다. 사회학적 관점으로 볼 때 사회적 관계의 근본적인 역할을 우선적으로 고려하지 않은 상태에서 개인을 정의하기란 불가능하다. 실제로 사회학자에게는 개인과 사회가 동전의 양면이라, 둘을 별개로 놓고 볼 수가 없다. 예를 들어 부모와 형제자매, 직장 동료, 친구, 급우는 영향력 있는 중요한 개인인 동시에 우리 정체성의 일부이기도 하다. 개인과 사회를 하나로 결합하는 것은 교회나 기업, 학교, 동네 심지어 국가와 같이 더 큰 집단이나 조직에도 적용된다. 달리 말하면 우리의 정체성은 크고 작은 사회적 관계에 따라 끊임없이 지속되는 사회적 창작품이다. 우리는 사회적 관계를 가깝고 친밀하게 경험하기도 하고, 거리를 두고 익명으로 경험하기도 한다. 하지만 우리를 한 사람으로 만들어주는 건 이 모든 것이 합쳐질 때다.

이는 일반적인 관점이 아니다. 오늘날 대다수 사람들은 사람을 심리학적 관점으로 본다. 심리학적 관점에서는 개인과 사회를 다른 독립체로 생각한다. 잠시 자신에 대한 신념과 전제를 생각해보라. 당신이 전형적인 미국인이라면 개인은 독립적이고 남과 다른 정체성을 갖춘 사람이라고 생각할 것이다. 당신의 진정한 자아는 태어날 때부터 유일무이하고, 주변의 다른 사람들에게서 독립적이며, 어떤 형태든 사회는 당신이 개인의 자유와 개성을 추구하는 것을 방해한다고도 생각할 것이다. 한편으로 일리 있는 주장이다. 하지만 사회학자는 개인과 사회가 똑같은 하나이고, 서로 도우며 필연적으로 밀접하게 관련된다는 강력한 증거를 제시한다. 우리 대다수가 그렇게 생각하지 않는다는 사실은 그런 생각이 강력한 문화적 신화, 즉 개인주의 신화라는 증거다.

모든 사람이 개인에 대해 이렇게 편협한 시각이 있는 것은 아니지만, 연구에 따르면 개인주의 신화는 널리 퍼졌을 뿐만 아니라 그 영향력이 점점 커진다. 미국에서 특히 그렇다.[5] 개인주의 신화의 영향력이 커지는 것은 걱정스러운 일이다. 나중에 살펴보겠지만, 개인주의 신화는 심각한 사회적 피해를 초래하기 때문이다. 그렇다 보니 개인주의 신화가 숭고하고 영광스러운 역사가 있다고 언급하는 것이 아이러니하다.

일반화된 신념 체계의 기원을 추적하는 건 어려운 일이다. 개인주의처럼 일반적인 개념은 특히 그렇다. 개인주의는 그 뿌리가 다양하고, 고대 그리스 문명까지 2000년 이상 거슬러 올라가야 하기 때문이다. 그렇기는 해도 많은 학자들은 인류가 개인주의에 헌신한 것은 계몽주의라는 적절한 이름으로 알려진 18세기 유럽부터라고 생각한다.[6] 민주주의라는 석탄에 처음 불을 지피기 시작한 때가 바로 이 시기다. 군주제의 권세와 교회의 거만함이 엘리트 지식인과 오랫동안 고통 받은 농노의 도전에 직면했다. 유럽과 미국 전역에서 새로운 과학적 학문이 미신과 정면으로 맞섰고, 몇 세기에 걸친 권위와 통제의 전통이 무너지고 있었다. 더 나은 미래를 향해 나아갈 수 있다는 기대가 생겼고, 사람들은 힘을 합쳐 행동하면 더 좋은 세상을 만들 수 있다고 생각하기 시작했다. 그 시대의 표어는 자유였다. 이런 역사적 맥락에서 개인주의는 긍정적인 것이었다. 당시 개인주의는 억압에서 자유, 독립과 동의어였다. 미국 민주주의 연구로 유명해진 프랑스 귀족 토크빌Alexis de Tocqueville의 말을 빌리면, "개인주의individualism는 새로운 사상이며 최근에 사용되기 시작한 표현이다. 우리 아버지들은 이기주의egoism라는 단어밖에 몰랐다. 개인주의는 그 기원이 민주적이고, 생활환경이 평등해질수록 발전할 조짐을 보인다".[7]

오늘날 개인주의는 한때 그것이 상징하던 자유와 평등의 빛을 퇴색시킬 조짐이 보이면서 어두운 면을 드러낸다. 기업과 국제 금융의 리더들은 급진적인 개인주의 신화를 이용해 경제적 불평등을 정당화한다. 사회적 고립과 외로움이 두드러진 생활 방식은 개인주의라는 표현으로 옹호되기 일쑤다. 이제 많은 미국인에게 '자유'는 개인이 쇼핑하고 물건을 구입해서 소비할 자유를 보호하는 것을 의미한다. 개인주의는 한때 이타주의와 공동체의 자유를 지지하는 사상이었지만, 지금은 자기중심주의나 이기주의와 더 밀접한 관련이 있다.

무엇이 잘못됐을까?

1945년에 2차 세계대전이 끝났을 때, 전 세계인이 보인 반응에는 기쁨과 안도감 외에 충격이 뒤섞여 있었다. 연합군의 승리는 기뻐하고 축하할 일이었다. 독일 나치와 이탈리아 파시스트, 일본 국수주의자들이 패배했으니 민주주의가 승리한 듯 보였다. 살육 행위가 끝났고, 살아남은 군인들이 더 안전하고 평화로운 세계인 고향으로 돌아오고 있었으며, 전 세계 가족들은 너나없이 안도의 한숨을 내쉬었다. 그러나 기쁨과 안도감 뒤에서 뼛속 깊이 충격과 공포를 느끼기도 했다. 전장에서 양쪽 군대의 지도자들이 촉발한 죽음과 파괴, 고문이 엄청났기 때문이다. 모두 합하면 사망자가 6000만 명에 달했다! 더 충격적인 사실은 대다수 희생자가 전투에 나선 군인이 아니라 일반 시민이라는 점이다. 독일 국민이 민주적으로 선출한 정부에 의해 600만 명이 넘는 유대인이 '효율적으로' 몰살되고, 의도적으로 고문을 당했다. 유럽에서 민간인이 거주하는 지역을 대상으로 한 대규모 폭격 작전은 전투를 치르는 두 진영의 전쟁 설계자들이 의도적으로 채택한 전략이다. 미국에서는 민주적으로 선출된 정부가 일본의 두 도시에 원자폭탄을 떨어뜨려 민간인 15만 명을 죽이고, 수천 명을 불구로 만들었으며, 암을 유발하는 방사능에 전 지역이 노출돼 또 다른 세대에게 죽음과 기형이 이어지도록 한 행위가 도덕적으로 정당하다는 결론을 내렸다.

어떻게 이런 일이 일어날 수 있었을까? 대규모로 사람을 죽이는 이런 능력은 어디서 비롯됐을까? 인간의 본성은 선천적으로 사악한가? 우리는 이런 공포를 영원히 반복해야 할 운명인가? 새로운 통치 방식은 이런 폭력을 통제하는 데 이용될 수 있을까? 과학과 기술은 어떤가? 우리는 과학기술을 이용해 더 치명적인 대량 살상 무기를 만들까, 아니면 동일한 과학기술을 이용해 전 세계의 건강과 번영에 기여할까? 전쟁이 끝난 직후 이런 질문이 지구촌 시민의 뇌리에서 떠나지 않았다. 그리고 정치인, 과학자, 예술가, 신학자를 비롯한 지식인이 이 문제를 심사숙고하는 동안 자기 성찰적인 세계가 답을 찾아 나섰다.

전쟁이 끝나고 3년이 지난 1948년, 이런 문화적 자아 성찰의 맥락에서 영향력 있는 책 두 권이 출간됐다. 두 권 다 공상과학 소설로, 사람들의 삶이 정교하게 계획되고 엄격하게 통제받는 미래 사회를 묘사하며, 2차 세계대전 이후의 절망과 희망이 뒤섞인 세계를 가리킨다. 하나는 낙관론으로 가득하며, 거의 완벽한 유토피아를 묘사한다. 다른 하나는 공포와 편집증의 세계에서 벌어지는 통제와 지배를 무섭게 그린다.

스키너Burrhus Frederic Skinner가 쓴 《월든 투Walden Two》는 급진적인 사상가이자 언변 좋은 지식인 T. E. 프레이저의 이야기다. 프레이저는 미국 시골에서도 비교적 외딴곳에 실험적인 공동체를 세운다. 이야기는 의심 많은 대학교수와 그의 호기심 많은 친구들이 새로운 공동체를 조사하기 위해 찾아오면서 시작된다. 프레이저가 방문객을 데리고 다니며 공동체를 보여주는 동안, 우리는 월든 투라는 곳이 어느 정도 자급자족하는 공동체이고 1000명에 가까운 어른과 아이들의 보금자리라는 사실을 알 수 있다. 그들은 현대적인 유토피아에서 목가적인 삶을 즐기는 듯 보인다. 월든 투의 주민은 자기 집에서 고립되어 사는 대신 식사와 양육, 일을 함께하는 공동체적 생활 방식을 즐긴다. 이 공동체의 사회는 신분 차이가 거의 없는 대단히 평등한 구조이고, 경제는 굉장히 효율적이어서 노동자는 하루에 네 시간만 일한다. 이야기가 전개될수록 우리는 프레이저를 통해 월든 투의 성공은 행동공학의 결과임을 깨닫는다. 여기서는 전통적인 사회의 사회적 기대와 문화적 가치관이 좋은 삶을 위한 길잡이로 인정받지 못한다. 대신 월든 투의 사회 설계자들은 답을 찾기 위해 행동주의 심리학에 기댄다. 행동주의 심리학에 따르면, 인간의 행동과 감정은 '강화 조건contingencies of reinforcement'을 조작해서 긍정적인 방향으로 통제하고 바꿀 수 있다. 강화 조건이란 달리 말해 긍정적인 행동에 보상을 주는 것이다. 공동체는 엄격한 과학적 계획으로 월든 투의 유아와 아이에게서 질투와 경쟁심을 포함한 모든 부정적 감정을 제거할 수 있다. 월든 투에는 울타리나 감옥이 없고, 법을 집행하는 직원도 없으며, 거주자는 자유롭게 떠날 수 있다. 하지만 그들이 왜 떠나겠는가? 월든 투는 정말 평화롭고 행복하고 건강하게 살 수 있는 곳임이 밝혀진다. 결국에는 자유와 존엄성이 지켜지고, 심리학을 이용해 개인에게서 다른 사회를 부패하게 만드는 부정적 요소를 제거해 좋은 사회가 유지된다.

조지 오웰George Owell은 《1984Nineteen Eighty Four》에서 《월든 투》와 확연히 다른 전후 세계를 그린다. 소설이 쓰일 당시 1984년은 35년 뒤의 미래로, 소설은 다가올 악몽 같은 사회에 엄중한 경고 역할을 했다. 주인공 윈스턴 스미스는 중년의 정부 관료로, 런던의 음울한 아파트에 혼자 산다. 소설에서 런던은 오세아니아라는 강력한 국가에서 에어스트립원이라 불리는 지역의 일부다. 윈스턴은 우울증을 앓고, 금방이라도 폭발할 것 같은 분노에 차 있으며, 오세아니아에서 자기 삶에 나날이 불만이 커져간다.

이 미래 세계에는 당Party, 黨이라고 불리는 강력한 조직이 하나 있고, 이 당은 나라에서 벌어지는 모든 공적인 일과 사적인 일을 감시하고 통제한다. 윈스턴은 외부당Outer Party의 당원으로, 이는 그가 지배 계층이 아님을 의미한다. 당은 아주 다양한 방법으로 대중을 감시하고 조종하는데, 예를 들어 고도의 전자 기술과 은밀한 스파이 활동, 선전, 고문 등을 이용한다. 도시에는 사방에 당 지도자의 포스터가 붙었고, 포스터에는 '빅 브라더가 당신을 지켜보고 있다'는 문구가 적혔으며, 방에는 대부분 텔레스크린이 설치됐다. 이 스크린은 당의 메시지를 전달하는 동시에 대화와 행동을 기록한다. 과거의 개인 경력은 금지되고, 당은 자신에게 이로운 쪽으로 역사를 다시 쓴다. 그중 가장 사악한 짓은 영어를 신어新語, Newspeak로 교체한 일이다. 이렇게 신어로 교체해서 대중의 기억과 사고 구조를 바꾸고, 그들을 고분고분하게 만드는 결과를 불러온다.

어떤 형태든 반란이 감지되면 시민은 육체적·정신적 고문으로 '재교육'받는다. 윈스턴은 이런 위협에도 주저하지 않는다. 그는 언뜻 사소해 보이는 저항을 실행해서 엄청난 위험을 감수하기로 결심한다. 사소한 저항이란 일기를 쓰는 것, 성관계를 갖는 것, 속으로 반란을 꿈꿀지 모르는 당 지도자와 만날 준비를 하는 것이다. 불행히도 윈스턴의 저항은 너무나 미약하고, 당의 기구는 자유를 위한 그의 몸부림을 효과적으로 진압한다. 그럼에도 당 지도자는 미래에 대한 실낱같은 희망을 버리지 않는다. 오세아니아는 내부당Inner Party, 외부당, 하층민Proles 계급으로 나뉜다. 비록 대다수 국민이 하층민에 속하지만, 그들은 교육받지 못하고 극도로 조직적이지 못하기 때문에 혁명을 일으킬 조짐은 눈 씻고 봐도 찾을 수 없다. 그들은 마치 동물처럼 신경 쓰지 않은 채 방치되고, 그들을 향한 감시의 눈길도 느슨하다. 그러나 소설의 유명한 문단에서 윈스턴은 다음과 같이 적는다.

만일 희망이 있다면, 틀림없이 하층민에게 있다. 왜냐하면 그들, 무시당하는 그 무리, 우글거리는 그 무리, 오세아니아 인구의 85퍼센트를 차지하는 그들만이 언젠가 당을 파괴할 힘을 가질 수 있기 때문이다. 그들이 자신의 힘을 깨달으면 음모를 꾸밀 필요도 없을 것이다. 그들은 그저 자리에서 일어나 파리를 쫓아버리는 말처럼 자기 몸을 흔들면 될 것이다. 그들이 내일 아침 당을 산산조각

낼 수 있다고 결정한다면, 틀림없이 조만간 그들이 당을 산산조각 내는 일이 일어나고야 말 것이다.[8]

　나는 고등학교 영어 시간에 《월든 투》와 《1984》를 읽어야 했다. 정확하지 않지만 1969년에서 1971년 사이였다. 그 시기는 미국 역사에서 사회적으로 격변이 일어난 때다. 베트남전쟁에 반대하는 대규모 시위가 전국에서 벌어지고, 시민 평등권 운동이 인종주의와 사회적 차별 정책에 정면으로 맞섰다. 여성 평등과 환경보호에 대한 새로운 의식이 확산되고, 이상주의적인 젊은이들은 더 의미 있는 생활 방식을 적극적으로 찾아 나섰다. 그들은 물질적 가치관과 경제적인 경쟁에 덜 휘둘렸다.

　《월든 투》와 《1984》는 2차 세계대전의 혼란에 대한 반응이었지만, 두 소설 다 우리 세대 많은 사람에게 말을 건네는 것 같았다. 우리 중 몇몇은 개인의 자유를 제한하고 군대와 경찰을 동원해서 대중의 시위를 진압하는 정부의 위험성을 알아챘다. 하지만 다른 사람들은 더 좋은 세상, 현재보다 조화롭고 평화로운 세상이 가능하다고 믿었다. 이런 맥락에서 볼 때 두 소설은 모순되는 듯하다. 하나는 꿈의 유토피아를 그리고, 다른 하나는 악몽 같은 디스토피아를 그리기 때문이다. 스키너는 과학 지식의 잠재적 가치를 낙관적으로 봤지만, 오웰은 관료주의와 과학기술에 지배될 위험성을 경고했다. 《월든 투》는 지식인이 계획을 세우고 통제하는 사회에서 행복을 찾을 수 있음을 암시한 반면, 《1984》는 해방은 무지하고 억눌린 자들이 손잡고 힘을 합쳐야 쟁취할 수 있는 것임을 암시했다.

두 소설 모두 명백히 허구지만, 나는 종종 둘 중 하나는 미래 사회를 정확히 묘사한 게 아닐까 생각했다. 사람의 자격에 대해 함축적으로 더 정확한 관점에 근거를 둔 이야기는 둘 중 어느 쪽일까? 우리는 전쟁과 기아, 질병과 빈곤의 세상에서 영원히 살아야 할 운명일까, 아니면 더 나은 세계가 가능할까? 계획적이고 집단적인 간섭을 통해 진보할 수 있을까? 가장 공정하고 정의로운 정치제도는 무엇일까? 과학은 해방을 위한 도구로 기여할 수 있을까? 나는 대학에 입학하고 나서야 이런 쟁점을 다루는 학문이 사회학이라는 사실을 알았다.

사회학의 약속

이 책은 사회학적 사고에 대한 입문서 역할을 하고자 한다. 그렇다고 사회학이라는 학문을 포괄적으로 살펴보려는 것은 아니다. 그런 목적을 잘 수행하는 두꺼운 교과서는 많다. 나는 사회학의 주요 관심사라고 생각하는 것, 즉 개인의 삶과 사회를 조직하는 사회적 힘의 관계에 초점을 맞춘다. 20세기 미국의 영향력 있는 사회학자 가운데 밀스Charles Wright Mills(1916~1962)가 이 문제를 훌륭하게 설명했다. 밀스는 《사회학적 상상력The Sociological

Imagination》에서 인간 해방은 '개인적인 걱정거리'와 '공적인 문제'의 관계를 이해하는 데서 시작된다고 주장했다.[9] 예를 들어 실업은 일자리를 구할 수 없는 개인에게는 의심할 여지없이 개인적인 걱정거리다. 그가 사회를 통틀어 유일한 실업자라면, 우리는 이것이 그 사람 개인의 문제일 뿐이라고 결론 내릴 수도 있을 것이다. 그러나 실업은 결코 개인의 문제가 아니다. 실업은 한 경제에서 일정한 패턴을 따르고, 수백만 명에게 영향을 미친다. 이런 의미에서 실업은 공공의 문제이므로, 더 큰 정치적·경제적 구조에서 이해해야 한다. 이혼이나 질병, 범죄 같은 개인적인 걱정거리는 모두 개인의 삶이라는 맥락에서 겪는 것으로 받아들여지지만, 그런 걱정거리 하나하나는 '사회구조'라는 관점에서 공공의 관심사이기도 하다. 더불어 개인의 삶에서 변화는 종종 구조적 변화, 다시 말해 개인이 통제할 수 있는 범위를 넘어선 요소 때문에 일어난다는 점이 중요하다.

언젠가 내가 사회학 개론 강의를 마쳤을 때, 눈에 띄게 불안해 보이는 학생이 다가오더니 사회학자는 '사회가 개인의 행동을 통제한다'는 신념을 고수하느냐고 물었다. 내가 그렇지 않다고 하자, 그 학생은 안도하는 표정으로 말했다. "그럼 개인이 자신의 미래를 통제하는군요." 나는 다시 한 번 그렇지 않다고 대답했다. 학생은 불만이 가득한 얼굴로 딱 부러진 답을 요구했다. "둘 중 하나여야 해요. 둘 다일 수는 없어요. 자, 정답이 어느 쪽이죠?" 수년간 느낀 바에 따르면, 많은 학생이 이와 비슷한 관점으로 사회학에 접근한다. 사람들은 개인과 사회의 관계를 이해하는 것이 단순한 구분으로 귀결된다고 생각하는 경향이 있다. 개인의 행동과 선택이 우리 삶을 형성하느냐, '사회'라 불리는 뭔가가 우리 운명의 주인이냐 하는 구분 말이다. 이런 구분은 인간의 행동을 지나치게 단순화한다는 점에서 잘못된 선택이다. 이는 '자연 대 양육' '심리학 대 생물학'처럼 말도 안 되는 논쟁과 크게 다를 바 없다. 현실 세계는 더 복잡하다. 그 학생의 질문에 내 대답은 이렇다. 우리는 자신의 선택에 따라 자유롭게 행동한다. 동시에 매우 강력한 사회적 힘이 우리를 만든다.

이 내용을 가장 잘 설명한 사람은 사회학의 창시자 중 한 명인 카를 마르크스(1818~1883)다. "(사람들은) 자신의 역사를 만든다. 하지만 그들은 자신의 역사를 원하는 대로 만들지 못한다. 그들은 스스로 선택한 환경에서 자신의 역사를 만들지 못하고 이미 존재하는 환경, 과거부터 주어지고 물려받은 환경에서 만든다. 모든 죽은 세대의 전통이 산 사람의 뇌에 악몽처럼 드리워졌다."10

달리 말해 우리가 내리는 결정과 우리가 취하기로 한 행동은 우리보다 먼저 산 세대에게서 물려받은 조건 아래 나타난다. 이런 식으로 과거에 뿌리박힌 사회적 힘이 현재 살아가는 우리의 선택에 영향을 미친다. 앞으로 살펴보겠지만 사회적 힘은 다양한 형태와 크기로 나타나서, 대개는 감지할 수 없는 방식으로 우리에게 영향을 미친다. 어떤 사회적 힘은 문화에서 발견되고, 어떤 것은 경제에서 발견되며, 또 다른 사회적 힘은 당면한 상황에서 우리에게 강렬한 인상을 남긴다. 어떤 사회적 힘은 우리의 정신 깊은 곳에서 발견되기도 한다. 하지만 모두 우리보다 앞선 세대와 함께 시작된 역사가 있다. 더 나은 세상을 향한 첫발은 이런 사회적 힘을 찾아, 그중에서 좋은 것과 나쁜 것을 구분하는 것이다. 다시 말해 협력과 정의를 강화하는 사회적 힘에서 우리의 존엄성과 자유를 제한하는 사회적 힘을 걸러내는 것이다. 사회학은 우리가 좋은 사회적 힘과 나쁜 사회적 힘을 구분하는 것을 도울 수 있다.

정치적 해결책이 잘못된 가정과 편견, 다양성에 대한 편협한 태도를 기반으로 하면 성공할 수 없다. 정치적·경제적·군사적 힘으로 우리에게 정치적 해결책을 강요하려고 해도 성공할 수 없다. 합리적이고 효과적인 해결책은 체계적인 관찰과 철저한 분석을 이용해 검증된 사회 이론의 도움을 받아 민주적으로 도출해야 한다. 나는 완벽한 세상이 가능하다고 생각하지 않는다. 사회학은 유토피아를 약속하지 않는다. 우리 미래에 월든 투는 없다(설령 그런 공동체가 생긴다 해도 행동주의 심리학을 통해 우리 곁에 다가오지 않으리란 건 확실하다). 그러나 더 나은 사회를 향해 나아갈 수는 있다고 확신한다. 우리가 힘을 합치면 오웰의 악몽을 피할 수 있다. 역사는 민주적 저항이 승리했음을 보여주는 증거다. 예를 들어 미국을 보자. 노예제가 폐지되었고, 여성은 남성과 더 평등해졌다. 아동노동은 거의 근절됐고, 시민 평등권은 더 많은 사람에게 확대됐다. 국제 무대로 눈을 돌려보자. 남아프리카공화국에서는 인종차별 정책인 아파르트헤이트가 철폐됐고, 많은 나라에서 독재 정권이 무너졌으며, 민주주의의 가치가 점점 더 인정받는다. 그럼에도 아직 많은 과제가 남았다. 이 글을 쓰는 2017년 현재, 시리아에서는 잔혹한 내전이 일어나 47만 명 이상이 죽고, 600만 명이 넘는 사람이 집을 버리고 피란길에 올랐다. 이라크, 아프가니스탄, 소말리아에서는 오랫동안 지속된 충돌이 여전히 진행 중이며, 지구온난화와 핵전쟁의 망령은 지구의 생존을 위협한다.

이런 공적인 문제를 사회학만 가지고 풀 수는 없다. 그러나 사회학은 중요한 역할을 할 수 있다. 사회학의 약속은 '깨우침 enlightenment'이다. 종교적·영적 깨우침이 아니라 지적 깨우침이다. 지적 깨우침에서는 이성이 신화를 이기고, 과학이 미신을 이기며, 민주주의가 정치적 지배를 이긴다. 지적 깨우침으로 가는 길은 흔히 용기가 필요한 개인의 투쟁이다. 그 용기는 진실을 추구하기 위해 오랫동안 지속된 신념과 전통에 맞서는 용기다. 빛이 어둠을 이기려면 안이한 사고방식에 도전할 준비를 해야 하며, 아무리 위협적이라도 새로운 생각을 검토하는 것을 결코 두려워해선 안 된다. 18세기 위대한 철학자 이마누엘 칸트Immanuel Kant(1724~1804)의 유명한 말을 빌려보자.

Sapere Aude!(감히 알려고 하라!)

차례

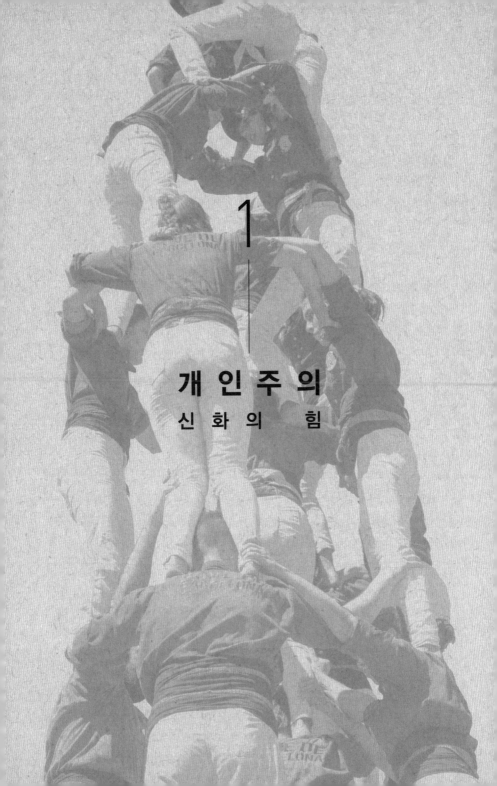

1

개 인 주 의
신 화 의   힘

인간은 집단성과 멀어질수록, 다시 말해
에고이스트로 살수록 자기 파괴에 취약해진다.

에밀 뒤르켐Emile Durkheim[1]

시어도어 카진스키Theodore John Kaczynski가 태어난 1942년 5월 22일, 터크Turk와 완다Wanda는 첫아이를 만난 기쁨과 희망으로 가득 찼을 것이다. 시카고 근교 에버그린파크에서 자란 테드는 집안의 자랑거리였고, 거기엔 그럴 만한 이유가 있었다. 테드는 초등학생 때 성적이 워낙 우수해서 6학년을 건너뛰었다. 고등학생 때는 수학과 과학에서 발군의 실력을 보여 선생님들에게 명석한 학생으로 인정받았다. 고교 시절 그의 지도교사는 하버드대학교 추천서에 다음과 같이 썼다. "저는 테드가 사회에 크게 기여할 사람이라고 생각합니다. 테드는 사색적이고 세심하며, 사회에 져야 할 책임을 깊이 자각하는 학생입니다."[2] 청소년기에 테드를 알던 사람은 대부분 그를 다소 조용하고 살짝 수줍음을 탄학생으로 묘사했다. 그가 장차 연방수사국FBI의 지명수배자가 되리라고 예측한 사람은 아무도 없었다.

스무 살에 하버드를 졸업한 테드는 미시간대학교 수학 박사과정에 등록했으며, 그곳에서 조교로 일했다. 학생과 교수들은 하나같이 테드를 긍정적으로 평가하면서 '내가 가르친 학생 중 최고' '1급' '엄청나게 인상적인' 같은 표현으로 묘사했다. 1967년 테드는 '경계 함수Boundary Functions'에 관한 논문으로 수상하고, 수학 박사 학위를 받았다. 같은 해 그는 명석한 수학자라는 명성에 힘입어 캘리포니아대학교 버클리캠퍼스에서 조교수 자리를 얻었다. 테드 카진스키는 스물다섯 살에 빠르게 대학의 슈퍼스타가 되고 있었다.

젊은 시절에 겉으로 드러난 테드의 행동은 비상식적이거나 반체제적이지 않았다. 오히려 그는 또래보다 보수적이고 전통적인 사람처럼 보였다. 그는 '히피' 운동이 한창일 때도 버클리캠퍼스에서 종종 넥타이를 매고 코트를 입고 다녔다. 테드가 불과 2년 만에 교수직을 그만두고 학계에서 영원히 떠났을 때 동료들은 깜짝 놀랐다. 이후 그는 두 번 다시 수학을 가르치지 않았고, 어떤 전문직에도 종사하지 않았다.

테드는 1969년부터 1977년까지 허드렛일을 전전했고, 저금과 부모가 주는 얼마 되지 않는 돈으로 연명했다. 1971년에 그는 남동생에게 빌린 돈으로 대륙 분수령의 로키산맥 서쪽에 있는 몬태나주 링컨 외곽에 자그마한 땅을 샀다. 테드는 국립 자연보호 구역과 접한 비교적 외딴 이곳에 투박한 방 한 칸짜리 오두막을 지었다. 나무로 지은 오두막은 폭 3미터, 길이 3.7미터에 불과해서 집이라기보다 공구 창고 같았다. 실내에는 수도나 전기가 들어오지 않았고, 몬태나의 추운 겨울에 주철 난로가 오두막을 데웠다.

옐로스톤과 글레이셔국립공원의 중간쯤에 있는 이 황무지 같은 곳에서 테드는 자신이 세상에서 차지하는 위치를 골똘히 생각했고, 현대사회에 비판적인 사고를 발전시켰으며, 혁명을 요구하고, 과학과 기술을 적으로 규정한 장황하고 두서없는 '선언문'을 작성했다. 유혈이 낭자한 복수극도 이곳에서 시작됐다.

폭력은 처음에 비교적 약한 편이었고, 그가 폭력을 행사하는 대상도 그 지역 불청객으로 한정됐다. 그는 석유 회사의 헬리콥터를 향해 무차별 사격을 하고, 이웃집에 몰래 들어가 전기톱과 오토바이, 스노모빌을 박살 냈다. 1978년 2월, 그는 집에서 첫 번째 폭탄을 만들었다. 실험용 도화선이 달린 가늘고 긴 상자가 안에 들었는데, 그것을 열면 폭발하도록 설계된 조잡한 폭탄이었다. 카진스키는 당시 일기에 썼다. "나는 과학적이고 관료주의적인 모든 기득권층에 복수하고 싶다. 자유를 위협하는 공산주의자와 다른 이들은 말할 것도 없다. 그러나 그것은 불가능하므로 이 작은 복수에 만족할 수밖에 없다."

폭탄은 목표 대상에게 직접 전달해야 했다. 너무 커서 우체통에 들어가지 않았기 때문이다. 테드는 그레이하운드 버스를 타고 시카고까지 가서 일리노이대학교 시카고서클캠퍼스에 주차된 차량 옆에 폭탄이 든 상자를 놓았다. 그는 과학과 기술을 가르치는 건물에서 일하는 사람들이 죽기를 바랐다. 하지만 폭탄은 제대로 작동하지 않았다.

카진스키는 단념하지 않고 처음부터 다시 시작했다. 그 결과 1년 만에 다른 폭탄을 만들었다. 이번에는 더 작고 강력했으며, 무엇보다도 제대로 작동했다. 노스웨스턴대학교 기술연구소의 대학원생이 캠퍼스에서 발견한 담배 상자를 열었다가 열상裂傷과 얼굴에 화상을 당하고 입원했다.

카진스키는 만족하지 못했다. 어느 날 일기에 피해자가 '영구적인 장애를 당하지' 않아 아쉽다고 썼다. 그는 6개월 뒤에 화약과 기압계를 이용해 세 번째 폭탄을 만들고, 항공우편이 필요한 주소로 폭탄이 든 상자를 발송했다. 그의 목표물은 여객기였다. 폭탄은 의도한 대로 터졌지만, 아메리칸항공 여객기 444편은 가까스로 대참사를 피하고 안전하게 착륙했다.

테드 카진스키는 이후 16년 동안 폭탄 16개를 더 배달한다. 폭탄을 하나씩 제조할 때마다 과학적 정확성 덕분에 폭발력과 기술적 정교함이 향상됐다. 과학과 기술을 전공하는 대학생과 교수, 항공사와 항공기 제조업체 직원, 컴퓨터 가게 직원, 벌목 산업의 대표가 그의 목표물이었다. FBI는 그의 초창기 목표물(대학university과 항공사airline)의 알파벳 머리글자를 따서 그를 '유나바머Unabomber'라고 불렀다. 카진스키의 폭탄 때문에 총 23명이 중상을 당했고, 3명은 목숨을 잃었다. 마지막 희생자는 새크라멘토에 본부가 있는 캘리포니아삼림협회 길버트 머리Gilbert Murray 회장이다. 1995년 4월 24일에 궁금증을 불러일으키는 상자 하나가 사무실에 도착했을 때, 머리의 동료들은 폭탄일지도 모른다고 농담했다. 그 농담은 진지하게 받아들여지지 않았다. 머리가 작은 나무 상자를 싼 갈색 포장지와 끈을 잘라냈을 때, 방에는 그 혼자였다. 폭발은 건물 전체를 흔들었고, 폭발력이 어찌나 강했는지 길버트 머리의 몸은 거의 산산조각이 났다. 머리는 당시 47세로, 남편이자 두 아이의 아버지였다.

유나바머를 목격하거나 검거에 도움이 되는 정보를 제공하는 사람에게 포상금 100만 달러가 책정됐다. 그러나 테드 카진스키를 체포하는 데 책임을 느낀 사람은 그의 남동생 데이비드였다. 길버트 머리가 죽고 정확히 두 달 뒤인 1995년 6월 24일, 테드 카진스키는 〈뉴욕타임스〉〈워싱턴포스트〉와 《펜트하우스》에 익명으로 〈산업사회와 그 미래Industrial Society and Its Future〉라는 원고를 보냈다. 카진스키는 3500단어로 된 장황한 원고에서 자신의 사회적 · 정치적 철학과 혁명의 동기, 폭탄 테러의 정당성을 이론적으로 자세히 설명했다. 이제 테드 카진스키에게는 전 세계적으로 독자가 생겼다. 이 원고를 쓴 사람이 테드가 아닐까 처음 의심한 사람은 데이비드의 아내였다. 그녀는 관계 당국에 이야기해보라고 남편을 설득했다.

1996년 4월 3일, FBI는 카진스키의 오두막을 포위했고 별 충돌 없이 그를 체포했다. 그의 소박한 집에서는 폭탄 17개가 발견됐다. 세상을 떠들썩하게 한 재판에 이어 1998년 5월 4일, 시어도어 카진스키에게 가석방 없는 무기징역이 선고됐다. 그는 현재 미국 교정 시스템에서 감시와 보안 수준이 가장 높은 콜로라도주 플로렌스의 '슈퍼맥스' 교도소에 수감된 상태다.

급진적 개인주의자 테드 카진스키

유나바머를 '이해'해보려고 시도하는 대다수 평론가는 서서히 심신을 갉아먹는 정신병에 굴복한 미친 사람에게서 나타나는 뚜렷한 징후에 초점을 맞췄다. 뉴스 기사는 테드의 아버지가 불치병을 앓다가 1990년에 자살한 사실을 자세히 전했다. 어떤 분석가는 성공해야 한다는 가족의 지나친 압박이 테드를 분노하게 만들고, 그의 정신이상을 유발한 원인이라고 지적했다. 다른 분석가는 테드가 대학 시절에 경험한 것이 문제라고 주장했다. 그가 도덕적 상대주의 철학을 접하고, 심리학과의 실험 대상이 된 건 하버드대학에서 벌어진 일이라는 것이다. 테드의 어머니는 아들의 일탈을 유아기와 생후 9개월에 두드러기 때문에 입원했던 일과 연관이 있는 것 같다고 기자에게 말했다. 다른 사람들은 1960년대의 정신이 원인이고, 급진적인 환경보호주의가 그의 사고를 물들였다고 주장했다. 정작 테드 카진스키는 정신이 말짱하다고 강변했고, 자신을 병자로 규정하려는 모든 시도가 자기 정치철학의 신빙성을 깎아내리려는 술책이라고 주장했다.

우리는 테드 카진스키를 어떻게 이해해야 할까? 그가 정신병을 앓았다는 것을 믿는 사람에겐 그럴 만한 이유가 있을 수 있다. 그러나 사회학적 관점에서 그런 이유는 최고의 관심사가 아니다. 사회학자는 개인의 삶에서 심리학적 세부 사항에는 관심이 덜한 반면, 개인의 삶을 이끄는 더 큰 패턴에 관심이 많다. 달리 말해 사회학자는 개인의 행동에 의미를 제공하는 사회적 맥락에 초점을 맞춘다. 단지 개인의 일대기가 아니라 개인이 사는 사회의 역사가 중요하다. 이 말은 우리가 테드 카진스키를 미친 사람이라기보다 그가 사는 사회의 뭔가를 반영하는 사람으로 봐야 한다는 의미다. 유나바머가 우리 사회에 대해 우리에게 하는 이야기는 무엇일까? 그의 악명은 역사의 이 순간에 대해 우리에게 무슨 이야기를 할까? 그의 생각과 행동이 우리 자신에 대해 우리에게 하는 이야기는 무엇일까?

나는 생각과 행동에서 급진적 개인주의자의 삶을 보여주는 전형적인 사례로 테드 카진스키의 이야기를 제시한다. 그는 개인주의 신화에 극단적이고 비상식적으로 헌신하는 것이 무엇인지 보여준 사람이다. 서문에 언급한 대로 개인주의 사상은 꽤 오랫동안 우리 곁에 있었고, 지식인들은 17~18세기 유럽 계몽주의 시대부터 개인주의에 대한 글을 열정적으로 썼다. 비교적 최근에도 상당수 책이 개인주의의 구체적인 면이나 한계에 초점을 맞추는 등 이런저런 방식으로 이 주제를 다룬다.[3] 그 결과 개인주의라는 용어의 용도와 개념 정의가 많고 다양하다.[4] 이 많은 관점을 결합하면 다음과 같이 설명할 수 있다. 개인주의란 집단보다 개인을, 공적 생활보다 사적 생활을, 사회적 경험보다 개인적 경험을 우대하는 신념 체계다. 자율, 독립, 자립이 높게 평가받고 당연하다고 생각되는 세계관이다. 자기 결정에 기초한 이데올로기이며, 자유로운 행위자는 자신의 운명에 직접적인 영향을 미치는 선택을 하는 것으로 간주된다.

이 장황한 정의에는 많은 정보가 있다. 우리는 이제부터 개인주의를 구성하는 다양한 요소의 의미와 거기에 내포된 뜻을 면밀하게 분석하고 살펴볼 것이다. 우선 지금은 언뜻 보기에 개인주의가 그다지 나쁘게 들리지 않는다는 사실을 인정하자. 많은 독자가 이 정의에서 자신의 관점과 정확하게 일치하는 대단히 바람직하고 도덕적인 틀이나 이데올로기를 발견할지도 모르겠다. 솔직히 개인주의는 미국 사회에서 가장 지배적인 가치관이라 해도 무리가 아니다. 개인주의가 미국 문화의 결정적인 특징이라고 말하는 사람이 있을 정도다. 미국 중부에서 나고 자란 테드 카진스키가 개인주의 철학을 받아들인 건 전혀 놀라운 일이 아니다. 테드 카진스키가 테러리스트로서 그토록 호기심을 불러일으킨 이유는 그가 미국인의 가치관에 격렬하게 반대했기 때문이 아니라, 스테로이드에 취한 미국인의 가치관 표출을 대변하는 극단적인 미국인이기 때문이다! 그는 생활 방식과 정치철학, 테러 행위를 통해 개인주의의 원칙을 극단적으로 드러낸다. 유나바머의 이야기는 미국 사회에 대한 통찰을 제공한다.

비유를 들어보겠다. 여기 두 사람이 스키를 탄다. 스키를 타 본 경험이 거의 없는 첫 번째 사람이 스키를 타고 아주 짧은 거리를 내려간다. 그녀는 육체적으로 건강하지 못하고, 반사 신경이 둔하며, 시력도 나쁘다. 결국 그녀는 느린 속도로 나무와 충돌해서 무릎을 삐고 만다. 두 번째 사람은 올림픽 우승자다. 최고의 몸 상태를 자랑하는 그녀는 스키 역사상 가장 빠른 속도로 활강한다. 긴 활강 코스가 거의 끝날 때쯤, 그녀는 통제력을 잃는 바람에 첫 번째 사람이 충돌한 바로 그 나무와 충돌한다. 이 사고로 그녀는 여러 군데 골절상을 당해서 장기간 입원한다. 첫 번째 스키어는 실력이 없는 사람이고, 그녀가 나무와 충돌한 건 스키라는 운동에 통달하지 않았기 때문이다. 두 번째 스키어는 실력이 탁월하지만, 스키에 '통달'했기 때문에 훨씬 더 비참한 운명을 맞는다. 테드 카진스키를 두 번째 스키어라고 생각해보라. 그의 이야기는 지나친 개인주의의 위험을 경고한다. 지나친 개인주의에서 미국인이 소중히 여기는 독립과 자립, 자유와 사생활이라는 가치관은 통제 불능 상태가 되고, 정도를 넘어서며, 파괴적인 결과를 초래한다.

카진스키가 개인주의에 얼마나 극단적으로 헌신했는지는 (1) 인간관계의 의도적 회피 (2) 다른 사람에게서 의도적 격리 (3) 더 큰 사회와 동떨어져서도 완벽하게 살 수 있다는 신념 (4) 개인적인 사회 개혁을 위한 개인적인 프로그램의 독자적 개발 (5) 다른 사람의 삶을 파괴하는 폭력 행위를 통해 자기 생각을 일방적으로 강요하는 개인적인 전략에서 분명히 드러난다.

거듭 말하지만, 개인주의를 지나치지 않게 표출하는 것은 유익하고 건설적일 수 있다는 사실을 인정하는 것은 중요하다. 예를 들어 사회적으로 격리된 상황에서 자기반성과 내면의 평화로운 감정을 더 쉽게 느끼는 경우도 있다. 그러나 카진스키의 방식대로 가족과 친구, 이웃과 의도적으로 일상을 단절하면 개인에게 해로울 수 있다. 마찬가지로 우리는 독자적인 업무 수행 능력을 갖춘 자립적인 학생이나 직원의 가치를 인정할 수 있다. 그러나 테드 카진스키의 경우, 자립은 다른 사람의 신념을 완강하게 배척하고 협력을 한사코 거부하는 것을 의미하기도 했다. 카진스키는 위협이라고 판단한 것을 제거해서 자기 방식으로 사회를 개혁하려고 했다. 그는 민주적 토론이나 공동의 이익을 개발하는 일에 관심이 없었다. 선택의 자유와 자기 결정권은 고결한 원칙이지만, 이기적이고 개인적인 관심사가 공익을 파괴할 조짐이 보일 때 개인주의는 한계를 드러낸다.[5]

개인주의 문화

내가 위스콘신대학교 대학원생이던 1980년대 초반, 아내와 나는 자녀를 둔 가족 전용 학생 주거 단지에 살았다. 우리 아파트가 있는 2층 건물은 공용 녹지 공간으로 둘러싸였고, 녹지 공간에는 아이들을 위한 모래 상자와 놀이터도 있었다. 따뜻한 날에는 가족들이 이 놀이터에 모여 바비큐를 하고, 위플볼*도 즐기며 이야기꽃을 피웠다. 이웃에 다양한 사람이 살았기 때문에 여러 나라 언어로 대화하는 소리와 국제 시장이 있다면 식사 시간에 날 법한 냄새가 뒤섞였다. 우리가 살던 단지에는 아이슬란드,

---

* 구멍이 난 플라스틱 공으로 하는 약식 야구.

인도, 멕시코, 인도네시아, 이란, 아프리카 몇몇 나라에서 온 가족들이 있었다. 어느 여름날, 작은 공원에서 느긋이 쉬던 아내와 나는 한 엄마가 세 살배기 우리 아들 닉을 부드럽게 꾸짖는 것을 보고 놀랐다. 닉이 어떤 '무례한 짓'을 했는지 정확히 기억나지 않지만, 아이가 "그러면 못써"라는 꾸지람을 들을 만한 일을 했겠거니 생각한 것 같다. 동시에 다른 어른이 내 아이에게 '부모 노릇 하는 것'을 보고 살짝 부아가 치밀었다. 나는 속으로 생각했다. '너나 잘하세요! 당신 애들이나 잘 키우지 그래요?' 게다가 나는 그녀에 대해 아는 것이 거의 없는데, 그녀는 다른 사람을 보살피기 좋아하는 어미 닭처럼 행동했다. 내가 아는 거라곤 그녀와 그 남편이 나이지리아에서 온 지 얼마 되지 않았고, 어린 자녀가 몇 명 있다는 정도였다. 불만은 그 사건으로 끝나지 않았다. 그 후 몇 주에 걸쳐서 나는 그 나이지리아 부부의 아이들이 공동 놀이터에 '돌보는 사람 없이 방치된' 것을 여러 차례 발견하고 충격을 받았다. 새로 이사 온 그 부부는 나머지 입주자들이 자기 아이들을 지켜보리라고 기대하는 것 같았다. 설상가상으로 나이지리아 부부의 아이들은 다른 아이들의 장난감을 허락도 받지 않고 '빌렸다'. 아무도 타지 않으면 다른 아이의 세발자전거에 당연한 듯 올라타서 자기 것인 양 타고 다녔다.

돌이켜 보면 위의 경험과 관련해서 두 가지 해석이 가능할 것 같다. 첫째, 우리는 나이지리아에서 온 엄마가 육아에 관한 한 거만하고 무책임하다고 주장할 수 있다. 그녀는 자기 아이들을 제대로 감독하거나 통제하지 못하면서 남의 일에 쓸데없이 참견했다. 이것이 당시에 내가 선택한 해석이고, 그녀가 거만하고 독선적이라고 느꼈다. 이 사건에 대한 또 다른 해석이 있다. 젊은 나이지리아 엄마는 어쩌면 자신이 살던 문화의 가치관과 관습에 따라 매우 책임감 있고 보살피는 태도로 행동했는지도 모른다. 유명한 아프리카 속담을 생각해보라. '아이 한 명을 키우려면 온 마을이 나서야 한다.' 육아에 좀 더 공동체적 태도를 보이는 사람은 마을이나 이웃 어른이 육아 의무를 나눠 지기를 기대한다. 이런 관점에서 이웃집 아이를 훈육하고, 다른 사람이 자기 아이를 돌봐주길 기대하는 것은 책임감 있는 행동이다. 그러면 나이지리아 아이들이 통 크게 장난감을 '공유'하고 '빌린' 이유도 설명이 된다. 공동체 문화에서는 '내 것'과 '네 것'의 구분이 덜 분명하다. 나는 처음에 그 사건을 내가 살아온 문화적 관점, 즉 개인주의에 중점을 두는 관점으로 해석했다. 그러나 나이지리아에서는 독립과 개인주의가 미국만큼 높게 평가받지 않는다. 이런 사실은 국제적인 가치관 조사 결과를 보면 알 수 있다. 2000년에 나이지리아 성인 표본을 대상으로 아이에게 꼭 가르쳐야 할 것이 무엇인지 물었을 때, '독립심'이라고 답한 사람은 26퍼센트에 불과했다. 그보다 1년 전에 똑같은 질문을 미국 성인 표본에게 했을 때, '독립심'이라고 답한 사람은 61퍼센트였다.[6]

미국 사회는 개인주의라는 성수聖水에 흠뻑 젖었다. 미국의 문학, 음악, 영화와 텔레비전은 성공한 개인에게, 특히 모든 역경을 딛고 자기 힘으로 성공한 사람에게 찬사와 축하를 보낸다. 우리는 맨손으로 시작한 약자가 '자신의 노력으로' 성공한 '자수성가' 스토리에 감동을 받는다. 이런 스토리 가운데 어떤 것은 가공한 이야기(로키 발보아)이고, 어떤 것은 실제로 일어난 이야기(오프라 윈프리)지만, 하나같이 개인의 자립과 결정, 모든 사회적 장벽을 딛고 일어서는 각고의 노력을 지지한다. 이는 여러모로 신성시되는 아메리칸드림이고, 감지하기 힘들지만 어디서나 강화되는 가치 체계다. 우리 대다수는 다음과 같은 격언을 한번쯤 들어보거나 말해봤다.

- 누굴 비난하겠는가. 내가 부족한 탓이다.
- 하늘은 스스로 돕는 자를 돕는다.
- 스스로 생각하라.
- 자신 자신만 생각하라.
- 당신이 허락하지 않으면 누구도 당신에게 열등감이 들게 할 수 없다.
- 물고기 한 마리를 주면 그 사람에게 하루 동안 먹을 것을 줄 수 있지만, 물고기 잡는 법을 가르치면 평생 먹을 것을 줄 수 있다.
- 너 자신을 알라.
- 천재는 1퍼센트의 영감과 99퍼센트의 노력으로 이루어진다.

이런 격언은 우리가 세상을 이해하기 위해, 논쟁에서 주장을 펴기 위해, 행동 계획을 정당화하기 위해 사용하는 더 큰 문화적 이야기나 설명의 일부다. 이 격언은 훌륭한 조언처럼 들린다. 친숙하기 때문이다. 이런 의미에서 이 격언은 대체로 의심할 여지 없이 당연한 진리로 받아들여진다.

자립과 독립, 개인의 책임이라는 주제는 전래 동화에서도 발견된다. 《Little Red Hen리틀 레드 헨》을 보자. 밀알 한 톨을 발견한 암탉이 그것을 심고 수확해서 가루로 빻고 빵 굽는 일을 도와달라고 하지만, 농가 앞마당의 친구들은 아무도 돕지 않는다. 우리는 아무도 도와주지 않았기 때문에 암탉이 그 빵을 게으름 뱅이 친구들과 나누지 않고 '혼자' 먹는 게 당연하다고 배운다. 이와 비슷한 원칙이 《아기 돼지 삼형제Three Little Pigs》에서 강화된다. 빠르고 쉬운 길을 택해서 집을 지은 두 형제는 '입김을 불어 집을 무너뜨린' 늑대에게 잡아먹힌다. 힘들게 고생해서 벽돌로 집을 지은 막내 돼지는 살아남았고, 덩치 큰 늑대가 굴뚝을 통해 집 안으로 들어오려 하자 물이 펄펄 끓는 솥에 빠뜨려 죽인다. 막내 돼지는 영웅이다. 영리하고 근면하며, 준비를 철저히 했다. 그러나 결국 형들을 잃고 혼자 남았다. 《오즈의 마법사Wizard of Oz》는 개인주의의 또 다른 측면을 찬양한다. 도로시는 고향 캔자스로 돌아가는 길을 찾으려고 안간힘을 쓴다. 그녀는 새로 사귄 친구들과 사기꾼 마법사의 조언을 듣고 도움을 받지만, 엉뚱한 곳에서 헤맸다는 사실을 깨닫는다. 도로시가 할 일은 슬리퍼

뒤축을 딱딱 부딪치는 것뿐이다. 도로시는 여행하는 내내 자신을 지킬 힘이 있었다.

학자들에 따르면 개인주의 신화가 문학의 주제로 사용되기 시작한 것은 첫 장편소설이 쓰인 16~17세기 유럽까지 거슬러 올라갈 수 있다.[7] 하지만 당시엔 개인주의를 찬양하지 않았다. 지금은 고전이 된 파우스트, 돈키호테, 돈 후안 같은 캐릭터가 최초의 개인주의자다. 이런 작품에서 주인공은 지나친 자기중심주의 때문에 벌을 받는다. 파우스트와 돈 후안은 결국 지옥에 떨어지고, 돈키호테는 웃음거리가 된다. 소설에서 개인주의자로 등장하는 인물이 긍정적으로 묘사되기 시작한 건 민주적 통치와 과학 지식, 종교적 독립으로 나아가는 경향이 서구 문명을 변화시킨 18세기에 이르러서다. 대니얼 디포Daniel Defoe가 1719년에 발표한 《로빈슨 크루소Robinson Crusoe》는 공동체와 분리된 주인공을 좀 더 호감이 가는 이미지로 묘사한 첫 작품이다. 크루소는 조난을 당해 어떤 섬에 고립됐는데, 그럭저럭 잘 살아간다. 고전이 된 이 초기 장편소설 네 편 모두 주인공이 독신 남성이고, 그들이 유일하게 지속적인 관계를 맺는 사람은 그들보다 굴종적인 남성이라는 점이 흥미롭다. 이는 오늘날 인기 있는 미국 소설에서 분명히 드러나는 주제다. 론 레인저와 톤토, 허클베리 핀과 짐, 배트맨과 로빈, 〈드라그넷Dragnet〉의 조 프라이데이와 빌 개넌을 생각해보라. 대체로 고전적인 미국의 카우보이와 하드보일드 장르의 형사, 만화책의 슈퍼히어로는 자립정신 때문에 널리 인정받고 종종 칭송받는다. 클라크 켄트부터 피터 파커와 에이드리언 몽크, 제임스 본드까지 미국의 오락 문화는 개인주의자(대체로 남성)의 활약에 힘입어 성공과 구원이라는 주제를 강조한다. 이 개인주의자는 어떤 식으로든 주류 사회에서 소외되거나 격리된다.

가상의 세계에 등장하는 미국 남성의 삶에서 (미국 여성과 대조적으로) 개인주의 신화가 지배적인 특성처럼 보인다는 점에 주목해야 한다. 다음 A열과 B열에 나란히 놓인 특성과 행동을 잠시 생각해보자.

A	B
부드러운	단단한
수동적인	공격적인
나약한	강한
소심한	용감한
감정적인	이성적인
온화한	거친

A와 B 중 어느 쪽이 전형적인 슈퍼히어로를 잘 묘사하는가? 어느 쪽이 좀 더 '남자답다'는 단어에 어울리는가? 이제 자신에게 질문해보라. 당신이라면 독립과 자립이라는 단어를 어느 쪽에 집어넣겠는가? 당신이 대다수 미국인을 대표한다면 이 모든 질문에 'B열'이라고 대답할 것이다.

이 짧은 연습 문제를 통해 몇 가지 사실을 알 수 있다. 첫째, 남성과 여성의 특징으로 정형화된 고정관념이 작품 속 가상 인물을 통해 강화되고 대중화되는 일이 흔하다. 둘째, 개인주의와 연관된 가치관은 남성의 특징으로 묘사될 때가 더 흔하다. 남성과 여성이 이런 맥락에서 본질적으로 다르다는 뜻이 아니라 책과 잡지, 텔레비전과 영화가 보여주는 이미지와 이야기가 개인주의와 연관된 우리의 생각과 가치관, 고정관념과 신화를 강화할 수 있다는 뜻이다.

이런 관점에서 테드 카진스키의 기이한 인생은 신기하게도 낯익어 보일 수 있다. 그의 철학과 생활 방식은 여러모로 미국 문화, 특히 미국의 남성 문화라는 더 큰 태피스트리의 낡고 해진 실 가닥이다. 실제로 테드 카진스키의 생활 방식은 미국 문학사에서 중요한 저자로 꼽히는 헨리 데이비드 소로Henry David Thoreau(1817~1862)의 생활 방식과 소름 끼칠 정도로 닮았다. 소로는 매사추세츠주 콩코드 근처의 비교적 외딴곳에 있는 시골에 작은 오두막을 짓고 2년 넘게 틀어박혀 살았다. 월든 호숫가에서 꾸밈없이 소박하게 산 경험은 고전이 된 그의 회고록《월든 Walden: or, Life in the Woods》에 영감을 주었다. 소로도 카진스키와 마찬가지로 하버드에 다녔고, 열렬한 환경보호론자였으며, 정의에 대한 자신의 기준을 위반하는 정부와 민법에 맞서 개인 차원으로 저항하는 것을 열렬히 옹호했다. 소로는 유명한 에세이《시민 불복종On the Duty of Civil Disobedience》에서 "내가 떠맡을 권리가 있

는 유일한 의무는 언제라도 내가 옳다고 생각하는 일을 하는 것
이다"라고 선언했다. 하지만 다른 점이 있다. 소로의 개인주의는
개인의 평화적인 저항을 통해 노예제도와 미국의 제국주의에 맞
서 싸우도록 그를 이끈 반면, 카진스키는 개인의 폭력 행위와 테
러가 적절한 정치적 해법이라는 결론에 도달했다.

그렇다고 해서 미국의 고전문학과 대중문화가 개인주의에 반대
하는 주제를 전혀 지지하지 않는다는 뜻은 아니다. 성공하고 싶
다는 이기적 욕망 때문에 사악한 적대자로 여겨지는 등장인물도
많다. 우리는 공동체나 순응, 집단주의 같은 사상이 보상을 받는
고전적인 이야기를 한두 가지 알고 있다. 프랭크 카프라Frank Capra
감독이 만든 영화 〈멋진 인생It's a Wonderful Life〉은 미국 문화에서
반反개인주의를 보여주고, 존 스타인벡John Steinbeck이 쓴 소설 《분
노의 포도The Grapes of Wrath》는 가족과 공동체의 연대를 찬양하는
작품으로 그 영향력이 대단하다. 아동문학에서는 쉘 실버스타인
Shel Silverstein이 쓴 《아낌없이 주는 나무The Giving Tree》가 이기적 개
인주의를 대놓고 비판한다. 내가 여기서 강조하고 싶은 점은 간단
하다. 개인주의 신화는 미국 사회의 핵심적이고 지배적인 특징이
지만, 우리 문화를 특징짓는 유일한 가치관이나 신화는 아니다.

경제적 개인주의

앞에서 우리는 집단보다 개인의 특권을, 공적인 것보다 사적인 것을, 사회보다 개인을 우선시하는 신념 체계를 개인주의라고 정의했다. 자립과 독립에 대한 이런 통념이 우리가 읽는 책과 잠들기 전 아이에게 들려주는 동화, TV 프로그램과 영화에서나 발견됐다면 사회학자의 폭넓은 관심을 끌지 못했을 것이다. 그러나 개인주의는 훨씬 더 많은 곳에 스며들었다. 개인주의는 미국의 많은 사회제도를 이끄는 원칙 역할을 하는 동시에, 우리가 살아가는 방식에 중요한 영향을 미친다. 예를 들어 복음주의 기독교는 구원 받으려면 예수그리스도와 개인적인 관계를 맺어야 한다고 강력하게 주장한다. 초등학교부터 대학교까지 미국의 교육제도는 경쟁적인 평가 시스템을 통해 개인의 성취를 향상하는 방향으로 틀이 잡혔다. 프로 스포츠 팀도 최고의 자유계약 선수와 수백만 달러에 이르는 계약을 맺기 위해 경쟁하면서 개인주의 철학을 모델로 삼는다. '팀'은 있어도 '나'는 없다는 말이 무색할 정도다.

사회학자들이 다른 어떤 형태의 개인주의보다 중요하게 여기는 개인주의가 있다. 바로 미국의 경제 제도를 규정하는 개인주의다. 실제로 많은 사회학자가 개인주의라는 이데올로기가 역사적으로 자본주의 경제가 부흥한 데 따른 직접적인 결과로 나타났다고 주장한다. 그러나 개인주의적 세계관이 출발점이고, 현대의 경제 제도는 사실상 자본주의의 원인이 아니라 결과라고 주장하는 사회학자도 있다. 닭이 먼저냐 달걀이 먼저냐는 이 논쟁을 한쪽으로 제쳐놓고 보면, 우리가 개인주의라고 부르는 신념 체계는 역사적으로 자본주의 경제체제가 발흥한 데 따른 반응이라는 것이 사회학자들의 공통된 의견이다.

자본주의는 현 경제체제를 설명하기 위해 우리가 사용하는 이름이다. 자본주의의 기본 원칙은 꽤 간단하고 친숙하지만, 검토된 적은 드물다.[8] 첫째, 자본주의 경제는 생산과정에서 사유재산 개념에 의존한다는 점에서 다른 경제 양식과 차이를 보인다. 이말은 음식, 옷, 자동차, 집 등 우리가 시장에서 사고파는 물건이 사적으로 통제된다privately controlled는 의미다. 상대적으로 소수의 개인이 우리가 타는 자동차와 우리가 사용하는 컴퓨터를 생산하는 공장을 소유한다. 우리가 먹을 음식과 가축의 먹이를 재배하는 땅을 소수가 소유한다. 우리가 거주하는 건물을 짓고 우리가 타는 자동차에 동력을 공급하는 데 필요한 원자재는 재산이 아주 많은 최상류층의 손에 있다. 자본주의 경제에서 살아가는 대다수 사람은 개인적으로 생산수단을 소유하지 않는다. 대다수 사람은 사유재산이라고 하면 우리가 다른 이에게서 구입한 소비재를 떠올린다. 따라서 자본주의 체제에서 사유재산의 특징은 우리가 소비하기 위해 돈을 주고 구입하는 개인 물품이나 물건이 아니라, 우리가 구입하는 물건을 생산하는 데 사용되는 사유재산이라는 점이다. 자본주의 체제에서 제품 생산은 사적으로 소유 · 통제되며, 생산수단을 소유한 사람은 자본가라고 불린다. 가장 중요하고 힘이 센 자본가는 대기업을 소유하고 통제하는 사람이다. 이 범주에 속하는 자본가는 인구의 약 1퍼센트에 불과할 것이다.

자본주의의 두 번째 결정적 특징은 노동시장이다. 자본주의 체제에서 대다수 개인은 생존에 필요한 제품을 생산할 수 없기 때문에, 의식주를 비롯해 필수적인 것을 확보하기 위한 방법을 찾아야 한다. 이를 위해 대다수 사람은 노동력을 자본가에게 판다. 다시 말해 우리는 일자리를 구해야 한다. 노동력의 주요 구매자는 자본가다. 그들은 공장과 도구, 땅을 소유하기 때문이다. 자본주의 경제에서 일자리를 찾는 사람은 기본적으로 노동력을 사는 대신 임금을 지급해줄 누군가를 찾는 것이다. 그들은 일자리를 찾는 데 실패하면 실업자가 되어 소득을 얻지 못할 것이다. 이렇게 되면 생존은 노동자 개인의 책임이 된다.

자본주의의 마지막 특징은 이윤 추구다. 이윤은 자본주의 체제를 작동하는 엔진이며, 모든 자본가의 목표다. 이윤을 내려는 동기와 부자가 되려는 동기가 관계있는 것은 분명하지만, 똑같지는 않다. 이윤은 자본가가 돈을 버는 특정한 방식과 관련이 있다. 당신이 자본가라면, 당신은 노동자가 생산하는 것을 팔아서 돈을 번다. 이 제품을 제작할 때 들어간 비용보다 비싸게 팔 수 있다면 당신은 이윤을 남긴다. 그러면 제작비를 낮게 유지하려는 동기가 생기고, 이는 일반적으로 노동자의 임금을 낮게 유지한다는 의미다. 이 때문에 자본주의의 역사는 노동자와 자본가의 충돌을 빼놓고 얘기할 수 없다. 자본주의 체제에서 대기업 소유주와 대표는 많은 사람을 고용하고 더 건강한 공동체를 만들거나, 더 좋은 세상을 만들고 싶은 욕망에 이끌리지 않는다. 그들의 야망은 다른 무엇보다 이윤을 내는 것, 즉 자본을 축적하는 것이다. 다른 나라로 공장을 옮겨야 이윤을 낼 수 있다면 그것이 그들의 목적이 될 것이다. 노동자에게 그들이 편안히 살기 위해 필요한 액수에 미치지 못하는 임금을 지급하는 것이 자본가에게 이득이 된다면, 자본가는 당연히 그렇게 할 것이다. 어떤 자본가가 인간의 모든 노동을 기계로 대체해서 제품을 생산하고 이윤을 낼 방법을 찾는다면, 자본가들은 그 방법을 찬양할 것이다.

오늘날 자본주의 경제는 워낙 널리 퍼졌고 그 영향력이 막강해서, 대다수 사람은 다른 대안을 떠올리기 어려울 정도다. 자본주의를 인간 본성의 자연스러운 표현이라고 믿는 사람도 있다! 사회학자는 그런 생각에 동의하지 않으며, 경제 제도는 자연스러운 것이 아니라는 사실을 강조한다. 실제로 역사적 관점에서 보면 자본주의는 최근의 발명품이다. 자본주의가 유럽에서 처음 시작된 건 500년이 되지 않았다. 자본주의는 서서히 봉건제를 대체했다. 대다수 인류 문명은 자본주의 없이도 수천 년간 번성했고, 물건을 생산하고 시장에서 교환하는 방법은 아주 다양하기 때문에 미래 사회가 자본주의의 대안을 만들 것이라는 사실은 의심할 여지가 없다. 하지만 지금은 자본주의가 대권을 장악한 상태다.

자본주의는 그 어떤 경제체제보다 개인주의를 지향하고, 개인주의를 뒷받침하는 철학을 갖췄다. 이 점은 생산과정이 마을이나 부족처럼 규모가 큰 공적인 실체 혹은 물건을 생산하는 데 참여하는 사람들에 의해 소유·통제되는 게 아니라, 사적으로 소유돼야 한다는 필요조건에서 확실히 드러난다. 개인주의는 노동시장이라는 개념에서도 쉽게 눈에 띈다. 노동시장에서는 한 사람의 시간과 에너지가 개인의 상품이 되고, 일자리 확보는 노동자 개인의 책임으로 간주되기 때문이다. 그러나 개인주의가 가장 노골적으로 드러나는 것은 대다수 경제학자들이 자본주의를 정당화하고 옹호할 때 갖다 쓰는 철학적 가설이다.

경제 이론에 담긴 개인주의

경제 시장이 돌아가는 방식에는 다양한 학설이 있지만, 오늘날 대다수 친자본주의자가 사용하는 이론은 개인은 자기 이익 때문에 행동하고 자기 이익을 극대화하는 쪽으로 결정한다는 가정에서 출발한다. 이런 관점은 모든 개인이 시장에서 이기적으로 행동할 때 모든 사람이 이득을 본다는 상당히 비논리적인 결론으로 이어진다. 친자본주의적 경제학자의 주장에 따르면, 소비자가 가장 낮은 값으로 가장 좋은 제품을 구입할 때 가장 효율적인 회사에는 보상을 주고 나머지 회사에는 생산성을 향상하지 않으면 손실을 볼 수 있다는 압박을 가하는 셈이다. 이와 동일한 경쟁이 노동시장에서도 유효하다고 말할 수 있다. 자기 이익을 위해 행동하는 노동자는 더 많은 임금과 혜택을 주는 회사로 자유롭게 이동할 것이라고 예상되기 때문이다. 더 많은 개인이 정부의 간섭에서 벗어나 홀로 남겨질수록 모두를 위해 더 좋은 경제가 되리라는 믿음이다. 이런 논리에 따라 자본가가 시장에서 원하는 일을 할 자유를 제한하는 법은 경제에 나쁜 것으로 여겨진다. 이런 입장은 '자유방임주의laissez-faire'라는 프랑스 용어로 알려졌다. 자유방임주의를 번역하면 '그냥 내버려둬'쯤 된다. 자유방임주의 경제학자는 자본주의를 통제하지 않고 스스로 굴러가게 둘 때 자본주의 경제가 최고의 효과를 거둘 수 있다고 생각한다.

역사적으로 자본가와 자유방임주의 경제학자는 최저임금 책정, 안전한 근무 환경 확보, 하루 8시간 근무 같은 정부의 규제를 반대했다. 반대하는 주된 이유는 이런 규제가 기업의 이윤을 제한하고 급진적 개인주의의 원칙을 침해한다는 믿음 때문이다. 20세기의 영향력 있는 경제학자이자 자본주의 옹호가인 밀턴 프리드먼Milton Friedman(1912~2006)은 다음과 같은 주장으로 자유방임주의를 대변한다.

대다수 노동자를 위해 가장 믿을 만하고 효과적인 보호 수단은 많은 고용주가 제공한다. 우리가 보아왔듯이 고용 가능한 고용주가 한 명밖에 없는 사람은 거의 혹은 전혀 보호받지 못한다. 노동자를

보호하는 고용주는 그를 고용하고 싶어 하는 사람이다. 노동자의
서비스를 요구한 고용주는 자기 이익 안에서 노동자에게 그의 노
동에 전액을 지불해야 한다. 고용주가 노동자에게 전액을 지불하
지 않으면, 다른 누군가가 기꺼이 지불하려 할 것이다. 그의 서비
스를 놓고 벌어지는 경쟁이 노동자를 위한 진정한 보호 수단이다.[9]

이 인용문에서 우리는 개인의 이기심이 경제적 관계에서 동기
를 부여하는 주요소라는 가정의 증거를 본다. 실제로 프리드먼은
사람들이 동일한 이기적 이유를 위해 온갖 사회적 협력에 관여한
다고 주장한다. 그의 관점에서 인간의 탐욕은 모든 사회의 본질
적인 특징이다. 다시 한 번 그의 말을 빌리자. "탐욕에 기초해 조
직되지 않은 사회가 어디 있습니까? 사회조직의 문제는 어떤 방
식으로 조직해야 탐욕의 피해를 최소화할 수 있는가 하는 점입
니다. 자본주의가 피해를 최소화할 시스템이고요."[10]

사회학의 관점에서 밀턴 프리드먼의 주장이 완전히 틀린 말은
아니다. 자본주의사회는 탐욕에 영향을 받는다. 하지만 이는 탐
욕이 인간 행동의 자연 발생적이고 유력한 특징이기 때문이라기
보다, 자본주의가 사리사욕이 보상을 받는 개인주의 철학을 부
추기기 때문이다. 자본주의를 유력한 정치체제로 채택하지 않은
사회에서는 이처럼 탐욕과 개인주의를 강조하지 않는다. 그러므
로 탐욕이 인간 본성의 결정적인 특징이라고 한 프리드먼의 주
장은 옳지 않다.

개인주의, 무엇이 문제인가?

고대 그리스인은 처음으로 민주주의의 기본 원칙을 중심으로 사회를 조직한 사람들이다. 초창기 도시국가의 정치제도는 결코 완벽하지 않았고, 많은 사람이 시민권이라는 특권에서 제외됐다. 그럼에도 우리는 통치 구조, 의회의 대의권, 토론과 투표, 배심제도에 특권을 주는 정치제도의 가능성을 보여줬다는 점에서 그리스 문명에 신세를 졌다. 이런 민주적 배경이 있는 아테네인이 시민의 의무를 다하지 않는 사람을 특정한 이름으로 불렀다는 점이 재미있다.[11] 토론에 정기적으로 참석하지 않거나 정치적 판단력이 형편없는 사람과 공동체의 요구보다 사리사욕을 앞세우는 사람을 바보idiot라고 했다. 오늘날 우리는 바보라는 단어를 전혀 다른 경멸의 의미로 사용하지만, 원래는 이처럼 교육적인 의미가 있었다.

자율과 독립을 자연스러운 본성이라 생각하고 개인의 이익이 공동체의 이익보다 앞선다고 보는 개인주의적 세계관은 고대 그리스적인 의미로나 현대의 미국적인 의미로나 바보 같다. 이는 테드 카진스키의 철학과 삶을 보면 대번에 알 수 있는 사실이고, 더 감지하기 어렵긴 해도 밀턴 프리드먼처럼 경제적 개인주의를 옹호하는 사람에게도 들어맞는 말이다. 두 사례에서 급진적 개인주의를 지지하는 사람은 '자기 이익 대 사회'라는 잘못된 이분법에 헌신했다. 개인과 집단은 독자적이고 완전히 다른 독립체라는 생각은 개인과 사회의 관계를 극도로 단순화한 것이다. 사실 개인이 사회를 지탱하는 것 못지않게 사회도 개인의 이익을 지탱한다. 이런 까닭에 개인주의를 지향하는 것과 집산주의를 지향하는 것 사이에서 선택을 강요받는 건 거짓 딜레마다. 이 거짓 딜레마는 개인을 잘못 이해하는 데서 비롯되며, 앞으로 살펴보겠지만 이 딜레마를 뒷받침할 실증적인 증거도 없다. 잘못된 신념이 널리 받아들여지고 행동을 파괴적인 방향으로 이끌기 시작할 때, 우리는 그 신념 체계를 신화라고 부를 수 있다. 자율적인 행위자가 최고이고 우월하다는 믿음에 근거해서 개인과 사회를 인위적으로 분리하는 것은 개인주의 신화다. 이 신화를 깨뜨리는 것이 이 책의 기본적인 목적이다.

급진적 개인주의가 특징인 신념 체계의 문제점 가운데 하나는 자유를 편협하고 제한적으로 이해하도록 조장한다는 것이다. 비록 미국의 정치 문화가 자유라는 개념과 밀접한 관계가 있다 해도 역사적으로 자유에 대한 우리의 해석과 적용에는 합의와 일관성이 결여됐다. 우리는 초등학생 때 순례자들이 종교적 자유를 찾아 유럽에서 도망쳤다고 배웠지만, 유럽에서 처음 온 이주자들이 새로운 땅에서 자유를 찾았을 때 그 자유는 미국의 식민지 개척자에게 지배당한 원주민의 희생으로 얻은 자유다. 마찬가지로 학생들은 미국독립혁명이 영국의 압제에서 벗어나 독립을 쟁취하기 위한 전쟁이었다고 배우지만, 역사적 기록에 따르면 우리의 위대한 애국자 가운데 다수는 자신들이 아프리카 노예를 압제한 데는 전혀 관심이 없었다.

확실히 한 사람의 자유는 다른 사람에게 억압이 될 수 있다. 남북전쟁에서 남군과 북군이 충돌했을 때, 양측은 자유라는 신성한 대의를 수호하기 위해 싸웠다. 에이브러햄 링컨은 노예해방을 지지하면서 이렇게 썼다. "다른 사람의 자유를 인정하지 않는 사람은 자유를 누릴 자격이 없고, 공정한 신 아래서는 그 자유를 오랫동안 누릴 수 없습니다."[12] 남부 연합의 제퍼슨 데이비스Jefferson Davis 대통령도 자신은 자유를 수호한다고 확신에 차서 주장했다. "난폭한 다수의 독재, 가장 혐오스럽고 가장 무책임한 폭정이 우리의 권리와 개선책을 거부합니다. 우리는 헌법에 보장된 자유라는 대의에 몸 바친 우리 아버지들의 희생을 되찾기 위해 무기를 들었습니다."[13] 서로 다른 두 해석은 약 100년 뒤에 벌어진 시민권 운동 기간에도 흔들림 없이 옹호되었다. 마틴 루서 킹Martin Luther King Jr.은 앨라배마주 버밍햄 교도소에서 쓴 편지에 조직적인 시민 불복종을 촉구하며 목소리를 높였다. "압제자가 자발적으로 자유를 주는 일은 결코 없다는 것을 우리는 고통스러운 경험으로 알고 있습니다. 자유는 압제자에게 강력히 요구해야 얻어낼 수 있습니다."[14] 당시 조지 월리스George C. Wallace 앨라배마 주지사는 새로운 시민권 입법 행위를 비난하며 선전포고했다. "저는 여러분의 권리와 제 권리, 내 이웃을 선택하고 내가 선택한 사람에게 내 집을 팔 권리를 파괴하는 법을 주장하는 세력과 무관합니다. 분명히 말씀드리지만, 우리는 이 나라의 자유를 위해 공격적으로 나서서 싸울 것입니다."[15]

자유를 위한 강력한 헌신과 옹호는 오늘날에도 두드러진다. 예를 들어 2004년 조지 부시George W. Bush 대통령은 모든 미국인에게 '테러와의 전쟁'을 지지해달라고 촉구하면서, 이는 자유의 핵심적인 원칙을 수호하기 위한 전쟁이라고 주장했다. "테러리스트는 온갖 교활함과 잔인함을 동원해 자유와 싸웁니다. 자유는 그들이 가장 두려워하는 것이기 때문입니다. 이제 그들은 두려워해야 합니다. 자유가 진군 중이기 때문입니다."[16]

부시 대통령의 정반대 주장에도 공개적으로 자유를 싫어한다고 표방하거나 자유를 경멸하는 사람은 찾아보기 힘들다. 사실 21세기의 대다수 정치 지도자는 자신의 조직이나 국가가 자유를 수호하기 위해 활동한다고 믿는다. 과거 알카에다al-Qaeda의 수장 오사마 빈 라덴Osama bin Laden도 9·11 테러를 정당화하기 위해 자유를 갖다 썼다.

> 우리는 자유인이기 때문에 당신들과 싸우며, 종교적 범죄를 묵과하지 않는다. 우리는 국가를 되찾기 원한다. 당신들이 우리의 안전을 해쳤으므로 우리도 당신들에게 똑같이 갚아줄 것이다. 자유민은 안전을 포기하지 않는다. 이것은 우리가 자유를 싫어한다는 부시의 주장과 반대된다. 예를 들어 우리가 왜 스웨덴을 공격하지 않았는지 부시에게 물어보라.[17]

여기서 자유에 대한 믿음이나 헌신이 바람직한 가치라는 것이 아니라, 자유의 정의를 놓고 몇 가지 중대한 차이점이 있다는 것이 중요하다.

자유에 대한 각기 다른 해석을 살펴보는 한 가지 방법은 소극적 자유와 적극적 자유를 구분하는 것이다.[18] 우리 대다수는 다른 사람의 방해를 받지 않고 원하는 일을 할 수 있는 능력을 자유라고 생각한다. 예를 들어 누군가 당신을 감옥에 가두거나 생각한 대로 말하면 죽이겠다고 협박한다면 당신에게 자유가 없는 것이다. 정부가 당신에게 특정 종교를 믿으라고 강요하거나 정규교육 받는 것을 법으로 금지한다면 당신에게 자유가 없는 것이다. 우리는 노예나 정치에 참여하는 것이 제한된 사람이 자유롭지 않다는 사실에 동의할 것이다. 이런 식으로 이해하는 자유를 우리는 소극적 자유라고 부른다. 어떤 사람이 하고 싶은 일을 할 수 있거나 되고 싶은 사람이 될 수 있기 전에 제거해야 할 부정적 장애물에 초점을 맞추기 때문이다. 조지 월리스는 앨라배마주에서 인종차별을 금지하는 새로운 시민권 입법 행위에 반대한다는 주장을 할 때 자유를 소극적으로 해석했다. 테드 카진스키가 몬태나주 시골에 스스로 격리되어 "누구라도(특히 거대 조직이) 다른 사람을 힘으로 지배한다면, 그 힘을 아무리 호의적이고 너그럽고 관대하게 휘두른다 할지라도 지배받는 사람에게는 자유가 없다"는 '선언문'을 쓴 것도 자유를 소극적으로 정의했기 때문이다. 소극적 자유는 개인주의 신화를 토대로 하기 때문에 불

완전하고 균형을 잃었다는 점이 문제다.

반면에 적극적 자유는 인간의 행위는 본래 사회적이고, 진정한 자유를 위해서는 장애물을 제거하는 이상의 뭔가가 필요하다는 가정에서 출발한다. 사람들은 적극적 자유 아래서 자신의 모든 잠재력을 실현하는 것을 가능케 해주는 자원을 제공하는 일에 추가적으로 초점을 맞춘다. 예를 들어 집에서 160킬로미터 이내에 투표소가 없는 사람에게 진정한 투표의 자유가 있다고 말할 수 있을까? 학교 등록금이 너무 비싸다면 아이에게 정규교육 받을 자유가 있는 것일까? 누군가 의견 발표의 장에 접근할 권한이 차단됐다면 그에게 정치적 표현의 자유가 있는 것일까? 생존에 필요한 건강보험 가입이 거부됐을 때 우리는 생존권이 있다고 말할 수 있을까? 적극적 자유는 장애물 제거와 자유로운 행동을 위해 필요한 사회적 배경 만들기를 강조한다. 이것이 마틴 루서 킹이 공산주의의 과도한 사회적 장애물과 자본주의의 과도한 개인주의를 비판할 때 옹호한 자유관이다. "공산주의는 삶이 개인적이라는 사실을 잊고 있습니다. 자본주의는 삶이 사회적이라는 사실을 잊고 있습니다. 인류애의 왕국은 공산주의 명제에 없고, 자본주의 반대 명제에도 없습니다. 인류애의 왕국은 더 고귀한 통합에 있습니다. 공산주의와 자본주의의 진리를 결합한 더 고귀한 통합에 있습니다."[19] 적극적 자유는 개인적인 자율이 다른 사람의 자유와 자율로 둘러싸였다는 사실을 상기시킨다. 어떤 사람이 담배를 피울 자유는 다른 사람이 맑은 공기를 마시고 건강하게 살 자유를 제한할 수 있다. 어떤 사람이 자기가 원하는 사람에게 집을 팔 자유는 다른 사람이 자기가 살고 싶은 곳에서 살 자유를 제한할 수 있다. 어떤 사람이 종업원을 고용하고 해고할 자유는 다른 사람이 일을 해서 생계를 꾸려갈 자유를 제한할 수 있다.

근시안적 개인주의의 또 다른 문제는 가장 어려운 사회적 문제의 해법을 찾아내는 우리의 능력을 제한할 수 있다는 점이다. 우리는 개인주의 신화에 헌신할 때, 개인의 문제가 대개 사회적 문제와 관련 있다는 사실을 제대로 인식하지 못한다. 이 경우 우리는 대개 문제를 해결하기 위한 전략으로 '개인의 책임' '심리학적 치료' '개인의 기량 향상'을 지나치게 강조한다. 비유를 위해 다음 이야기를 생각해보자.

강둑을 따라 걷던 세 친구가 하류로 사람 하나가 떠내려오는 것을 발견한다. 그 광경을 보고 겁도 나지만 안타까운 마음이 든 세 친구는 너나없이 강물로 뛰어들어 그 사람을 물가로 끌어낸다. 세 친구가 그 불쌍한 사람에게 인공호흡을 실시하자마자 도움의 손길이 필요한 다른 사람이 강 하류로 떠내려온다. 물에 빠진 두 번째 사람을 구한 그들은 세 번째, 네 번째 사람을 발견한다. 그때 한 친구가 갈수록 위급한 상황이 벌어지는 현장에서 벗어나 상류로 달리기 시작한다. 그 친구가 극심한 공포 때문에 도망간다고 생각한 두 친구는 화가 나고 불만에 차서 소리 지르며 자기 잇속만 차리는 그녀의 행동에 문제를 제기한다. "어디 가는 거야? 우리 도움이 필요한 사람들이 안 보여? 어떻게 지금 도망갈 수 있어?" 자리를 뜬 친구는 돌아오라는 요구를 무시한 채 상류의 어느 지점까지 달려간다. 그곳에서는 정확히 그녀가 예상한 상황이 벌어지고 있다. 강을 건너는 다리가 붕괴되어 차량과 보행자들이 눈 깜짝할 새 급류에 휘말린 것이다. 그녀는 재빨리 장애물을 세워 차량을 다리에서 먼 쪽으로 우회시킨다.[20]

이 이야기에서 상류로 달려간 친구는 익사 문제의 해결책이 구조적인 측면에 있으며, 문제의 근본 원인을 해결해야 한다는 걸 알았다. 친구들이 물에 빠진 사람을 강에서 끌어내며 눈앞의 과제에 집중하는 한, 익사 문제는 계속됐을 것이다. 문제가 한동안 계속됐다면 개인주의적 해결책이 제시됐을 것이다. 예를 들어 어떤 사람은 공동체에 수영 강습을 더 늘려야 한다고 주장했을지도 모른다. 어떤 사람은 강물에 빠져서 정신적 외상을 겪은 사람을 돕기 위해 상담 서비스를 제공했을지도 모른다. 하지만 다른 사람은 개인의 책임이나 '죽든 살든 자기가 알아서 해야 한다'는 철학을 강조하며 더 신중하게 행동하지 못하고 부주의한 피해자를 비난했을 것이다. 여기서 핵심은 개인주의적 관점이 구조적 해결책을 찾는 것을 방해한다는 점이다. 우리가 좀 더 사회학적인 판단을 내리지 않으면 사회적 문제에 대한 효율적인 해결책을 놓칠 것이다.

공적인 문제에 대한 집단적 해결책은 사회의 구조적 조건을 바꿔 개인의 자유와 존엄을 향상했고, 이런 사례는 역사적으로 수없이 많다. 민주적인 정부 체제의 설립과 경제 제도로서 노예제 폐지는 사회적 문제의 근본 원인에 초점을 맞춘 집단적 행동의 사례다. 그러나 개인주의 신화가 득세하는 한, 그런 문화에서는 '개별적 문제로 접근하는' 전략을 지지하는 지도자와 이익집단이 나올 것이다. 한 예로 우리는 공적 생활의 '사영화privatization'를 강조하는 공공 정책 제안과 '자유 시장'의 경쟁적 요소가 보편적으로 긍정적 이득이 될 것이라는 근거 없는 신념에서 이와 같은 '개별적' 전략을 발견한다. 이런 관점은 일찍이 밀턴 프리드먼의 경제적 자유주의에서 제시됐다. 이 친자본주의적 경제학자는 공원의 사영화와 공유림 매각은 물론, 공교육 사영화까지 지지했다. 두말할 필요 없이 테드 카진스키는 이 점에서 가장 급진적인 개인주의자의 전형이다. 그는 '현 사회의 경제적·과학기술적 기반 폐지'를 지지했으며, 익명의 테러라는 개인적인 행동을 해서 그런 '해결책'을 적극적으로 모색했다.[21]

결론적으로 개인주의 신화는 그 어떤 신화보다 분열과 불안을 조장하는 신화인지 모른다. 사회적 고립을 정당화하고, 점점 더 소외감이 드는 생활 방식에 기여하기 때문이다. 사회학자들은 공동체의 개입과 시민의 참여, 전반적인 사회적 활동이 적어도 1970년대 이후 미국에서 꾸준히 줄어드는 것을 보여주는 부인할 수 없는 증거를 수집했다. 조사에 따르면 오늘날 미국인이 공청회에 참석할 가능성은 40년 전보다 35퍼센트 줄었고, 정치에 관심을 보일 가능성은 15~20퍼센트 줄었으며, 투표에 참가할 가능성은 25퍼센트 줄었다. 1960년대에는 전체 미국인의 약 절반이 엘크The Benevolent and Protective Order of Elks, BPOE나 학부무와교사연합회Parent Teacher Association, PTA, 콜럼버스기사단Knights of Columbus, 여성유권자동맹League of Women Voters 같은 클럽이나 조직의 회원으로 활동했다. 오늘날 그 수는 반으로 줄었다. 사회적 고립이 늘어나는 증거는 일상적인 사회관계에서도 발견된다. 지난 30년간 '가족의 저녁 식사'는 30퍼센트 줄었고, 사교 모임을 위해 '친구를 집으로 초대할' 가능성은 45퍼센트 줄었다. 심지어 여러 가지 운동에 참여하는 경우도 1980년대 이래 10~20퍼센트 줄었다. 여기에는 사냥이나 낚시, 캠핑 같은 스포츠 활동뿐만 아니라 소프트볼이나 테니스, 배구 같은 전통적인 운동도 포함된다. 한 가지 예외가 있다면 볼링이다. 볼링은 사상 최고의 인기를 누린다. 하지만 볼링을 하는 사람들의 숫자는 늘었어도, 볼링 클럽의 숫자는 1970년 이후 40퍼센트 이상 줄었다. 달리 말하면 점점 더 많은 미국인이 '혼자 볼링을 한다'는 얘기다.[22]

최근 한 연구에서 사회학자들은 지난 20년 동안 대인 관계의 규모와 강도가 어떻게 변했는지 조사했다.[23] 그들은 1985년과 2004년에 미국인을 대표하는 두 그룹을 대상으로 인터뷰했고, 데이터를 분석한 결과 이 기간 동안 극적인 변화가 일어났다는 사실을 발견했다. 오늘날 거의 세 배나 많은 사람이 자기 인생에서 '중요한 문제를 논의'할 사람이 한 명도 없다고 말한다. 절친한 친구(의논할 상대)의 숫자가 평균적으로 1985년 세 명에서 2004년 두 명으로 줄었다. 더 놀라운 사실은 1985년에 대다수 응답자가 절친한 친구가 세 명 있다고 대답했는데, 2004년에는 한 명도 없다고 대답한 것이다. 가까운 대인 관계가 점점 줄어드는 원인은 친구나 가족과 속내를 터놓는 대화가 줄기 때문이다. 친구와 관계가 줄어드는 게 더 심각해 보인다. 증거를 보면 전반적으로 미국인은 다른 사람과 접촉을 급속히 끊는다는 것을 알 수 있다. 특히 동네나 그 밖의 공공장소에서 그렇다.

다시 한 번 말하지만, 테드 카진스키는 미국 사회가 점점 더 극심한 사회적 고립으로 나아가는 경향을 극단적으로 보여주는 인물이다. 그는 1991년에 가족에게 쓴 분노에 찬 편지에서 고립되고 싶은 자신의 바람을 극적으로 표현했다. "나는 알아야 해요. 이 역겨운 가족과 나를 이어주는 끈이 마지막 하나까지 영원히 끊어졌고, 내가 당신들 어느 누구와도 다시는 절대로 연락해선 안 된다는 것을 반드시, 반드시, 반드시 알아야 해요."[24] 테드 카진스키의 자유는 혼자 사는 데 있다. 그러나 우리가 이 장에서 봤듯이 그의 이런 신념은 덜 배려하고 덜 공정하고 덜 자유로운 사회에 기여할 수 있는 신화다.

신화를 깨부수는 사회학

이 책의 독자 중에는 디스커버리 채널에서 인기리에 방영 중인 〈호기심 해결사MythBusters〉를 잘 아는 분이 있을 것이다. 실화에 근거한 이 오락 프로그램에서 특수 효과 전문가 애덤 새비지Adam Savage와 제이미 하이네만Jamie Hyneman의 임무는 자연계와 관련된 극단적인 이야기가 진실인지 아닌지 검증하는 것이다. 두 아마추어 과학자는 고층 건물에서 떨어뜨린 1페니 동전이 아무것도 모르고 길을 가던 보행자를 죽일 수 있는지, 무선 전파가 치과용 충전재를 통해 전송될 수 있는지, 암살범이 얼음으로 만든 총알로 사람을 죽일 수 있는지 여러 해에 걸쳐 검증에 나선다. 최근 방송에서는 공사 현장 인부가 베니어판 조각을 들고 건물 꼭대기에서 떨어졌는데, 그 베니어판이 일종의 날개나 낙하산 역할을 한 덕분에 안전하게 땅에 착지할 수 있었다는 도시 괴담이 사실인지 실험했다. 새비지와 하이네만은 크기와 형태가 다양한 나무와 마네킹을 이용해 하늘을 나는 남자의 신화를 깨뜨렸다. 그들은 일하는 도중에 그런 곡예에 도전했다가는 죽거나 크게 다칠 수 있음을 집에서 텔레비전을 보는 시청자에게 증명했다.

이와 비슷하게 사회과학자는 체계적인 관찰법과 분석법을 이용해 사회 세계와 관련된 단순한 추측을 검증한다. 이런 의미에서 사회학자는 또 다른 호기심 해결사다. 믿음과 관습을 이성의 빛 속에 드러내고 적절한 증거를 모으면, 고정관념의 실체를 폭로하고 편견의 신빙성을 떨어뜨리며 전형적인 차별과 지배 행위를 알기 쉽게 설명할 수 있다. 인종과 젠더, 계급 착취는 모두 사회학적 연구에 따라 체계적으로 그 정당성을 의심 받았고, 그 결과 사회학적 연구는 더 평등하고 정의로운 세상을 만드는 데 기여했다. 오늘날 '백인종'이 우월하다고 생각하는 사람은 극소수에 불과하다. 대다수는 여성의 지적 능력이 열등하다고 생각하지 않는다. 가난한 사람은 태어날 때부터 게으른 사람이라는 생각에 동의하는 이는 많지 않다. 안타깝게도 파괴적인 신화가 여전히 많고, 가짜 신념 체계는 여전히 권력과 통제의 불공평한 분배를 정당화한다. 실제로 오늘날 우리는 일부 공동체 지도자와 영향력 있는 유명 인사에게서 이런 역사적 편견의 잔재를 본다.

2005년에 하버드대학교 로렌스 서머스Lawrence H. Summers 총장이 어느 전국 학회에서 연설을 했는데, 과학과 공학 기술 분야에서 활동하는 여성과 소수민족을 과소평가하는 데 초점이 맞춰졌다. 그가 연설 도중에 여성은 '타고난 소질'에 한계가 있기 때문에 과학자와 수학자가 될 가능성이 낮다고 주장했을 때, 청중은 충격을 받았다. 그는 여성 과학자가 부족한 원인이 태어날 때부터 남성과 여성의 능력이 차이가 있기 때문이라고 생각한다. 사람들은 레이건Ronald Reagan 정부에서 교육부 장관을 지낸 빌 베넷Bill Bennett이 2005년 어느 라디오 방송에서 하는 말을 듣고 자기 귀를 의심했다. "이것은 사실입니다. 저는 알고 있습니다. 여러분이 범죄를 줄이고 싶다면, 그것이 여러분의 유일한 목적이라면, 이 나라에서 흑인의 아기를 전부 낙태시키십시오. 그러면 범죄율이 떨어질 겁니다." 이 말에 내포된 의미는 흑인은 태어날 때부터 범죄자가 될 가능성이 더 많고, 그에 따른 논리적인 결론으로 흑인을 제거하면 범죄가 줄 것이라는 얘기다.

2010년 러시 림보Rush Limbaugh는 자신이 진행하는 라디오 프로그램의 청취자에게 불평등을 줄이려는 시도가 효과를 거두지 못하는 까닭을 다음과 같이 설명했다. "공정함 같은 명분을 내세워 불평등을 줄이려고 시도할 수는 있습니다. 하지만 자발적이고 솔선수범하는 사람이 있는 반면에, 태생이 게으른 사람도 있습니다. 어떤 사람은 피해자로 태어났으며, 어떤 사람은 노예 기질을 타고났습니다. 다른 사람들이 그들을 위해 내린 모든 결정을 불평 없이 받아들이도록 태어난 사람도 있습니다." 림보의 분석은 폭스뉴스FOX News에서 자기 이름이 들어간 프로그램을 진행하던 빌 오라일리Bill O'Reilly의 분석과 비슷하다. 오라일리는 시청자에게 미국에서 가난을 근절하는 일에 대해 이렇게 설명했다. "그것은 어려운 일입니다. 사람들 눈을 똑바로 쳐다보면서 그들은 무책임하고 게으르다고 말해야 하니까요. 누가 그러고 싶겠습니까? 가난은 바로 그런 것이기 때문입니다, 신사 숙녀 여러분. 이 나라에서 성공하고 싶다면 교육받고 열심히 일하면 됩니다. 간단합니다. 아주 간단합니다."

네 가지 사례에서 당신은 공통적으로 개인주의 신화에 대한 헌신을 알아차릴 수 있을 것이다. 네 사람은 하나같이 사회적 불평등을 생리학적 특징이나 심리학적 기질의 결과라고 생각한다. 그들은 옳은가, 그른가? 당신은 서머스와 베넷, 림보, 오라일리의 의견에 동의하는지 동의하지 않는지 직감에 따른 반응을 보일 수 있다. 당신의 의견은 여성과 수학, 가난한 사람과 범죄에 관한 개인적인 경험에 뒷받침될 수도 있다. 하지만 의견과 개인적인 경험으로 문제를 해결할 수 없다. 진정으로 과학적인 대답은 공개적이고 투명하며 비판과 검토를 받아들이는 체계적 과정을 통해 수집·분석된 실증적 증거에 근거를 둬야 한다. 우리는 이어지는 장에서 개인주의에 관한 가설의 정당성을 의심케 하는 몇 가지 사회학적 증거를 살펴보고, 우리 삶을 형성하는 사회적 힘도 찾아볼 것이다.

2

사 람 의
자 격
상 징 의 힘

당신들이 우리를 찌르면 우리가 피 흘리지 않겠습니까?
당신들이 우리를 간질이면 우리가 웃지 않겠습니까?
당신들이 우리에게 독을 먹이면 우리가 죽지 않겠습니까?
당신들이 우리를 부당하게 취급하면
우리가 복수하지 않겠습니까?

많은 독자가 이 장 첫머리에 있는 인용문을 익히 알 것이다. 셰익스피어William Shakespeare가 쓴 《베니스의 상인The Merchant of Venice》에서 유대인 고리대금업자 샤일록이 외친 말이다. 이 구절에서 샤일록은 자신과 모든 유대인의 인간애에 호소한다. 이 희곡이 쓰인 16세기는 기독교가 지배하는 유럽에서 많은 사람이 유대인의 유산을 물려받은 사람을 경멸하고, 대중연극에서 종종 악당으로 묘사한 시기다. 셰익스피어의 희곡에 나타난 반유대주의 풍토는 역사가 오래되어, 2000년 전으로 거슬러 올라간다. 유대인의 존엄성과 인간애를 과소평가하기 위해 수 세기 동안 터무니없는 고정관념, 합법적인 배척과 차별 행위가 동원됐다. 이는 셰익스피어 이후 유럽에서 400년 이상 계속됐고, (오늘날 우리가 홀로코스트라고 아는) 나치 독일의 이른바 유대인 문제에 대한 최종적인 해결책에서 극에 달했다.

이제부터 우리는 미국 역사에서 나타난 인간성 말살의 두 가지 사례를 자세히 볼 것이다. 두 사례에서 공통적으로 그들이 속한 공동체의 강력한 힘에 의해 논퍼슨nonperson*으로 정의되는 개인을 만난다. 두 사례는 역사적 배경과 사회적 범주는 다르지만

* 존재가 무시되는 사람, 존재하지 않는다고 간주되는 사람.

작용하는 근본적인 사회과정은 똑같고, 그에 따른 파괴적인 결과는 소름이 끼칠 정도로 비슷하다.

사악한 마녀들

1692년에 무시무시한 범죄가 급증하면서 뉴잉글랜드의 식민 정착지인 세일럼을 휩쓸었다. 2월부터 9월까지 200명이 넘는 남녀가 마법을 부렸다는 혐의로 체포되어 감옥에 갇혔다. 결국 20명이 마법을 부린 죄로 처형됐고, 개 2마리도 악마의 대리인 노릇을 했다는 의심을 받고 처형됐다. 이 급작스럽고 광기 어린 범죄행위는 인구가 600명 정도로 추산되는 한 마을에서 일어났다.

마녀 범죄는 뉴잉글랜드의 초기 식민지 개척자들이 만들어내지 않았다. 유사한 재판과 처형이 200년 전부터 유럽에서 벌어졌고, 역사학자들은 1450년부터 1750년까지 10만 명이 넘는 남녀가 마녀로 고발됐다고 추정한다. 이 가운데 최소 6만 명은 처형됐으며, 대부분 산 채로 화형에 처해져 형용하기 힘든 고통 속에 죽어갔다.[1] 세일럼에서 급증한 범죄의 특징은 범죄행위는 급작스럽게 증가했지만, 기소와 재판으로 신속하게 이어진 사건은 많지 않았다는 점이다. 마녀 범죄와 이 특별한 범죄가 급증한 성격을 이해하려면 당시의 사회적 맥락을 알아야 한다.

뉴잉글랜드의 초기 식민지 개척자는 대부분 종교를 광적으로 믿는 사람들이었다. 그들은 하나님이 주신 사명, 즉 신세계에 기독교 신앙과 관습의 본보기가 될 공동체를 건설해야 하는 사명을 믿었다. 이 초창기 이주자는 대부분 청교도인데, 오늘날 기준으로 보면 급진적인 종교적 근본주의자라 할 만하다. 그들은 유럽 가톨릭교회의 전통적인 의식과 성례, 기독교적 위계질서를 맹렬히 거부했다. 그들이 보기에 그런 것들은 '천주교'의 불필요하고 타락한 의복이나 장신구를 부추겼다.[2] 많은 청교도는 같은 이유로 가톨릭의 신학과 관습을 더 철저하게 거부하지 않은 영국국교회에 불만을 품었다. 뉴잉글랜드의 청교도는 더 단순하고 '순수한' 기독교를 지지했다. 그들은 자신이 지지하는 기독교가 초대교회에 더 가깝다고 믿었다.

뉴잉글랜드의 청교도는 '천박한' 형태를 띠는 대중오락을 사회적 관습으로 받아들이길 거부했다. 비슷한 맥락에서 종교적 사제라는 전통적인 개념과 함께 악기나 미술 작품도 예배에서 자취를 감췄다. 청교도는 운명 예정설을 믿었다. 운명 예정설은 하나님이 구원 받을 영혼과 저주 받을 영혼을 미리 정해놓았다는 신학적 개념이다. 운명 예정설 관점에서 보면 하나님의 은총은 우리의 영적 운명을 결정하는 유일한 잣대이므로, 선행이나 자유의지는 이 궁극적 결과에 영향을 미치지 못한다. 설령 신앙과 민법이 별개가 아니라 해도 청교도는 대단히 개인적이고 자기 성찰적인 종교였다. 자신이 선택 받은 자(천국에 갈 운명)인지, 저주 받은 자(지옥에 떨어질 운명)인지 알아내고자 하는 신자에게 깊은

불안과 자기반성을 일깨울 수 있었기 때문이다.[3]

　이토록 엄격한 종교적 맥락에서 1692년 여름, 브리짓 비숍Bridget Bishop이 혐의를 받았다. 당시 주민들은 비숍 부인이 비정상적인 사람이라는 사실을 거의 의심하지 않았다. 그녀는 이번이 세 번째 결혼이고(이전의 두 남편은 일찍 죽었다), 사람들이 있는 데서 시끄럽게 싸우기 좋아하는 사람으로 소문이 자자했다. 공동체의 눈에 비친 브리짓은 약하고 죄 많은 여자였다. 하지만 그녀가 악마의 하녀였을까? 세일럼 주민들이 직면한 결정은 간단했다. 브리짓 비숍이 사람인지, 마녀인지 결정해야 했다.

　재판에서 브리짓은 "자기 집에서 상식을 벗어난 밤 시간에 사람들에게 술을 대접하고 셔플보드 게임을 하게 해서 다른 가정에 불화를 일으키고, 젊은이를 타락의 위험에 빠뜨렸다"는 혐의를 받았다.[4] 그녀는 사치스럽고 지나치게 우아하고 화려한 옷을 입는다는 혐의도 받았다. 가장 꼼짝달싹 못 할 증언은 이웃과 지인에게서 나왔다. 그들은 브리짓에게 초자연적인 힘이 있다고 비난했다. 목격자들은 그녀가 어린아이에게 걷잡을 수 없는 발작과 경련을 일으켜 고통을 주었다고 증언했다. 그녀 때문에 어느 기독교 예배당 지붕을 떠받친 거대한 목재가 붕괴됐다는 증언도 나왔다. 몇몇 고소인은 브리짓이 밤에 사악한 생각을 품은 혼령의 모습으로 자기 앞에 나타났다고 주장했다.

　세일럼의 신화에 따르면, 브리짓 비숍이 마녀라면 그녀의 몸에 지옥에서 온 야수의 숨길 수 없는 흔적이 있을 가능성이 충분했다. 증거를 찾기 위해 여성 배심원에게 브리짓의 옷을 벗기고 의심스러운 반점을 핀으로 찔러보라는 지시가 떨어졌다. 검사 결과 그녀의 항문과 음문 사이에서 '마녀의 젖꼭지'가 발견됐다. 당시 사람들은 이 숨겨진 젖꼭지로 그녀가 퍼밀리어familiars라고 알려진 작은 동물 악마에게 젖을 먹였을 거라고 믿었다. 사람들은 설치류를 닮은 이 짐승이 사악한 일을 저지르는 마녀를 돕는다고 생각했다. 브리짓은 시종일관 단호하게 모든 혐의를 부인했다. 그녀의 젖꼭지 역시 발견된 지 몇 시간 만에 '쭈그러들었'지만, 판사는 브리짓 비숍이 초자연적 존재라는 판결을 내렸다. 그녀는 1692년 6월 10일에 교수형을 당했다. 악명 높은 세일럼 마녀사냥의 첫 번째 사형선고다.

미국 역사에서 독특한 이 사건은 몇 가지 이유 때문에 사회과학자의 관심을 끌었다. 첫째, 이 사건은 비교적 비슷한 사람이 모인 종교 공동체에서 범죄와 일탈적 행동이 어떻게 도덕의 경계를 결정하는지 보여주는 독특한 사례 연구로 밝혀졌다.[5] 둘째, 이 사건은 미국 사회에서 강하고 적극적인 여성이 어떻게 악마 취급을 당하고 처벌 받는지 설득력 있게 보여준다.[6] 우리의 목적에 비춰 가장 중요한 사실은, 이 사건이 사람의 자격에 대한 개인의 주장이 더 큰 공동체에 의해 어떻게 거부될 수 있는지 보여주는 사례라는 점이다. 브리짓 비숍은 자신을 사람이라고 생각했지만, 권력을 쥔 사람들은 그렇게 판단하지 않았다. 왜 우리는 자신이 인간임을 분명하게 밝히는 것이 허락되지 않는가? 이 문제를 좀 더 깊이 다루기 전에, 사람의 자격이 어떤 도전을 받았는지 보여주는 역사적 사례를 하나 더 살펴보자.

잃어버린 고리

브리짓 비숍이 마녀로 몰려 재판에서 유죄 선고를 받고 처형된 지 150년이 지나 미국인과 유럽인은 새로운 범주의 인간, 이른바 '사람에 가까운subhuman' 비정상적인 인간에게 관심을 돌렸다. 사람들은 그들을 '잃어버린 고리missing links'라 불렀고, 인간과 유인원을 이어주는 진화의 단계를 보여주는 독특하고 보기 드문 동물이라고 생각했다.

17세기와 19세기에 세상은 많이 변했다. 정치혁명이 일어나 지배적인 종교의 권력 구조가 해체됐고, 과학과 기술에 대한 믿음이 생겨 좀 더 합리적인 우주관이 형성됐다. 이 급격한 변화에 가장 큰 영향을 미친 사건은 1859년 찰스 다윈Charles Darwin이 쓴 《종의 기원The Origin of Species》 출간일 것이다. 이 과학 논문은 모든 생명체의 기원과 발달을 자연선택natural selection이라는 진화의 과정으로 설명했다. 머지않아 '유전적 형질'과 '적자생존'이 대중이 읽는 사전에 실렸다. 우리 초기 선조들이 인간이 아니었다는 생각은 놀랍기도 하고 흥미롭기도 했다. 한편으로는 지구의 역사에서 유일무이하고 우월하던 인간의 자리에 의문이 제기됐다.

전통적인 종교의 설명은 수세에 몰렸고, 인간의 기원과 그 본질에 대한 불안감이 피어올랐다. 동시에 번식이라는 자연의 법칙을 조작해서 인류를 '향상할' 가능성이 더 많은 사람에게 합법적인 가능성으로 받아들여졌다. 이것이 이른바 우생학 운동의 목적이었다. 우생학 운동을 지지하는 사람은 선택적 산아제한과 불임 시술을 지지했고, 범죄를 줄이고 지능을 향상하며 유전자 풀에서 부적합한 유전자를 제거하기 위한 전략으로 결혼과 출산을 규제하는 법을 지지했다. 우생학자에게는 생물학적 개입을 통한 진보가 더 나은 사회를 위한 새로운 희망을 제시했다.

이런 맥락에서 줄리아 파스트라나Julia Pastrana가 세계적인 관심을 받았다. 알려진 바에 따르면 그녀는 1834년 멕시코에서 태어났는데, 줄리아가 젊은 시절에 한 미국인 사업가가 그녀를 '구입했다'. 그는 줄리아의 독특한 외모를 '전시해' 생계를 꾸렸다. 오늘날 우리는 줄리아가 선천적 털과다증이라는 사실을 안다. 선천적 털과다증은 몸통과 팔다리는 물론, 코와 이마, 귀까지 신체 모든 부위에 털이 지나치게 많이 자라는 희귀 질환이다. 그러나 19세기에 줄리아는 진화의 사슬에서 유인원과 인간을 잇는 '잃어버린 고리'로 광고됐다. 이른바 개코원숭이와 인간의 혼혈을 보기 위해 미국과 유럽에서 호기심에 찬 무수한 구경꾼이 돈을 지불했다. 이 순회 전시는 1860년에 줄리아와 그녀가 갓난 아들이 분만 합병증으로 죽고야 끝났다.

줄리아처럼 대중의 수모를 받는 비슷한 인생이 크라오Krao라는 여덟 살짜리 여자아이를 기다렸다. 크라오는 시암(오늘날 태국)에서 한 독일인 탐험가에게 '포획'됐다. 1883년부터 1889년 무렵까지 호기심 많은 과학자와 부도덕한 흥행업자들이 크라오를 찌르고 비틀고, 키와 체중을 재고, 사진을 찍고 분석하고 전시했다. 줄리아 파스트라나처럼 선천적 털과다증인 크라오는 프랑크푸르트동물원에서 '유인원 소녀ape-girl'라는 이름으로 전시됐다. 한 인류학자는 권위 있는 학술지《네이처Nature》에 실린 논문에서 크라오가 사람에 가까우며 털이 많은 인종의 산 증거라고 결론 내렸다. 또 다른 저명한 인류학자는 동료의 결론에 동의하면서 크라오가 네안데르탈인과 '문명인'을 잇는 잃어버린 고리일 것이라고 추측했다. 크라오는 51세로 사망한 1926년까지 링링브라더스앤드바넘&베일리서커스Ringling Brothers and Barnum&Bailey Circus에서 '인간 원숭이'로 명성을 떨치며 생계를 꾸렸다.

크라오와 줄리아 파스트라나는 인간과 동물의 혼혈 혹은 사람에 가까운 종의 표본으로 분류된, 비교적 적지 않은 개인 가운데 두 명에 불과했다. 그들 중 다수가 털과다증이고, '수염 난 숙녀' '개의 얼굴을 한 소년 조조' '사자 인간 라이오넬' 같은 자극적인 별명을 달고 서커스에서 생계를 꾸렸다. 나머지 사람들은 '과학적으로' 비인간적인 취급을 받았고, 피부색이나 특이한 신체 부위, 얼굴의 특징, 몸의 크기에 따라 이국적이고 사람에 가까운 '종race'으로 분류·전시됐다. 몸의 크기에 따른 범주에 속한 인물이 오타 벵가Ota Benga다. 아프리카 콩고의 '피그미'인 오타는 노예가 되어 1904년 세인트루이스 만국박람회에서, 이후에는 뉴욕 브롱크스동물원에서 전시됐다. 그는 열등한 종으로 소개되고, 유인원 옆에 전시됐다. 〈뉴욕타임스〉는 새 전시품을 보도하면서 이렇게 썼다. "피그미는 키가 오랑우탄보다 그리 크지 않았고, 사람들은 피그미와 오랑우탄의 유사한 점을 연구할 좋은 기회를 얻었다. 피그미와 오랑우탄의 머리는 비슷하게 생겼고, 기쁠 때 활짝 웃는 모습이 똑같다."[7]

　여기 소개되는 사례를 부도덕한 흥행업자의 유별난 행위나 일탈의 산물로 무시하고 넘어가면 안 된다. 그보다 사람의 자격에 대한 권위주의적 해석의 실례로 봐야 한다. 이런 권위주의적 해석은 20세기까지 줄곧 사회정책, 정치, 과학 이론에 영향을 미쳤다. 신체적 특징을 근거로 개인을 동물 취급하는 것은 과학적으로 정당하고, 정치적으로 인기 있는 입장으로 간주됐다. 우생학 교육학회나 인종위생학회 같은 이름을 내건 조직에 대학 총장과 주요 과학자, 종교 지도자, 그밖에 공공 지식인이 참여했다. 우생학 운동과 관련된 권위자 가운데 조지 버나드 쇼George Bernard Show, 알렉산더 그레이엄 벨Alexander Graham Bell, 윈스턴 처칠Winston Churchill도 있었다. 독일 나치가 유대인과 그 밖에 '바람직하지 못한 사람'의 '열등한' 혈통에 더러워지지 않는 '순수한' 아리아인이라는 목표를 정당화하기 위해 우생학을 극단적으로 해석하고 이용한 일은 유명하다.

사회적으로 구성된 사람

불행히도 사회가 그들을 논퍼슨으로 분류하고 공공연히 그렇게 정의했지만, 역사적 관점이 생긴 우리 대다수는 '마녀'와 '잃어버린 고리'를 사실상 우리와 같은 사람으로 쉽게 인정한다. 동시에 마녀와 잃어버린 고리에 대한 역사적 경험은 개인의 정의를 '누구나 내릴 수 있다'는 사실을 섬뜩할 정도로 명확히 보여준다. 우리는 본래 완전한 인간으로 태어나지 않았다. 우리가 개인으로서 누리는 지위는 사회과정의 결과다. 우리가 태어난 장소와 시기, 조상의 상대적 권력은 다른 사람들이 우리를 어떻게 생각하느냐에 영향을 미칠 수 있다. 이런 의미에서 줄리아 파스트라나와 크라오, 오타 벵가가 유럽과 미국 식민지 개척자의 노예가 되었거나 경제적으로 그들에게 지배를 받은 가정과 공동체 출신이라는 점은 우연이 아니다. 17세기에 악마로 몰린 사람이 대부분 공교롭게도 가난한 여성이라는 사실 역시 우연이 아니다. 사람을 분류하는 과정에서 권력은 중요한 역할을 한다. 권력이 많은 사람일수록 사람의 자격에 대한 기준을 정할 때 더 많은 권한을 생사한다.

사람을 분류하는 것과 똑같은 사회적 힘이 오늘날에도 작용한다. 물론 범주는 바뀌었지만(마녀와 잃어버린 고리는 이제 정당한 범주로 여겨지지 않는다), 고정관념을 만들고 이용하는 과정은 여전히 사회생활의 핵심적인 특징이다. 다른 사람들을 사회적으로 범주화하는 것이 사회적 상호 관계의 필수적인 측면이기 때문에 이런 사회적 구성social construction 과정이 언제까지 우리 곁에 있으리라고 해도 지나친 말은 아니다. 이 장에서 우리는 사회적 범주가 타인에 대한 우리의 인식을 어떻게 구성하는지, 우리 생각과 정서의 토대로서 어떤 역할을 하는지 살펴볼 것이다. 달리 말해 우리가 어떻게 생각하고 느끼느냐 하는 것은 기본적으로 사회적 속성이 있다. 사회적 구성 과정을 이해하려면 언어의 본질부터 살펴보고, 상징의 힘을 올바르게 이해해야 한다.

언어 그리고 상징의 힘

1660년에 유니스 콜Eunice Cole이 마녀 혐의로 기소됐을 때, 재판에서 제시된 증거 중에는 그녀가 '부적절한 언사'를 했다는 증언이 있었다. 그녀가 밍게이 후시를 '매춘부', 그녀의 남편을 '포주'라고 불렀다는 것이다. 1673년에 그녀는 마법을 부렸다는 혐의로 다시 법정에 섰다. 그녀를 고발한 존 메이슨은 이렇게 증언했다. "유니스 콜은 내가 악마라면서 내 머리를 쪼개버리겠다고 했습니다. 이튿날 나는 병이 났고, 그 후 2주 정도 앓아누웠습니다." 오늘날 이런 혐의는 가벼워 보이고 심지어 터무니없어 보이지만, 17세기 뉴잉글랜드라는 맥락에서는 심각한 혐의였다. 종교와 정부가 분리되지 않았고, 언론의 자유라는 개념이 아직 없을 때다. 대중의 신성모독적인 언행은 중죄로 다뤄질 때가 많았고, 사람들은 마녀의 입에서 나온 말 때문에 신체적 해를 당할 수 있다고 생각했다.

지난 350년 동안 많은 것이 바뀌었으나, 말의 힘은 바뀌지 않았다. 민주적 통치가 실시되고 언론의 자유가 법으로 규정되고 정치와 종교가 분리된 지금도 미국 시민은 말을 잘못하면 감옥에 갈 수 있다. 바로 그런 일이 1983년에 논란을 몰고 다니는 래리 플린트Larry Flynt에게 일어났다. 사건은 《허슬러Hustler》의 발행인 플린트가 미국 대법원에서 명예훼손 혐의에 대해 자신의 주장을 펼치는 도중에 일어났다. 재판을 받던 플린트는 특히 한 대목에서 화가 치밀어 소리쳤다. "이 빌어먹을 법정!" 그는 판사 아홉 명을 "머저리 여덟 명과 자리만 채우는 비열한 한 명"이라고 했다. 수석 판사는 플린트를 법정모욕죄로 즉각 체포하라고 명령했다.

미국에서는 '무선통신으로 음란하고 외설적이고 신성모독적인 말'을 내뱉는 것도 연방 법 위반이다.[8] 바로 이 연방 법이 하워드 스턴Howard Stern의 유명한 쇼크자크shock-jock* 사건에서 쟁점이 됐다. 스턴이 진행하는 프로그램에서 사용한 '음란하고 신성모독적인' 말 때문에 받은 벌금이 50만 달러에 육박하자, 클리어채널 커뮤니케이션즈는 그 프로그램을 폐지했다.

말의 힘은 오락이나 정치의 세계에 국한되지 않는다. 미국의 거의 모든 학군에서 신성모독이라고 여겨지는 말을 한 학생은 퇴학당할 수 있고, 교실에서 신성모독적인 발언을 한 교사는 해고

---

* 일부러 자극적인 발언을 하는 라디오 디스크자키.

될 수 있다. 말의 힘은 신성모독적인 발언에 보이는 부정적인 반응에 국한되지 않는다. 얼마나 많은 감정과 불안이 '사랑'이라는 단어나 '너를 사랑해' 같은 표현과 관련될 수 있는지 생각해보라.

말의 힘은 왜 그토록 강력할까? 입에서 내뱉은 단어 하나가 어떻게 그처럼 강력한 반응을 끌어낼 수 있을까? 사람이 된다는 것becoming a person에서 언어는 어떤 역할을 할까? 이 질문의 답은 상징symbols과 신호signs를 올바로 이해하는 데서 시작된다. 말은 상징의 특별한 종류이고, 상징은 신호의 특별한 종류다. 우리는 종종 일상 언어에서 '상징'과 '신호'라는 말을 바꿔가며 사용한다. 예를 들어 우리는 빨간 신호등을 '멈춤'을 뜻하는 상징이라고 말하기도 하고, 정지신호라고 말하기도 한다. 그러나 사회학자는 상징과 신호의 구분을 중요하게 생각한다. 먼저 신호는 상징보다 덜 강력하다. 거의 모든 생명체가 이런저런 신호에 의존하지만, 상징을 만들고 가르치고 이용하는 종은 인간이 유일하다.

개나 고양이를 키우는 사람은 애완동물에게 주인의 행동을 예상하는 초자연적인 능력이 있다는 걸 안다. 개는 밥그릇을 보는 순간 군침을 흘리기 시작하고, 주인이 산책용 목줄을 드는 것을 보면 꼬리를 흔들며 문 쪽으로 달려간다. 고양이는 전기 깡통 따개 소리를 들으면 흥분해서 야옹 하고 울음소리를 낸다고 알려졌고, 우리 집 고양이는 자기를 집 밖에 내놓으려는 낌새를 채면 부리나케 달아나서 침대 밑에 숨는다. 이런 사례에서 보듯이 애완동물은 하나 혹은 일련의 신호에 반응한다. 이런 의미에서 신호는 뭔가 다른 것을 나타내는 행동이나 물건이다. 깡통 따개는 음식을, 목줄은 공원 산책을 나타내는 신호다. 모든 신호는 어느 정도 학습된 반응이다. 자연계에서 신호는 필수적인 생존 전략이 된다. 야생동물은 신호에 반응해서 물리적 환경을 다루는 법을 배운다. 새는 새로운 계절의 신호를 배워 이동할 시기를 헤아리고, 사슴은 겨울이 온다는 첫 번째 신호를 감지하고 더 깊은 숲 속으로 들어가며, 연어는 수온과 수심에 반응해서 상류로 여행하는 법을 배운다.

그에 반해 상징은 의도적으로 만들어진 신호이며, 상징에는 그것을 사용하는 공동체가 공유하는 의미가 담겼다. 자신에게 물어보라. 어떤 동물이 스스로 상징을 만들고, 그 상징에 반응할 수 있는가? 고릴라? 침팬지? 돌고래? 이 동물 중 일부는 인간에게 감금된 상태에서 기본적인 상징 사용을 배우는 듯 보이지만, 자기들의 상징을 독단적으로 만들고 수정한다거나 새롭게 정해진 의미를 같은 종의 다른 개체와 공유한다는 증거는 거의 찾아보기 힘들다. 지금까지 그런 능력을 보여준 건 인간뿐이다. 그렇다고 다른 동물 종이 의사소통을 하지 않는다는 얘기는 아니다. 꿀꿀거리고 짖고 으르렁거리고 짹짹거리고 몸짓을 하고 날개를 퍼덕거리는 것은 모두 의사소통에 사용된다. 하지만 이렇게 소리를 내거나 몸을 움직이는 것은 신호일 뿐, 상징이 아니다. 이런 소리와 몸짓은 자연계에 국한되며, 좀처럼 변하지 않는 습관적 반응을 낳는다.

반면에 상징은 임의적이며, 비교적 쉽게 바뀔 수 있다. 미국 문화에서 손가락 두 개를 들면 '평화'를 의미할 수도 있고, '두 개'를 의미할 수도 있다. '유yoo'라는 발음은 알파벳 'u'를 의미할 수도 있고, 대명사 '당신you'을 의미할 수도 있으며, '주목yew'을 의미할 수도 있다. 그러나 개가 으르렁거리고 털을 세우고 몸을 활 모양으로 웅크리는 건 공격성을 의미하는 신호다. 이 '의미'는 다른 개들이 의도적으로 바꾸거나 다른 뜻으로 해석할 수 없다. 인간도 표정과 몸짓을 이용해서 분노나 공격성을 드러내지만, 이런 신체적 표현에만 의존하지는 않는다. 우리는 상황에 따라 '매춘부' '머저리' '비열한 놈' 같은 단어를 사용해서 공격성을 드러내기도 한다. 유니스 콜과 래리 플린트가 곤경에 빠진 것도 이 때문이다. 두 사람 모두 자신이 선택한 말 때문에 체포됐다. 말은 생각과 계획, 의도와 행동을 표현하는 힘이 있는 상징이다. 우리는 말이 있기에 창조하고 조직하고 반성하고 전략을 짜는 능력을 얻는다. 이것이 말의 강력한 힘이다. 우리에게 상징을 사용하는 능력이 없다면 창조하고 조직하고 반성하고 전략을 짜기는 불가능할 것이다.

말은 입으로 하거나 글로 쓸 수 있으며, 손짓과 함께 표현할 수 있다. 말이 구조화된 의미 체계와 결합될 때 우리는 언어의 기본적인 요소를 갖는다. 이 때문에 우리는 인간 이외 동물은 언어를 만들 수 없다고 말한다. 신호를 이용한 의사소통을 언어로 보기는 힘들다. 언어는 상징을 사용해 그 뜻이 분명해지기 때문이다.[9]

'유인원 소녀' 크라오를 연구하던 19세기 인류학자들은 그녀가 몇 가지 말을 능숙하게 한다는 사실에 깜짝 놀라며 깊은 인상을 받았다. 이 순진한 과학자들은 크라오를 인간이 아니라고 봤기 때문에 그녀가 몇 가지 말을 하는 것은 경이로운 재주다. 유니스 콜이 마녀 혐의로 재판 받을 때, 한 고소인은 그녀가 '강아지들이 뭔가 빨고 싶을 때 내는 낑낑거리는' 소리를 냈다고 주장했다. 그것은 유니스가 완전한 인간이 아니라는 증거였다.

인간은 상징적으로 의사소통할 잠재력을 가지고 태어나지만, 오직 인간에게 있는 이 잠재력은 다른 인간과 격리된 상황에서는 발달하지 않을 것이다. 언어는 그것을 사용하는 다른 사람과 함께 살아가는 공동체에서 존재할 수 있다. 유아 보육이 장래 아이의 발전에 결정적 영향을 미치는 것은 바로 이 때문이다. 우리는 언어를 사용하는 다른 사람과 교류하지 않으면 상징적으로 말하거나 의사소통하는 법을 배우지 못할 것이다. 다른 사람과 교류가 제한되면 우리의 언어능력 발달은 방해받을 것이다. 버림받거나 방치된 아이들, 인간과 교류에서 격리된 아이들에 대한 사례 연구가 이런 주장을 뒷받침한다. 소설에 등장하는 타잔 이야기는 현실 세계에서 불가능할 것이다. 유인원이 자식처럼 기른 밀림의 소년이 어른이 됐을 때 상징적 의사소통에 능숙하다는 것은 상상에서나 가능한 이야기다. 사적 언어는 존재할 수 없다. 어떤 신호를 보낼 때 독특하고 사적인 반응을 얻을 수 있지만, 상징은 당연히 공적이고 공유되는 것이다.

우리 모두 알다시피 아이가 언어를 배우는 것은 점진적인 과정이다. 처음에는 소리를 흉내 낸다. 어린아이는 단어의 상징적 의미를 이해하기 전에 말하는 것부터 배울 수 있다. 내 막내아들 샘이 학교에 들어갈 나이가 되기 전에 "중요한 사회학 이론가 세 명의 이름을 대봐"라고 하면 녀석은 "마르크스, 베버, 뒤르켐!"이라고 자랑스럽게 외쳤다. 당시엔 그것이 재롱이었다. 샘은 내 질문에 있는 단어나 자기가 한 대답에 있는 단어가 무슨 뜻인지 전혀 이해하지 못했다. 샘에게 그 단어는 신호일 뿐, 상징이 아니었다. 비슷한 일이 패트릭에게도 있었다. 패트릭이 세 살쯤 됐을 때, 우리는 어느 날 오후에 애완동물 가게로 들어갔다. 가게 한가운데 앉은 앵무새 한 마리가 우리의 시선을 끌었다. 그 앵무새는 아름답고 시끄러우며, "안녕" "네 이름은 뭐니?" "내 이름은 폴리야"를 흉내 내는 법을 배운 새였다. 패트릭은 곧장 새장 앞으로 가더니 그 앞에 서서 말하는 앵무새를 빤히 올려다보았다. 앵무새가 꽥꽥거리는 소리로 "안녕"이라고 하자, 패트릭은 여린 목소리로 소심하게 "안녕"이라고 대답했다. 앵무새가 "네 이름은 뭐니?"라는 말을 흉내 내자, 어린 아들은 신이 나서 대답했다. "패트릭! 네 이름은 뭐니?" 그 순간, 앵무새는 무작위로 세 번째 문장을 꺼내놓았다. "내 이름은 폴리야." 패트릭은 말할 것도 없이 진짜로 말하는 새를 발견했다고 확신했고, 곧바로 자신의 가족과 장난감, 친구에 대해 기나긴 이야기를 쏟아놓기 시작했다. 패트릭은 앵무새 폴리가 똑같은 세 문장을 반복한다는 사실을 의식하지 못했다.

우리가 아기에서 어른으로 자라며 상징을 배우고 사용하고 만드는 능력도 언어공동체 안에서 발달한다. 이 과정은 모든 사회의 모든 사람에게 공통적이며, 신호를 배우는 것으로 시작한다. 이처럼 우리는 소리를 흉내 내는 법을 배운 다음, 소리 를 듣고 물건이나 사람을 연상하는 법을 배운다. 아기는 부모의 반복적인 지도를 받으며 '엄마'나 '아빠'라고 말하는 법을 배운다. '뜨겁다'는 말을 들으면 오븐이 연상되고, '안녕'이라는 말은 집을 나서는 것과 연관된다. 언어 사용의 기초적인 단계에서 '엄마' '뜨겁다' '안녕' 같은 말은 어른의 어휘 목록에서는 상징이지만, 아이에게는 신호로 남을 뿐이다. 아이는 이런 단어를 매우 제한적으로 사용하고, 이런 의사소통은 인간 어른보다 앵무새나 개의 의사소통에 가깝다. 신호가 상징으로 바뀌는 과정은 필요조건을 지탱하는 언어 사용자의 공동체에서 시간이 흐른 뒤에 일어난다. 아스팔트 주차장에 떨어진 솔방울을 생각해보라. 이 삭막한 환경 조건에서 솔방울은 절대로 나무가 되지 못할 것이다. 똑같은 솔방울이 숲의 촉촉한 바닥에 떨어져 충분한 햇빛을 받고 비를 맞으면 결국 커다란 소나무가 될 것이다. 마찬가지로 우리는 강력한 언어 사용자가 될 수 있는 생물학적 능력을 가지고 태어나지만, 적절한 사회적 환경이 뒷받침되지 않으면 우리를 사람으로 만들어주는 결정적 특징은 긴 잠에 빠져 실현되지 않을 것이다.

신호에 토대를 둔 의사소통과 상징에 토대를 둔 의사소통의 차이는 아무리 강조해도 지나치지 않다. 신호 반응자에서 상징 이용자로 도약은 사회학적으로 엄청난 결과를 낳는다. 우리는 상징을 사용해서 위대한 예술 작품을 창조하고, 아름다운 건축물을 짓고, 교육과 법, 종교 같은 복잡한 제도를 만들 수 있다. 상징은 독서, 글쓰기, 과학, 철학의 토대이기도 하다. 좀 더 어두운 측면을 보면 상징은 전쟁과 고문, 대량 학살을 초래하고, 개인을 모욕하고 차별하고 착취하는 원인이 된다. 하나의 상징이 이 모든 감정을 불러일으킬 수 있으며, 다양하고 강렬한 사회적 행동을 촉발할 수 있다.

미시시피대학교에 가보면 상징의 힘이 무엇인지 확실히 알 수 있다. 미시시피대학교의 깃발과 마스코트는 10년이 넘도록 시끄러운 논쟁과 대중 시위, 소송, 집단적인 저항을 유발했다. 한쪽 편에는 남부 연합의 남군 깃발과 '레브 대령Colonel Reb'으로 알려진 만화 마스코트*를 통해 '문화유산'을 보존하길 원하는 사람들이 있다. 이 '전통주의자들'에게 미시시피대학교의 깃발과 마스코트는 남부의 긍지, 남북전쟁 기간에 보여준 연대와 저항의 역사를 의미한다. 그들에게 깃발은 (남북전쟁 전의) 옛 남부를 지키는 데 목숨을 바친 수많은 반군에게 바치는 예우의 표시이고, 군인이 그려진 마스코트는 운동경기의 성과에 대한 학교의 정신과 유산을 상징한다. 반대편에는 반군의 깃발과 반군이 인종주의의 유산이며, 노예제와 차별 정책이 만연한 시대를 상징한다고 보는 사람들이 있다. 이들에게 미시시피대학교의 깃발과 마

---

* 미시시피대학교의 마스코트는 2010년에 레브 대령에서 흑곰으로 바뀌었다.

스코트는 폭력과 사형이라는 강렬한 이미지를 불러일으킨다. 시민 평등권 법률을 집행하기 위해, 흑인 최초로 '올 미스Ole Miss'*에 등록하려는 제임스 메러디스James Meredith의 생명을 보호하기 위해 연방 법원 집행관과 주 방위군이 동원된 1960년대의 캠퍼스도 떠올리게 한다. 게다가 미시시피대학교의 깃발과 마스코트를 반대하는 사람들이 볼 때 깃발과 마스코트를 광적으로 지지하는 것은 미시시피주와 미시시피대학교 캠퍼스에 인종주의가 아직 건재하다는 증거나 다름없다. 미시시피대학교의 고위 관리자 로버트 카얏Robert Khayat은 2007년에 마스코트 사용을 금지하고 반군 깃발을 전시하지 못하도록 했는데, 이 때문에 정기적으로 살해 협박을 받았고 경호원까지 고용해야 했다. 2016년에 학생 대표들이 남부 연합의 상징과 동일한 상징이 들었다는 이유로 33명이 찬성하고 15명이 반대한 투표를 통해 캠퍼스에 전시된 미시시피주 깃발을 없애기로 결정하자, 분노한 시위대는 그 결정에 반대하는 개인 1800명의 서명을 받아 청원서를 제출했다.

말이나 깃발, 만화 캐릭터, 십자가, 치켜든 가운뎃손가락 같은 상징은 분명히 단순한 조건반응 이상을 이끌어낸다. 이런 상징이 이끌어내는 (깊은 의미가 있는) 반응은 습관이나 본능이라는 관점으로 설명이 불가능하다. 이런 상징과 상호작용은 우리의 사고와 감정, 개인으로서 우리의 정체성에서 핵심을 차지하기 때문이다.

---

* 미시시피대학교의 별명.

생각의 사회학

많은 사람들이 생각thinking을 우리 머릿속에서 일어나는 어떤 것이라고 여긴다. 우리 대다수는 생각이란 사적이고 개인적이고 주관적이고 은밀한 것이라고 본다. 어느 정도 맞는 말이다. 우리의 추론과 신념과 판단을 남모르게 감추는 것은 가능하다. 그럼에도 우리가 생각하는 방식과 생각하는 법을 배우는 방식, 우리가 생각하는 범주와 주제는 모두 사회라는 세계에서 시작되며, 공유하는 상징과 언어, 공동체에 의존한다. 따라서 우리의 생각은 사적이기 전에 공적이며, 같은 이유로 개인의 생각은 다른 사람의 반응에 노출되지 않거나 상징적 의사소통으로 진실과 정당성을 확인받지 못하면 결코 실재한다고 하기 어렵다. 브리짓 비숍은 자신은 마녀가 아니라며 개인적인 생각을 격렬히 변호했고, 줄리아 파스트라나는 자신이 완전한 인간이라는 개인적인 믿음을 조금도 의심하지 않았지만, 두 여성 모두 자신의 궁극적 운명을 결정한 대중의 합의를 극복할 수 없었다.

사회학자가 생각이나 사회 인지Social Cognition에 대해 말할 때, 그들은 사실상 서로 다르면서도 관련 있는 여러 가지 과정을 말하는 것이다. 즉 우리가 어떻게 관심을 두는지, 세상일을 분류할 때 우리가 사용하는 범주와 그 의미가 무엇인지, 정보를 기억하고 처리하는 우리의 능력을 말하는 것이다. 이 모든 정신 활동은 상징을 사용하는 데 의존하며, 상상과 미래에 대한 기대와 과거에 대한 평가를 수반한다. 동물과 유아는 이런 능력이 없기 때문에 사회 인지 능력이 없다. 동물과 유아도 분명히 뇌가 활동하고 정보를 처리할 수 있지만, 상징이 없으면 세상을 자기 머릿속에 담아둘 수 없다. 그들은 과거를 재현할 수도 없고, 미래를 상상하지도 못한다. 그들은 검은 점으로 뒤덮인 종이를 몇 시간 동안 빤히 바라볼 수 없고, 책을 읽어도 호기심과 흥미, 공포, 기쁨, 슬픔을 느낄 수 없다. 다시 말해 상징이 없으면 문자와 문장은 아무런 의미가 없다. 상징이 없으면 세상은 지금 여기서 경험하는 게 전부다. 상징이 없으면 창조적 조작과 새로운 생각의 실험은 불가능하다.

어떤 면에서 보면 사회 인지는 말 그대로 자기 자신과 나누는 대화다. 우리는 깊은 생각에 빠졌을 때 상징적 의사소통을 하면서 그 생각을 머릿속에 담아둔다. 우리가 태어날 때부터 이렇게 고도로 발달한 사고를 하는 것은 아니다. 그것은 신호를 상징으로 전환하는 능력과 함께 발달한다. 우리는 상상력을 발휘함으로써 정교한 사고에 더 능숙해진다. 아동 발달에서 공상과 역할 놀이가 대단히 중요한 것이 이 때문이다. 내 딸 에밀리아는 대다수 아이들이 그렇듯이 두 살 때 상상 속의 인물과 활발히 이야기했다. 아이들에게 상상력을 동원한 역할 놀이는 그 자리에 없는 실제 인물을 상상하는 데 그치지 않는다. 아이들은 100퍼센트 가공인물이나 가공의 동물까지 만드는 경향이 있다. 에밀리아는 어느 돼지 가족과 장시간 복잡한 대화를 나눴다. 우리는 도시에 살았고, 에밀리아가 돼지를 만날 기회는 그림책과 텔레비전, 영화가 전부였는데 말이다. 우리는 길음마를 배우는 아기들이 그런 행동을 할 때 사랑스럽고 귀엽게 보는 경향이 있다. 우리는 아기들이 그런 행동을 하는 것이 언어와 사고가 발달하는 단계임을 안다. 그러나 시간이 흐르고 사회화가 늘면서 우리는 역할놀이라는 뚜렷한 단계가 사라지리라고 예상한다. 내 딸이 스물다섯 살에 그 돼지 가족과 다시 친해지려 한다면 걱정스러울 것이다. 옛날 같았으면 사람들이 마녀의 반점을 찾겠다며 내 딸의 몸을 검사했을지도 모른다. 오늘날 내 딸이 지속적으로 상상 속의 돼지 친구들과 큰 소리로 대화를 나눈다면 우리는 틀림없이 정신과 진료를 권할 것이다.

나이가 들면서 상상 속 역할극은 대개 머릿속에서 비밀리에 펼쳐지고, 우리의 상상은 사람들이 볼 수 없도록 감춰진다. 아이는 머릿속에서 떠오르는 모든 생각과 질문을 즉시 말로 표현해도 되지만, 어른은 자기 의견을 통제하고 충동을 다스리며 반응을 억누를 줄 알아야 한다. 상대적으로 약자는 특히 그렇다. 예를 들어 상사는 당신을 평가할 수 있고, 당신의 실적을 비판할 수 있으며, 복장부터 근무시간까지 모든 것을 당신에게 지시할 수 있다. 당신은 일자리를 잃기 싫다면 상사에 대한 생각을 가슴속에 묻어야 하고, 밖으로 드러내더라도 상사가 듣지 않는 곳에서 드러내야 한다.

상상 속의 역할극은 사회학자가 말하는 역할 맡기role-taking 하는 법을 배우는 훈련이다. 역할 맡기는 세상을 다른 사람의 관점에서 보는 능력이다. 이 능력은 감정이입이나 공감과 비슷하다. 즉 상상력을 발휘해서 다른 이의 머릿속으로 들어가 그들의 반응을 예상하고, 자신의 행동을 그 예상되는 반응에 맞춰야 한다. 갓난아기를 데리고 장거리 여행을 떠나려는 엄마는 아기의 역할을 맡아 수유와 취침 일정을 예상하고, 그에 따라 여행 일정을 조정할 것이다. 반면 아기는 수유 요구를 조절할 수 없고, 엄마의 고생을 덜어주기 위해 그때그때 상황에 맞게 수유하는 습관을 받아들이지 못할 것이다. 이 아기는 이기적이고 자기중심적일까? 어쩌면 그럴 수도 있다. 그러나 통상 우리가 이기적이고 자기중심적이라는 단어를 사용할 때와는 그 의미가 다르다. 아기는 다른 사람의 역할을 맡을 능력이 없고, 다른 사람의 요구나 기대를 수용할 힘이 전혀 없다.

우리는 복잡한 언어능력을 갖출수록 복잡한 역할을 맡는 능력도 익힌다. 우리는 한 사람 이상의 역할을 동시에 맡는 법을 배운다. 동시에 여러 사람의 역할을 맡는 능력은 평범한 어른의 복잡한 상호작용에 도움이 된다. 미취학 아동에게 농구나 축구, 야구를 가르쳐본 사람이라면 동시에 여러 역할 맡기를 할 수 없는 데서 오는 좌절감이 뭔지 알 것이다. 어린아이는 언어능력이 대체로 가장 기초적인 단계에 있기 때문에 게임의 규칙을 다양한 관점에서 이해하는 데 어려움을 겪는다. 미취학 아동은 상징을 사용하는 능력이 기초적인 수준이기 때문에 자신이 즉각 행동에 옮겨야 하는 다양한 역할과 위치가 있다는 개념을 이해하지 못한다. 이런 이유로 꼬맹이 농구 선수들은 패스하거나 상대 수비를 가로막거나 패스를 받기 위해 골대 아래로 뛰어들기보다 전부 자기가 드리블해서 슛을 던지고 싶어 한다. 꼬맹이 축구 선수들은 공을 차보겠다고 공 주변에 떼 지어 모이고, 꼬맹이 야구 선수들은 공을 치거나 받을 때가 아니면 야구장 밖으로 나가서 돌아다닐 것이다. 상징을 사용하는 능력이 일정 수준에 도달하지 못했다면, 아무리 설명하고 그림을 보여주고 소리 지르고 뇌물 공세를 펴고 시범을 보여도 소용없을 것이다. 기다리고 예상하고 팀원과 호흡을 맞춰 움직이려면 세련된 방식으로 상징을 사용하는 사회적 성숙함이 필요하다.

미국 사회학의 창시자 가운데 조지 허버트 미드George Herbert Mead(1863~1931)는 이런 기술을 '일반화된 타자의 역할 맡기'라고 불렀다. 이는 운동경기뿐만 아니라 일상생활에서도 중요하고 필요한 기술이다. 우리는 어떤 행동을 할 때 현재 벌어진 상황에 타인이 어떻게 반응할지 고려해야 하며, 그 자리에 없는 타인(예컨대 가족이나 친구, 교사, 상사, 경찰 등)이 어떻게 받아들일지 생각해봐야 한다. 구체적인 타인 외에 '교회'나 '청중'의 입장, '멋있는 것' '설득력이 부족'할지 모른다는 느낌도 참작해야 한다. 사회가 우리 머릿속에 들어오는 건 이렇게 일반화된 방식을 통해서다.

집단마다 차이를 보이는 사회 인지 능력

상징을 배우고 역할 맡기 기술을 활용하며 자기 자신과 성찰적인 대화를 나누는 능력은 우리 종에게 공통된 사고의 방식이다. 이처럼 상징을 자유자재로 사용하는 능력은 생물학적으로 건강하고 충분히 사회화된 성인이라면 누구에게나 있다. 그렇다고 우리가 모두 똑같은 식으로 생각한다는 뜻은 아니다. 심리학자가 보여주듯이 새로운 정보를 습득하고, 머릿속에서 정리하고 처리하고 기억하는 방식은 개인마다 다르다. 예를 들어 어떤 사람은 시각 정보에 강하지만, 다른 사람은 귀로 듣는 정보에 강하다. 사회학자에게는 이런 개인적인 차이가 흥미롭기는 해도 중요한 의미는 없다. 사회와 우리의 관계를 말해주는 것이 거의 없기 때문이다. 사회학적 관점에서 각별히 중요한 것은 사고의 패턴이 어떻게 다양한 사고 공동체thought community를 반영하느냐다. 연구에 따르면 우리는 생각하는 방식에서 사회집단 사이에 큰 차이를 보이는 것으로 밝혀졌다. 이런 차이 중에는 문화적 차이를 반영하는 것, 역사적 차이를 반영하는 것, 사회계층이나 민족성의 차이에 바탕을 둔 것도 있다. 이 모든 차이는 다양한 집단이 서로 다른 사회적 경험을 한다는 사실을 기반으로 한다.[10]

예를 들어 미국인에게 어항을 찍은 사진이나 짧은 비디오를 자세히 봐달라고 부탁하면 바위나 식물, 기포 같은 '배경'은 무시한 채 거의 전적으로 물고기에 집중하는 경향을 보인다. 하지만 일본인과 중국인에게 똑같은 사진을 봐달라고 부탁하면 즉시 물고기를 자세히 보기 위해 사진에 얼굴을 들이미는 대신 어항 전체에 관심을 쏟고, 물고기를 관련 있는 더 큰 환경의 일부로 볼 가능성이 많다. '인지'와 '관심'의 이 같은 차이는 기억에도 영향을 미치는 것으로 보인다. 미국인은 몇 가지 세부 사항과 함께 물고기를 기억하지만, 어항에 있는 다른 것의 세부 사항은 잘 기억하지 못한다. 반면에 일본인과 중국인은 어항 전체를 훨씬 잘 기억한다. 다른 사진이나 문화적 비교를 이용한 비슷한 연구도 똑같은 결과를 보여준다. 인지와 기억의 이런 차이를 어떻게 설명할 수 있을까? 이 경우 동아시아 문화가 개인주의를 덜 중시하고, 사람과 사물의 관계에 더 관심을 기울이며, 더 역사적으로 '생각' 하는 경향이 있다는 사실을 반영하는 것으로 보인다. 미국 문화는 독립과 자율을 강조하기 때문에 미국인은 개별적인 대상을 전체적인 맥락에서 분리해서 보는 경향이 강한 듯하다.[11]

어떤 문화적 차이는 우리의 사고 습관에서 차지하는 비중이 크지 않지만, 또 다른 문화적 차이는 사회학적으로 중요한 영향을 미치기도 한다. 예를 들어 일탈 행위를 해석할 때 중국인과 미국인의 차이를 생각해보라. 미국의 신문기자는 살인 사건 기사를 쓸 때, 범죄자의 개인적인 특징과 한계에 초점을 맞추는 경향이 있다. 대다수 미국인은 그런 기사를 일탈 행위를 설명하는 뚜렷한 접근법으로 받아들이는 듯하다. 중국의 신문은 미국에서 일어난 똑같은 범죄를 보도할 때 다른 접근 방식을 취한다. 즉 살인자의 특징에 초점을 맞추는 대신 실직이나 친구의 죽음 등 그가 저지른 범죄에 영향을 미친 상황적 요소를 훨씬 더 고려한다. 이른바 책임 소재attribution of responsibility에서 이런 차이를 보이는 것은 문화적 경험과 전통이 사회라는 세계에 대한 다양한 인지와 해석에 반영될 때가 있다는 또 다른 증거다. 미국의 개인주의가 개인의 책임을 강조하는 데 기여한다면, 중국의 문화는 좀 더 집단주의적collectivist 지향에 기여한다.[12]

사회 인지에서 나타나는 집단의 차이가 유전적·생리학적 차이의 결과가 아니라는 점을 강조하는 것은 대단히 중요하다. 이것이 결정적으로 중요한 점이다. 과거에 우생학자와 인종주의 조직, 성차별적 조직은 나날이 발전하는 과학의 권위와 명성을 이용해 집단마다 '물려받은 지능'이 다르다고 주장했다. 과학자들은 아프리카인과 아시아인, 아메리카 원주민과 여성이 와스프White Anglo-Saxon Protestant, WASP(앵글로·색슨계 백인 신교도) 남성보다 지능이 낮다는 것을 보여주기 위해서 그들의 두개골과 뇌를 사진 찍고, 뇌의 크기와 무게를 쟀다. 여기서 나온 결과는 범죄행위와 낮은 학업 성취도가 몇몇 집단에서 좀 더 많이 발견되는 원인을 설명하고, 여성이나 소수민족에게 투표권같이 중요한 시민의 권리를 허용하지 않는 광범위한 집단 차별을 정당화하는 데 이용됐다. 오늘날 우리는 이런 연구가 당시 연구를 수행한 과학자들의 이익을 위해 과학적으로 결함이 있고, 편견에 치우쳤다는 사실을 안다. 와스프 남성이 가장 지능이 높은 집단임을 보여준 증거를 수집하고 분석한 사람들이 와스프라는 사실은 결코 우연이 아니다. 그들은 자기가 선호하는 지능의 정의를 사용해 증거를 수집하고 분석했다.[13]

이와 같은 맥락에서 집단마다 사회 인지 능력이 다르다는 단순한 사실이 한 집단이 다른 집단보다 태생적으로 우월함을 의미하지 않는다는 사실을 강조하는 것도 중요하다. 서로 다른 물리적·사회적 환경과 더불어 우리가 공유하는 경험이 집단 간의 차이로 이어진다. 한 집단이 다른 집단보다 '우월한지' 여부는 그런 판단을 누가 내리는가, 그런 판단을 내리는 사람의 권력이 어느 정도인가에 달렸다. 1900년대 초반에 심리학자들은 IQ 검사를 개발하면서 지능을 미국 중산층의 교육과 생활 방식에 맞춘 질문을 포함했다. 예를 들어 1923년에 육군이 실시한 IQ 검사에는 다음과 같은 질문이 있었다.

1. 전방 패스는 테니스, 하키, 미식축구, 골프 중 어느 종목에서 사용되는 용어입니까?

2. 브루클린 내셔널스는 자이언츠, 오리올스, 슈퍼바스, 인디언스 중 어떤 이름으로 불립니까?

3. 피어스애로 자동차는 버팔로, 디트로이트, 톨레도, 플린트 중 어느 곳에서 만들어집니까?

4. '다 이유가 있습니다'는 술, 연발 권총, 밀가루, 세안제 중 어떤 제품을 위한 광고 문구입니까?

이 질문을 보면 다른 나라에서 온 이민자와 미국 스포츠에 관심이 없는 사람, 미국 소비문화에 익숙지 않은 사람은 이 IQ 검사에서 높은 점수를 받을 수 없음을 분명히 알 수 있다. 하지만 사람들은 이런 검사를 공정하고 공평한 검사로 받아들였다. 엘리스 섬*의 관리들은 미국에 들어오는 이민자 가운데 '결함이 있는' 사람을 걸러내기 위해 이런 검사를 사용했고, 특히 유대인과 이탈리아인, 슬라브인, 일본인, 중국인이 밀려드는 걸 제한하기 위해 IQ가 증거로 사용됐다. 훨씬 더 끔찍한 사실은 이와 비슷한 IQ 검사 결과가 '번식에 부적합한 사람'으로 판단되는 남녀에게 강제로 실시된 불임 시술을 정당화하는 데 사용됐다는 것이다. 1924년 버지니아 입법부가 통과시킨 대표적인 법에 따르면, 주 보호시설에 입원 중인 '정신이상자나 바보, 지적 장애나 간질 증세가 있는' 환자에게는 불임 시술을 할 수 있었다. 1907년부터 1968년까지 미국에서 사회적으로 바람직한 방식으로 생각하거나 행동하지 않는 시민의 번식을 제한하기 위한 전략으로 약 6만 명에게 강제로 불임 시술을 한 것으로 추산된다.[14]

'지적 장애자'에게 강제로 불임 시술을 하고, '잃어버린 고리'를 노예로 부려먹고, '마녀'의 목을 매단 일은 당대의 문화·정치·과학·종교계 권위자들이 정상이 아닌 인간으로 분류한 개인이 저마다 다른 역사적 취급을 받았음을 보여준다. 이런 사례는 오늘날 기준으로 보면 특이하다. 그러나 지배적인 사회적 범주와 인지의 형태는 그런 학대를 '정상화하고' 정당화하는 데 일

---

* 뉴욕 시 가까이 있는 섬으로, 과거에 미국 이민자들이 입국 수속을 밟던 곳이다.

조했다. 많은 사람이 이런 잔인한 행위를 받아들였으며, 옳은 일이라고 생각했다. 유럽의 독실한 기독교인들이 광장에 모여 누군가 산 채로 화형당하는 광경을 지켜보고 만족감과 정의감을 느끼며 그 자리를 떴다는 사실이 믿기지 않는다. 이 사람들은 감정도, 느낌도 없었을까? 물론 아니다. 우리가 이런 역사적 잔혹 행위에 공포와 혐오, 분노를 드러내며 반응한다는 사실은 사회 인지에 감정적 요소가 있으며, 우리 감정이 사회적 힘과 무관하지 않음을 보여준다.

감정의 사회학

1960년대 초반에 유명한 실험을 했다. 이 실험에서 연구자는 기발하지만 논란의 소지가 대단히 많은 방법으로 감정의 사회적 토대를 연구했다.[15] 연구자는 피험자가 '비타민 주입'이 미치는 영향을 조사하는 연구에 참여한다고 믿게 만들었다. 실제로는 신경계를 자극하고 생리학적 흥분을 불러일으키는 에피네프린(아드레날린)을 소량 주입했다. 피험자 가운데 절반은 '비타민'을 주입하면 심장박동이 빨라지고 얼굴이 붉어지고 몸이 살짝 떨릴 수 있다는 설명을 들었다. 나머지 절반은 부작용에 대해서 아무런 정보도 듣지 못했다. 연구자는 자신이 흥분되는 이유를 모르는 피험자들이 조작된 감정을 더 쉽게 받아들일 것이라고 추측했다. 이 추측은 맞아떨어졌다. 약물의 부작용에 대해 설명을 듣지 못한 피험자는 활기 넘치고 행복한 사람과 같은 방에 있을 때 자신도 행복감과 긍정적인 기분을 느꼈다고 말했다. 화난 사람과 함께 있을 때는 적대감과 부정적인 기분을 느꼈다고 말했다. 반면 자신이 흥분을 느끼는 이유가 약물 때문이라는 사실을 아는 피험자의 기분은 주변에 있는 사람의 반응에 크게 영향을 받지 않았다.

이 실험이 의미가 있는 것은 감정이 사회적 표지標識에 의존한다는 사실을 입증한 초기 연구 중 하나이기 때문이다. 우리는 생리학적 자극을 경험할 때 느낌을 설명하는데, 그 설명은 다른 사람의 반응과 자신이 어떤 기분이어야 한다는 기대, 자신의 느낌에 이름을 붙여주기 위해 사용하는 문화적 표지에 영향을 받는다. 이런 식으로 감정은 사회적으로 구성된다. 우리 몸은 분노, 기쁨, 공포, 슬픔을 경험할 때 눈에 띄게 반응한다. 하지만 이런 감정을 이해하는 데 필요한 용어는 사회가 제공한다. 언어가 없다면 우리 감정은 지금보다 덜 다양하고 덜 복잡할 것이다. 아기가 경험하는 감정은 기초적이고 단순하다. 아기는 복수심이나 욕정, 질투, 혐오, 수치, 죄책감을 경험하지 않는다. 이런 고차원적 감정은 시간이 흐른 뒤 상징을 사용하는 사람의 공동체에서 발달한다.

공동체는 우리가 감정을 '조절'하는 법을 배우고, 특정한 감정의 규칙feeling rules에 따라 '적절한' 방식으로 반응하는 법을 배우는 곳이기도 하다. 우리는 대단히 개인적인 방식으로 감정을 경험하기 때문에, 우리의 감정이 사회적 기대에 따라 구성된다는 사실을 알아차리기 어려울 때가 있다. 실제로 모든 사회적 설정은 다양한 행위자의 적절한 기분을 나타내는 감정의 대본과 관계있다. 장례식과 결혼식, 파티, 아기의 탄생, 졸업식과 관련된 감정의 규칙은 꽤 분명하지만, 특정한 만남이나 역할과 관련해서는 좀 더 불분명한 감정의 규칙이 적용되기도 한다.

예를 들어 생식기나 다른 '은밀한 부위'의 검사가 필요할 때 의사와 환자 사이에 형성되는 감정적으로 미묘한 관계를 생각해보라. 의사는 전문적이고 무심한 척하는 태도를 유지하는 동시에, 신중하고 정중한 느낌을 드러내야 한다. 반면 의사는 환자가 침착하고 협조적인 자세를 유지하면서 두렵고 불안하고 쑥스러운 기색은 보이지 않기를 기대한다. 이와 같은 만남에서는 웃음이나 연애, 충격, 즐거움과 연관된 감정은 의도적으로 피한다. 이는 쉬운 일이 아니다. 의사와 환자는 보통 대단히 불편하고 심지어 불안감을 초래하는 절차를 진행하는 과정에서 적절한 감정과 그 감정을 유지하는 법을 배워야 한다. 대체로 의사는 의대에 다니는 동안 자신의 감정을 다루는 다양한 기법을 배우고 경험을 쌓고 훈련하므로 유리하다. 예를 들어 그들은 의학적으로 적절한 전문용어를 사용하고, 환자를 객관화해서 인간이 아니라 대상으로 보는 법을 배운다. 의대의 감정 관리에 대한 연구에서 발췌한 학생의 목소리를 들어보면 알 수 있다.[16]

골반을 해부하는데 잘못된 단어가 자꾸 떠올라서 마음이 불편했어
요. 저는 어떻게든 적절한 단어를 사용하려고 노력했어요. 음경과
고환이요. (잠시 멈췄다가) 남근과 불알이 아니라요.

1학년 여학생

엔진 뚜껑을 열고 들여다보지 않으면 뭐가 잘못됐는지 알 수 없죠.
환자와 얘기할 때는 그런 표현을 쓰지 않아요. 하지만 환자를 검사
할 때면 자동차엔진을 검사하는 기분이 들어요. 나쁜 표현이라는
건 알지만, 정말이지 자동차엔진 같아요.

3학년 남학생

이 사례를 보면 의대와 다른 의료 기관이 의료 행위의 물리적인
측면과 감정적인 측면을 모두 배우는 중요한 곳임을 알 수 있다.
현대 세계에서는 감정을 조절하고 관리하는 문제를 다룰 때,
단체가 맡은 역할이 점점 커진다. 그 역할이 두드러진 곳이 일터
다. 많은 산업이 감정 상태를 파는 일에 종사하기 때문이다. 디
즈니랜드는 테마파크가 '지구상에서 가장 행복한 장소'라고 광고
한다. 라스베이거스의 카지노는 "베이거스에서 일어나는 일은
베이거스에 있는 사람만 압니다"라고 장담하며 도박과 에로티시
즘을 부추긴다. 할리우드 영화 산업은 우리에게 '즐거움'을 선사
하는 광범위한 감정을 이끌어내기 위해 할리우드 영화에 의존한
다. 이제는 자동차부터 운동화까지 모든 것이 감정의 쇄신을 약

속하는 광고 캠페인으로 팔린다. 나이키의 공동 창업자 필 나이트Phil Knight는 운동화 제조업에 처음으로 감정 팔기 전략을 활용한 인물이다. 그는 설명한다. "언젠가 〈월스트리트저널Wall Street Journal〉이 썼듯이 우리가 하는 일은 패션 사업이 아니다. 우리는 스포츠 사업을 한다. 여기엔 큰 차이가 있다. 스포츠는 로큰롤과 비슷하다. 둘 다 지배적인 문화적 요소이고, 국제적인 언어를 사용하며, 감정이 생명이다."

어떤 회사가 감정을 팔 때 그 회사는 직원이 고객의 기분에 영향을 미치는 경험에 기여해주기를 기대한다. 디즈니랜드의 직원은 행복해야 하고, 라스베이거스 카지노의 여성 안내원은 섹시하고 교태를 부려야 하며, 나이키 직원은 활력이 넘치고 몸이 건강해야 한다. 이보다 중요한 사실이 있다. 이들 회사의 고용주는 직원이 진정으로 행복하고, 교태를 부리고, 활력이 넘치길 요구한다. 기업의 관리자는 뻣뻣하고 로봇 같은 직원의 가짜 감정을 용납하지 않는다. 이것이 바로 월마트가 친절하고 나이 지긋한 고객 응대 직원을 고용하고, 스타벅스가 유행에 민감하고 밝은 바리스타를 고용하며, 후터스가 젊고 발랄한 웨이트리스를 고용하는 이유다. 그러나 감정의 규칙이 고용의 원칙이 되면 진짜 감정이 들기가 쉽지 않다. 늘 행복하고 섹시하고 친절하고 활력이 넘치는 사람은 없다. 더구나 이것저것 요구하는 회사와 마찬가지로 요구하는 게 많은 고객을 위해 주 40~50시간을 일하면서 그러기는 불가능하다.

전통적인 제조업과 건설업, 트럭 운전이 육체적으로 고되고 '등골 빠지게' 힘든 직종이라면, 상대적으로 최근에 생긴 서비스 산업은 '감정적으로 진을 뺀다'. 조립라인에서 일하거나 채소를 따거나 지붕 올리는 공사를 할 때는 고객과 주기적으로 얼굴을 맞댈 일이 없기 때문에 당신에게 진심 어린 미소와 호감이 가고 발랄한 성격을 기대하는 사람이 거의 없다. 그러나 상담원이나 판매원, 가이드, 서비스 부문에서 일하는 직원은 지루하고 짜증 나고 모욕적인 일을 하더라도 고용주가 기대하는 감정을 드러내기 위해 안간힘을 쓴다. 회사의 기대에도 사람의 감정은 스위치로 켰다 껐다 할 수 있는 게 아니다. 가정생활에서 나온 눈물과 분노가 직장 생활로 흘러들 수 있고, 가족이나 친구와 나누는 개인적인 통곡을 항상 개인적인 공간에 담아둘 수 있는 것은 아니다. 이런 까닭에 '감정 노동'이 필요한 일은 '육체노동'이 필요한 일보다 심리학적으로 큰 위험 요소가 있을 수 있다. 이는 사회학자 앨리 러셀 혹실드Arlie Russell Hochschild가 항공기 승무원을 연구하다가 발견한 사실이다.[17] 혹실드는 회사의 '감정 규칙'에 따라 오랫동안 근무한 항공기 승무원이 종종 우울증과 '감정의 죽음emotional deadness', 진정한 정체성에 대한 혼란과 싸운다는 사실을 발견했다. 다른 감정은 무시하거나 숨긴 채 진정으로 긍정적인 '행동'을 강요하면 정신적으로 건강하지 않은 것으로 드러난다. 혹실드에 따르면, 감정 관리와 관련된 쟁점은 가난한 사람이나 여성에게서 더 일반적으로 받아들여지는 경향이 있다. 자기 인생을 지배하기 위한 자원이 상대적으로 적은 가난한 여성은 다른 사람의 감정적 요구를 방어할 능력이 떨어진다.

놀랄 일도 아니지만 이와 관련된 연구에 따르면, 일터에서 인간의 감정을 상업화하고 감정 조절에 실패하는 사람이 많아지면서 진정성에 대한 문화적 관심과 '진정한 자아 찾기'에 집착하는 경향이 늘어난다. 이를 입증하는 문화지표는 아주 많다. 예를 들어 2016년 〈뉴욕타임스〉 베스트셀러 목록에는 살 빼는 법, 결혼 생활 개선하는 법, 더 많은 돈을 버는 법, 더 젊게 보이는 법, 다른 사람에게서 '당신이 원하는 것을 얻어내는' 법에 관한 조언이 있었다. 《성실함의 배신You Are a Badass》《The Whole30: The 30-Day Guide to Total Health and Food Freedom완전한 건강과 음식의 자유를 위한 30일 가이드》《성공하는 사람들의 7가지 습관The 7 Habits of Highly Effective People》 같은 책은 자아 개조를 위한 전략을 약속하는 동시에, 성취감을 높이고 감정적으로 만족스러운 인생으로 가는 길을 제시한다. 비슷한 맥락에서 오프라, 닥터 필, 닥터 로라 등 텔레비전과 라디오 토크쇼 진행자의 인기는 미국에 감정적 친밀함을 찾고, 나아가야 할 방향과 확실한 것에 목마른 청중이 얼마나 많은지 말해준다.

미국인은 책에서 효과를 보지 못할 때 사회학자가 경계 행동 edgework이라고 부르는 위험한 행동에 점점 더 끌림을 보여준다. 경계 행동이란 육체적 피해를 당할 위험이 매우 높고 생과 사의 경계에 있는 행동에 자발적으로 뛰어드는 일을 말한다. 차량 탈

취나 자동차 경주, 마약 같은 범죄행위, 등산이나 패러슈팅, 행글라이딩, 래프팅 같은 위험한 운동이 경계 행동에 포함된다. 경계 행동은 위험하기 때문에 판에 박히고 지루한 현대 관료 사회의 변화 없는 삶에서 대체로 빠진 흥분과 감정의 '쇄도'를 선사한다. 이런 의미에서 경계 행동은 직장이나 학교나 집에서는 찾아볼 수 없는 강렬한 감정과 어느 정도의 자기 결정권, 지배력을 허용하는 일종의 탈출이자 저항이다.[18]

정체성의 사회학

우리는 판이한 두 가지 정체성(마녀와 잃어버린 고리)의 역사를 살펴보는 것으로 이 장을 시작했다. 마녀는 17세기 유럽과 뉴잉글랜드에서 공포와 혼란을 야기했고, 잃어버린 고리는 19세기 후반에 거의 동일한 지역에서 비슷한 동요를 불러일으켰다. 오늘날 마녀는 사라졌고, 잃어버린 고리는 다시 잃어버렸다. 그래서 어떻게 됐을까? 악마가 하녀를 보내는 일을 그만뒀을까? 잃어버린 고리가 멸종됐을까?

우리는 역사적·사회학적 관점 덕분에 마녀와 잃어버린 고리가 실은 사회가 만들어낸 발명품이라는 사실을 쉽게 인정한다. 시간이 흐르고 종교적 근본주의가 쇠퇴하면서 공동체 구성원은 마녀 찾기를 그만뒀고, 진화에 대한 인종차별적 해석이 신뢰를 잃으면서 대중은 잃어버린 고리를 찾을 수 있으리라는 기대를 접었다. 모든 사회적 구성물이 그렇듯이, 역사적으로 강력한 두 정체성을 위해서는 그들이 실재한다는 것을 보여주려고 의욕을 불태우며 그들을 추적하는 사람들이 필요했다. 고대 언어가 쓰는 사람이 없으면 사라지는 것과 마찬가지로, 사회적 정체성도 공동체에서 활발히 사용되지 않으면 없어질 수 있다. 현대사회에서 마녀는 과거와 같은 열렬한 감정을 일깨우거나 유지시키지 못하며, 잃어버린 고리는 과거와 같은 지적 관심을 불러일으키거나 지속시키지 못한다. 그 결과 두 정체성 모두 문화적 풍경에서 자취를 감추고 말았다.

우리는 마녀와 잃어버린 고리가 사회적으로 만들어졌다는 사실은 쉽게 인정할지 몰라도, 우리의 사회적 정체성이 전부 그들과 비슷하게 사회적으로 만들어졌다는 사실은 쉽게 받아들이지 못한다. 달리 말해 우리가 상대의 정체성을 확인할 때 사용하는 표지나 범주가 사라지거나 쓸모없어져서 '실재하지 않을' 가능성이 있다는 뜻이다. 직업(예를 들어 전화교환원, 칼 만드는 사람)과 관련된 정체성이나 종교적 신념(예를 들어 퇴마사, 미라를 만드는 사람), 여가 활동(마차 타기, 코담배 피우기)과 관계된 정체성이 그렇고, 심지어 가족(엄마, 형, 사촌)이나 젠더(남성, 여성), 인종(흑인, 백인)처럼 우리의 신원을 확인해주는 것처럼 보이는 정체성도 포함된다. 이는 사실상 사회적으로 만들어진 정체성이다. 우리는 다른 문화와 역사적 시기를 대상으로 사회적 정체성에 대해 조사한 연구를 바탕으로 역대 모든 사람에게 공통된 범주가 거의 없다는 사실을 안다. 예를 들어 서아프리카 요루바랜드(현재의 나이지리아)에서는 서양의 식민지 개척자와 접촉하기까지 적절한 사회적 범주로서 여성이라는 개념이 존재하지 않았다.[19] 미국에서는 지배적인 권력자의 자리를 차지한 유럽인이 1800년대 말에도 아일랜드 이민자를 '백인'으로 인정하지 않았다.[20] 증거는 확실하다. 정체성 범주의 실재와 경계는 영구적이지 않다.

미래의 어느 시점에는 사회적 분류 체계로 주목받고 활용되는 인종과 젠더라는 범주가 존재하지 않을 수도 있다. 적어도 이론상으로는 그렇다. 하지만 그러기 위해서는 현재 우리가 경험하지 못하는 사회적·경제적 평등이 어느 정도 필요하다. 인종이라는 범주는 원래 노예제도와 억압, 인종차별 정책을 정당화하기 위해 권력을 쥔 사람이 만들었고, 그들이 끼친 피해가 극복될 때까지 인종은 강력한 사회적 구성물로 남을 것이다. 젠더에 기반을 둔 분류도 마찬가지다. 남성과 여성이라는 범주가 생물학적으로 적절한 범주라는 점은 앞으로도 변함이 없겠지만, 짐작컨대 그런 범주의 사회적·개인적 의미는 현실성이 없다고 말해도 좋을 정도로 퇴색할 것이다.

어느 단계에서는 사회적 정체성이 말에 지나지 않지만, 이 장 앞부분에서 봤듯이 말은 상징이기도 하며 상징의 사회적 영향력은 강력하다. 상징은 우리의 사고방식을 조직하며, 사회적 상호작용을 떠받치는 토대다. 인종과 젠더라는 정체성은 정치적·경제적으로도 상당한 영향력이 있다. 인종과 젠더에 기반을 둔 차별을 종식하려면 표지 사용을 중단해야 한다거나 일반화를 피해야 한다고 목소리를 높이는 것으로는 부족하다. 그것은 복잡한 사회학적 현상에 순진하게 개인주의적으로 대응하는 것이다. 사회적 정체성은 우리 행동을 늘 조직할 것이고, 우리 각자를 다른 사람과 구별하기 위해 어느 정도는 항상 쓰일 것이다. 우리는 해로운 사회적 분류 체계를 없애고, 몇몇 사회적 정체성과 관련된 좀 더 파괴적인 의미를 바꾸기 위해 노력할 수 있다. 그러기 위해서는 불평등은 강력한 사회적 힘에 의해 조직된 사회적 상호작용 속에 사회적으로 만들어진다는 사실부터 인식해야 한다.

3

순 응 과
불 복 종

집 단 의   힘

우리 영혼은 겸손하게 행사되는 권위와
기꺼이 받아들여지는 복종을 길잡이 삼아 살아간다.
클라이브 스테이플스 루이스Clive Staples Lewis[1]

여성의 정신을 확장해서 여성의 정신을 강화하라.
그러면 맹목적 복종도 끝날 것이다.
메리 울스턴크래프트Mary Wollstonecraft[2]

금요일 오후 5시, 켄터키주 마운트워싱턴에 있는 맥도날드에 저녁 손님이 몰려들기 시작하는 시간이다. 스펜서카운티고등학교 졸업반 루이스 오그번은 계산대에서 일하고, 부점장 도나 서머스(51세)는 뒤쪽 사무실에서 서류 업무 중이었다. 어느 모로 보나 루이스는 모범 시민이고, 고용 기록도 아주 깔끔한 성실한 일꾼이다. 도나는 사무실에 전화벨이 울리고 '스콧 경찰관'이 루이스 오그번과 인상착의가 비슷한 직원이 고객의 지갑을 훔친 사건을 수사 중이라고 말했을 때 깜짝 놀랐다. 수화기 너머 경찰관은 수석 점장과 맥도날드 본사의 대표자에게 연락했다고 말했다. 그는 도나에게 루이스를 사무실로 데려와 심문하고, 경찰이 도착할 때까지 잡아두라고 지시했다. 도나는 경찰이 도착하기 전에 전화를 끊지 말고 지시에 따르라는 말도 들었다. 이후에 벌어진 믿기 힘든 일은 사무실에 설치된 감시 카메라에 녹화됐다.[3]

루이스는 어안이 벙벙했다. 그녀는 물건을 훔치지 않았다고 주장했다. 녹화된 비디오테이프를 보니 루이스는 몸을 떨면서 눈물을 흘리고, 수화기를 든 도나는 스콧 경찰관의 세세한 지시에 따르고 있었다. 먼저 도나는 루이스에게 자동차 열쇠, 휴대전화,

신분증을 포함해서 주머니에 있는 것을 전부 꺼내라고 했다. 그런 다음 도나는 놀랍게도 어린 직원이 맥도날드 유니폼에 숨긴 물건이 없는지 확인하기 위해 알몸 수색을 하라는 지시를 받았다. 도나는 주저하지 않고 루이스에게 속옷까지 전부 벗으라고 했다. 뒷날 루이스는 도나가 시키는 대로 한 이유에 대해서 "그들이 나보다 높은 사람들이기 때문"이고, "법적인 문제가 생겼다는 생각이 드니까 내가 안전할 수 있을지 겁이 났다"고 말했다. 하지만 루이스의 기이한 시련은 시작에 불과했다. 그녀는 이후에도 두 시간 반이나 '심문'을 받았고, 그러는 동안 스콧 경찰관의 지시는 점점 도를 넘었다.

도나가 부점장으로서 해야 할 업무를 위해 사무실에서 나가야 할 때가 되자, 스콧 경찰관은 그녀에게 루이스를 감시할 다른 직원을 찾아보라고 했다. 도나는 요리사 제이슨 스콧(27세, 경찰관 스콧과 아무런 관계도 없는 사람이다)을 불렀다. 비좁은 사무실에 들어선 제이슨은 충격에 빠진 루이스를 발견하고, 작은 앞치마로 그녀를 덮어주려고 했다. 여전히 전화를 끊지 않은 스콧 경찰관은 루이스에게 덮어준 앞치마를 치우라고 말했다. 제이슨은 경찰관의 지시를 거부하고 그 광경에 역겨움을 느끼며 주방으로 돌아갔다. 그러나 사무실에 벌거벗은 채 있는 루이스를 목격한 제이슨과 또 다른 부점장은 아무 조치도 취하지 않았다. 루이스는 필사적으로 도망치고 싶었으나, 사람들 앞에 알몸으로 나서려니 너무 수치스러웠다고 했다.

감시자 역할을 해줄 사람이 아무도 없자, 스콧 경찰관은 도나에게 남편을 불러 루이스를 감시하게 할 수 있는지 물었다. 도나는 자신이 미혼이지만, 약혼자 월터 닉스가 올 수도 있을 것 같다고 말했다. 월터는 오후 6시쯤 도착했는데, 그도 순종적인 조수였다. 그는 도나와 마찬가지로 경찰관의 전화 지시에 충실히 따랐다. 경찰관은 믿기 힘들 정도로 충격적인 지시를 내렸다.

　닉스는 숨겨놓은 마약이 '떨어지는지' 보기 위해 알몸인 루이스 오그번을 한 시간 이상 펄쩍펄쩍 뛰게 한 다음, 의자에 세워두라는 지시를 따랐다. 어느 순간 루이스가 시키는 대로 하길 거부하자, 경찰관은 닉스에게 겁에 질린 10대의 엉덩이를 때리라고 명령했다. 닉스는 몇 분 동안 반복적으로 루이스의 엉덩이를 때렸다. 그런 다음 믿을 수 없는 일이 벌어졌다. 닉스는 루이스에게 무릎을 꿇으라고 한 다음 강제로 구강성교를 시켰다. 루이스가 저항하면서 못 하겠다고 애원하자, 닉스는 그녀를 때리겠다고 위협했다. 이 모든 일이 벌어지는 동안 스콧 경찰관과 닉스의 통화는 계속됐다.

　루이스 오그번의 악몽이 끝난 건 도나가 정비 담당자 토머스 심스(58세)에게 월터 닉스와 교대해서 심문해달라고 부탁했을 때다. 맥도날드 매장에서 일하는 심스는 스콧 경찰관의 황당한 지시를 거부하고, 도나 서머스에게 뭔가 크게 잘못됐다고 말했다. 겁에 질린 도나 서머스는 상관에게 전화를 걸었다. 그녀는 상관이 스콧 경찰관과 다른 전화로 계속 통화하는 줄 알았다. 그 순간

도나는 이 모든 시련이 스콧 경찰관을 사칭해서 전화한 익명의 남자가 저지른 악랄한 사기극임을 깨달았다. 그 지역 경찰서도, 맥도날드 본사 대표도 스콧 경찰관과 통화하지 않았다.

사건 직후 맥도날드는 도나 서머스를 해고했으며, 그녀는 불법 구금 혐의로 보호관찰을 선고받았다. 닉스는 성적 학대와 불법 구금 혐의를 인정하고 5년 형을 선고받았다. 서머스와 닉스 모두 합법적인 경찰관의 지시에 따랐다며 자신을 강력하게 변호했다. 이후 경찰이 수사에 나섰지만, 장난 전화를 건 범인의 유죄를 증명하는 데 실패했다.

이 사건으로 루이스 오그번이 받은 정신적 충격은 심각했다. 법정 녹취록에 따르면, 그녀는 공황 발작과 우울증, 악몽에 시달렸다. 2007년에 배심원들은 이 거대 패스트푸드 업체의 과실죄를 인정하면서, 루이스에게 치료비와 고통에 대한 보상금에 징벌적 피해 보상금까지 610만 달러를 지급하라고 명령했다. 도나 서머스와 월터 닉스는 파혼했다.

이 사건이 감시 카메라에 녹화되지 않았다면, 이 모든 이야기는 '도시에 떠도는 괴담'이나 역겨운 포르노 소설이라고 일축됐을지 모른다. 이 사건을 병들고 정신적으로 의심스러운 몇몇 어른의 비정상적인 행동으로 보는 개인주의적 관점의 설명에 솔깃해지기도 한다. 그러나 이 비극적인 이야기는 중요한 사회학적 해석을 내포한다.

우선 이 사건은 단발적인 사건이 아니다. 이 사건은 1995~2004

년 미국 전역에서 일어난 유사한 사기극 중 하나다.

많은 전화가 사기극으로 밝혀졌고, 그냥 무시하고 넘어갔다. 하지만 경찰 조서와 신문 기사에 따르면 30여 개 주에서 70개 패스트푸드 매장에 걸려 온 전화로 직원이나 고객이 발가벗겼고, 그보다 심한 일을 당하기도 했다. 노스다코타주 파고에서는 버거킹 점장이 10대 직원의 팬티를 벗기고 엉덩이를 때렸다. 켄터키주 라이치필드에서는 맥도날드 직원이 한 손님 앞에서 발가벗겼다. 아이오와주 루스벨트의 맥도날드 직원은 알몸으로 조깅을 하면서 여러 가지 낯 뜨거운 자세를 취했다. 아이오와주 데번포트에서는 애플비 매장의 매니저가 '한 직원을 상대로 90분 동안 모멸적인 몸수색'을 했다. 알래스카주 주노에서는 타코벨의 매니저가 열네 살짜리 손님의 옷을 벗기고, 그녀에게 '음란한 행위를 하도록' 강요했다. 이 모든 사건에서 식당 직원들은 하나같이 자신은 명령에 따랐을 뿐이라고 주장했다.

놀랍게도 비슷한 사기극이 2016년에 미국 전역으로 퍼졌다. 그런데 이번에는 장난 전화를 건 사람이 소방서 공무원을 사칭하면서 곧 가스폭발이 일어날 것이라고 무시무시한 경고를 했다. 식당 직원들은 재앙을 피하기 위해 즉각 건물의 유리창을 박살 내라는 지시를 받았다. 미네소타주와 캘리포니아주의 버거킹 직원들, 애리조나주의 웬디스 직원들, 인디애나주와 애리조나주의 잭인더박스 직원들이 그 지시에 따랐다.

권위에 대한 복종

왜 그토록 많은 사람이 누가 봐도 사회적으로 용인되는 행위의 경계를 넘어서는 명령에 복종했을까? 이는 대단히 중요한 질문이지만, 어제오늘의 문제가 아니다. 선량하고 윤리적인 시민은 권위 있는 사람이 내리는 나쁘고 비윤리적인 명령을 꽤 오랫동안 따라왔다. 사회과학자들은 2차 세계대전이 끝나고 이 유구한 역사를 가진 딜레마를 연구하기 시작했다. 홀로코스트를 비롯해 전시에 저지른 극악무도한 행위의 참상이 드러났을 때, 전 세계는 그 잔인함에 충격 받고 넌더리를 쳤다. 그러나 고문과 대량 학살을 저지른 가해자는 대부분 패스트푸드 식당 직원처럼 명령에 따랐을 뿐이라고 주장하는 '선량한 사람들'이다.

예일대학교 스탠리 밀그램Stanley Milgram(1933~1984) 교수는 이런 역사적 맥락을 염두에 두고 사람들이 극단적인 명령에 따르는 사회적 조건을 찾기 위한 실험에 착수했다. 그는 1960년대 초반에 자신이 고안한 일련의 실험에서 일부 피험자에게 사전에 설정된 상황에 놓인 또 다른 피험자에게 다양한 전기 충격을 가해 달라고 요구했다. 실험 결과는 놀라웠다. 기본 설계대로 지역사회에서 온 남성 피험자에게는 이 실험이 '학습에서 처벌이 미치는 영향'에 대한 연구라고 설명하고, 실험을 도와주는 대가로 소액의 참가비를 지불했다. 피험자들이 연구실에 도착했을 때, 가운을 입은 실험자와 또 다른 피험자인 척 연기하는 배우가 그들을 맞이했다. 피험자들은 무작위 추첨을 통해 '교사' 역할을 할 사람 한 명과 '학습자' 역할을 할 사람 한 명을 뽑으라는 설명을 들었다. 실제로는 그 배우가 매번 '학습자'로 뽑혔다. 학습자는 와이어 전극을 손목에 부착한 채 의자에 앉았고, 실험자는 그를 끈으로 묶었다. 학습자가 있는 방과 가까운 방에서는 교사가 발전기 제어장치를 받았다. 그가 할 일은 실험자가 지시를 내리면 전기 충격을 가하는 것이었다. 기억력을 묻는 문제에 학습자가 틀린 답을 말할 때마다 전기 충격이 가해졌다. 교사는 학습자가 틀린 답을 말할 때마다 전기 충격의 전압을 높이라는 지시도 받았다. 이 불쾌한 실험을 훨씬 더 위협적으로 만든 것은 발전기에 순차적으로 표시된 전압 등급이다. '가벼운 충격' '강한 충격' '위험 : 극심한 충격', 마지막으로 'XXX'.

교사 역할을 맡은 피험자는 발전기가 가짜이고, 학습자가 배우라는 사실을 몰랐다. 교사는 스피커를 통해 학습자의 목소리를 들을 수 있었는데, 틀린 답을 말해서 '충격'이 가해질 때마다 학습자는 점점 더 고통스럽게 반응하고 점점 더 거칠게 이의를 제기했다. 가벼운 투덜거림으로 시작된 것이 결국 고통에 찬 비명과 의자에서 풀어달라는 고통스러운 호소로 발전했다. 가장 높은 두 단계의 충격에서 배우는 잠잠했는데, 아무래도 의식을 잃은 것 같았다.

초기 실험에 참가한 남성 피험자 40명 가운데 26명이 실험자의 지시에 따라 가장 높은 XXX 단계까지 멈추지 않고 '충격'을 가했다! 실험이 끝나고 진행한 인터뷰에서 '교사들'은 자신이 '학습자들'에게 심각한 피해를 끼치리라는 걸 알았다는 사실이 확인됐다. 비록 대다수 피험자가 불편한 상태였고 모든 피험자가 희생자를 어느 정도 걱정했지만, 그들은 고통을 주라는 지시에 따랐고 상대적으로 잘 모르는 사람의 명령에 복종했다. 실험자가 내린 명령은 "계속해야 합니다" "당신은 선택의 여지가 없습니다. 계속해야 합니다"가 전부였는데 말이다.

지난 40년 동안 밀그램과 다른 사람들이 수행한 몇 차례 후속 연구 결과, 다양한 집단에서 명령에 잘 따르는 사람들의 비율이 한결같이 65퍼센트라는 사실이 밝혀졌다.[4] 연구자는 이를 바탕으로 여성과 다른 나라 시민이 동일한 실험 조건에서 명령에 복종하는 비율이 비슷하게 높다는 사실을 확인했다. 그러나 명령에 복종할 가능성을 강화하거나 방해하는 특정한 요인이 있었다. 예를 들어 개인적인 대면 접촉은 중요한 요인으로 보인다. 교사와 학습자가 같은 방에 있거나 나란히 앉았을 때는 명령에 복종하는 비율이 뚝 떨어진다. 실험자가 전화로 지시하거나 그 방에 없을 때도 교사가 실험자의 지시에 따를 가능성이 줄어든다. 그러나 이 두 가지 조건이 모두 충족됐을 때조차, 여전히 상당수 사람이 계속 복종한다. 실제로 우리는 패스트푸드 식당 사기극에서 이런 사실을 목격했다. 전화로 도를 넘은 명령이 전달됐고, 범인은 학대의 피해자와 개인적으로 접촉했다. 그럼에도 치욕적이고 모멸적인 행위는 이어졌다.

밀그램 실험과 패스트푸드 식당 사기극, 2차 세계대전의 잔혹 행위는 집단 구성원의 힘을 잘 보여준다. 이 집단들은 규모와 영향력이 다를 뿐만 아니라, 직원이 둘뿐인 조직에서 복합적인 다국적기업까지 범위도 다양하다. 대학의 여학생 클럽 같은 집단은 구성원의 자발적인 참여라는 면에서 상대적으로 긴 역사를 자랑하는 반면, 법원에서 선정하는 배심원단 같은 집단은 역사도 짧고 비자발적인 구성원이 참여한다. 우리는 집단의 구성원에서 벗어날 수 없고, 벗어나서도 안 된다. 집단은 비옥한 사회적 맥락을 제공하며, 그 맥락에서 언어가 자라기 시작한다. 집단은 안보를 제공하고 신뢰를 구축한다. 집단은 우리의 자의식을 단단히 떠받치고, 우리에게 사회적 정체성을 제공한다. 가족과 일, 교우관계, 놀이, 종교, 교육, 정치는 모두 집단에 소속되어 겪는다.

집단의 힘을 이해한다는 것은 곧 사회적 행동(좋은 행동과 나쁜 행동)을 이해한다는 뜻이다. 테레사 수녀Mother Teresa(1910~1997)가 설립한 사랑의선교수녀회Missionaries of Charity를 생각해보자. 이 집단 구성원은 "극빈자에게 온 마음을 다해 무료로 서비스를 제공하겠다"고 엄숙히 천명한다. 수녀들은 평생 순결을 지키고, 가난하게 살면서 자신의 집단에 복종하겠다는 서약도 한다. 자신의 정체성을 가톨릭 수녀라고 천명하고 수녀복을 입는 것은 종교적 신념의 선언이다. 이런 선언은 집단의 목표에 엄청난 지적 · 감정적 헌신을 요구한다.

이와 거의 똑같은 논리로, 큐클럭스클랜Ku Klux Klan, KKK의 구성원 역시 형제 같은 자신의 조직을 떠받치는 가치관을 지지하고 따른다는 선언을 한다. KKK도 사랑의선교수녀회와 같이 종교적 원칙을 토대로 설립됐다. KKK 구성원은 "미국을 개신교 국가로 보존하고, 여성의 순결을 보호하며, 순수한 애국심을 고취하고, 백인 우월주의 원칙을 고수하겠다"는 서약을 한다. 더불어 KKK 형제는 비밀 유지와 충성이라는 가치, 조직에 대한 복종을 지지한다고 맹세한다.[5] KKK 소속임을 선언하고 모자가 달린 하얀 옷을 입는 것은 강력한 개인적·공적 선언이다. 지적·감정적으로 집단의 이상에 어느 정도 헌신하지 않는 사람은 KKK 회원이 되지 않는다.

KKK 회원과 수녀를 혼동할 사람은 없겠지만, 두 집단은 유사한 방식으로 구성원에게 영향을 미친다. 우선 집단의 구성원이 된다는 것은 선택 받은 소수에게 허용되는 특권을 누린다는 의미다. 집단의 지도자는 지원자가 집단의 이상에 충분히 헌신할 수 있는 사람인지 판단하기 위해 그들을 검토하고 평가해야 한다. 이 과정을 거쳐 집단의 일원으로 받아들여지면 새로운 회원은 이를 신분 상승으로 여김과 동시에, 이런 영예를 누리는 것에 감사하고 고마워한다. 종교적 의식을 통해 새로운 회원을 축하하는 자리가 마련되고, 그 집단의 다른 구성원들이 참여한 가운데 기도문과 공식적인 충성 서약이 낭독된다.

게다가 두 집단 모두 역할과 의무가 명시된 계급제 조직이다. 일부 구성원은 다른 구성원보다 많은 권력을 부여 받고, 자신이 내리는 명령에 다른 구성원이 복종하기를 기대할 수 있다. KKK 공식 기구는 KKK 전국 대표를 '위대한 마법사'로 승인하며, 사랑의선교수녀회에서는 테레사 수녀가 '수녀회 회장'을 맡았다.

한 집단의 권력 구조가 정당성을 인정받을 때 '권위authority'라고 부른다. 흔히 권위는 눈에 보이는 표시와 관련이 있다. 예컨대 확연히 다른 옷이나 제복에 달린 기장記章, 단체의 모임에서 특별한 자리 같은 것이 권위를 나타나는 표시다. 이런 옷이나 장신구는 권력의 상징이자, 복종과 존경이 효과를 발휘한다는 지표다. 이런 집단에서는 권위에 복종하는 것이 단순히 구성원에게 요구되는 어떤 것에 그치지 않는다. 즉 구성원은 권위에 복종하고 싶어 한다. 집단의 일원이 되는 것이 자신의 사회적 정체성에서 자발적이고 바람직하며 중요한 일부를 차지하는 사람일수록 집단의 지도자가 내리는 명령에 따르는 데 이의를 제기하지 않을 것이다. 지도자의 명령에 따르면 옳은 일을 할 때처럼 자신의 의무를 완수한다는 기분이 들기 때문이다.

집단의 헌신적인 구성원이 지도자의 명령에 복종할 때, 외부인에게는 극단적이거나 비이성적으로 보일 수도 있다. 그러나 내부자에게는 당연하고 정상적인 행동이다. 예를 들어 맥도날드에서 벌어진 사기극을 생각해보라. 도나 서머스가 사랑의선교수녀회나 KKK 일원은 아니지만, 그녀는 맥도날드라는 기업의 꽤 헌신적인 구성원이었다. 부점장이라는 역할 때문에 그녀는 다른 직원에게 정당한 권력, 즉 권위가 있는 사람으로 인식됐다. 루이스 오그번은 명령을 내릴 수 있는 도나의 권한을 인정하고 받아들였다. 10대인 루이스가 권위에 복종하는 건 흔한 일이었다. 실제로 그녀는 고등학교 선생님과 부모님, 목사님의 지시를 잘 따라서 종종 상을 받기도 했다. 루이스는 '시키는 대로 하는 것'이 좋은 일이라고 생각했다. 그것이 루이스가 직원으로 채용된 이유 중 하나라는 점은 의심할 여지가 없다. 루이스는 부점장의 지시를 거부하면 일자리를 잃을 수 있다는 사실도 알았다.

도나가 루이스 오그번을 어느 정도 지배했지만, 부점장으로서 도나가 맡은 역할은 권위 구조의 꼭대기에서는 한참 멀었다. 그녀 역시 윗사람이 내리는 명령에 복종해야 하는 위치에 있었다. 점장도 그녀의 윗사람이고, 단순히 '회사'라고 알려진 이름을 알 수 없는 맥도날드 간부들도 그녀의 윗사람이다. 도나가 수석 점장과 회사 간부들이 스콧 경찰관과 전화로 연결된다는 말을 진짜로 믿었다는 사실을 잊지 말자. 스콧 경찰관은 또 다른 권위를 상징했다. 도나는 자신이 권위 있는 자리에 있는 개인으로 구성된 강력한 집단의 지시를 받는다고 생각했다. 도나는 훌륭한 직원이 되고 싶었다. 도나는 훌륭한 시민이 되고 싶었다. 그녀가 루이스를 심문하는 일을 도와선 안 되는 이유가 있는가?

권위는 강력한 힘이다. 사회학자 막스 베버(1864~1920)에 따르면, 권위에는 몇 가지 유형이 있다. 때로 우리는 전통이나 관습 때문에 명령에 복종한다. 이런 일은 주로 연장자의 지시에 따를 때 일어난다. 그런가 하면 우리는 그들의 개인적인 카리스마나 그들이 우리 인생을 송두리째 바꿔놓을 힘이 있다는 믿음에 이끌려 명령에 따르기도 한다. 종교 단체의 지도자가 내리는 명령을 간절히 받고 싶어 하는 개인이 이 경우에 해당한다. 그러나 현대사회에서 많은 경우 사람들이 명령에 복종하는 이유는, 상급자에게 법적인 권위가 있다고 믿기 때문이다. 다시 말해 사람들은 조직이나 기관의 규칙을 받아들이고, 지시하는 사람을 합리적 권위 구조의 합법적 대리인으로 본다는 얘기다. 막스 베버에 따르면, 거대한 관료제의 형태를 띤 권위 구조는 현대사회를 규정하는 가장 중요한 특징이다.

베버는 다작多作으로 유명한 초창기 사회학자로, 20세기 전반기에 자신의 이론을 발전시켰다. 그는 2차 세계대전의 효율적인 폭력이나 맥도날드 같은 지배적인 글로벌 기업의 성공을 보지 못하고 세상을 떠났다. 하지만 그가 이를 알았다 해도 놀라지 않았을 것이다. 그는 명령에 복종하는 세태가 널리 퍼졌다는 사실과 그런 복종이 나치의 홀로코스트나 도나 서머스와 그 밖에 사람들을 덫으로 옭아맨 패스트푸드 식당의 사기극을 초래했다는 사실에도 놀라지 않았을 것이다. 베버에 따르면 정부와 교육, 직장을 대변하는 규모가 크고 영향력 있는 '합리적인 조직'의 성장은 개인에게 심각하고 걱정스러운 영향을 미친다. 베버의 말을 빌리면, 갈수록 관료주의적으로 변해가는 이런 조직의 종착지는 '영혼 제거하기'다. 노동자와 학생, 시민이 진정한 의미와 자율적인 자기 지시가 전혀 없이 살고, 힘들게 일하면서 기계의 톱니가 될 위험에 처했다는 것이다. 이런 식으로 볼 때 권위란 사실상 통치의 한 형태다. 우리가 자진해서 규칙에 따르거나 동조할 때는 강요받는다는 느낌이 들지 않을 수도 있지만, 이는 우리가 조직에서 특정한 역할을 맡은 행위자의 힘을 정당한 것으로 받아들이라고 배웠기 때문이다.

권위에 물음표 던지기

오늘날 가동되는 강력하고 지배적인 권위 구조 가운데 하나를 미군에서 찾아볼 수 있다. 미군은 지금까지 세계가 경험한 적 없는 가장 크고 복잡하고 지배적인 군사 관료주의를 보여준다. 미군은 280만 명이 넘는 인원을 고용하고, 해마다 6000억 달러 가까운 돈을 쓴다. 미군이 전 세계 군비의 절반 이상을 지출한다. 이 점에서는 어느 나라도 미국을 쫓아오지 못한다.

군사 관료주의의 특징은 자신이 고용한 일부 사람을 훈련해서 다른 인간을 죽여야 한다는 것이다. 부가적으로 고용된 사람도 살인에 참여하는 병사를 지원하기 위한 훈련을 받아야 한다. 이는 쉬운 일이 아니다. 군국주의를 토대로 한 폭력 행위는 정상적인 행위로 받아들여야 하고, 다른 '불법적인' 살인 행위와 구분돼야 한다. 다른 사람의 목숨을 빼앗는 것은 영예롭고 고결한 행위로 받아들여야 한다. 그와 같은 업적을 세우기 위해서는 다양하고 많은 조직이 어우러지고 협력해야 한다. 가족, 학교, 교회, 시민 단체, 대중매체가 모두 힘을 합해야 군대가 도덕적으로 올바르고 윤리적인 조직으로 비춰질 수 있다. 그런 노력은 대부분 성공하지만, 살인에 대한 군사적 해석이 정당하다고 받아들여지지 않을 때도 있다.

'일탈 행위의 사회학'이라는 세미나에서 학생들을 가르친 몇 해 전 그날을 나는 절대로 잊지 못할 것이다. 세미나가 열리는 첫 주였기에 나는 첫 번째 과제로 학생들에게 이름, 고향, 전공 같은 기본적인 정보를 포함해서 자기소개를 부탁했다. 세미나 주제가 '일탈 행위'이니 지금까지 살면서 다른 사람이 일탈이라고 여길 만한 일을 했다면, 몇 가지 이야기해달라고도 부탁했다. 당시 세미나를 듣는 학생은 15명쯤이었고, 우리는 널찍한 회의용 테이블에 둘러앉았다. 첫 번째 학생은 자신이 골초라고 했고, 두 번째 학생은 정기적으로 마리화나를 피웠다고 털어놨으며, 세 번째 학생은 신용카드 여러 장을 한도 이상으로 썼다고 고백했다. 학생들은 킥킥 웃고, 서로 놀리고, 가짜로 비난을 퍼붓고, 놀라는 척하며 숨넘어가는 소리를 냈다. 말문을 트기 위한 연습이 거의 막바지에 다다랐을 때, 나이 든 학생 한 명이 차분하고 신중하게 자신은 "살인을 저질러봤다"고 말했다. 강의실은 일순 침묵에 잠겼다. 손에 잡힐 듯 숨죽인 긴장감이 감도는 가운데, 다른 학생들이 의자에서 안절부절못하고 몇몇 의자가 끌리는 소리가 들린 기억이 난다. 섬뜩하고 불편한 침묵의 시간이 지나고 다른 정보가 자발적으로 쏟아져 나올 기미가 없자, 나는 그 학생에게 그런 행위를 저지른 상황에 대해 이야기하고 싶은지 물었다. 그는 진심에서 우러난 신중한 목소리로 조용히 대답했다. "15년 전쯤 베트남에서 몇 사람을 총으로 쏴 죽였어요. 처음 보는 사람들이었어요. 그 일로 저는 군에서 훈장을 받았습니다. 그건 살인 같았어요. …아니 살인이었어요."

권위의 목소리를 존경하고 상급자의 명령에 따르기는 쉽다. 다른 사람들은 보통 같은 배를 타고, 똑같은 일을 하고, 흐르는 물에 몸을 맡기기는 해도 물결을 일으키지는 않는다. 군대에서 불복종과 반항은 일탈 행위다. 고위 장교에게 맞서는 행동은 '정신 나간 사람'이나 하는 짓이다. 그러나 사람을 죽인 뒤 자신이 죽인 사람이 기억에서 떠오를 때, 그 모습은 평생 동안 병사를 쫓아다닐 수도 있다. 모순되는 문화적 메시지를 받아들이기란 쉬운 일이 아니다. '살인하지 말라'고 한 모세의 계명에는 예외 조항이나 부가적인 설명이 없다. 베트남전쟁 참전 용사인 내 학생은 젊은 나이에 시키는 대로 하는 병사였을 뿐이다. 하지만 자기 손으로 사람을 죽인 경험과 친구들의 처참한 죽음은 그를 바꿔놓았고, 그가 생각하는 전쟁의 의미도 두고두고 바꿔놓았다. 그 학생이 볼 때 전쟁을 정당화하고 살인을 허가하는 권위 구조는 성공적인 권위 구조가 아니었다.

상징 사용자인 우리는 자신을 돌아보는 능력과 심사숙고하고 재평가하는 능력이 있다. 의미 있는 모든 행위는 개인사와 일대기, 자신이 누구인가에 대한 인식의 일부가 된다. 우리는 과거의 행위를 바꿀 힘은 없지만, 과거에 대한 우리의 해석은 바꿀 수 있다. 이 새로운 해석을 얻기 위해 많은 참전 용사가 몸부림친다. 그 학생은 전시에 사람을 죽인 행위를 살인으로 재정립하는 과정에서 새로운 해석을 얻기 위해 몸부림쳤다. 그의 변화는 강력한 개인적 경험이지만, 그것은 다른 사람이나 집단과 복합적이고 사회적인 접촉에서 비롯된 변화다.

과거의 행위에 대한 의미를 재정립할 때, 우리는 자아의 재정립도 경험한다. 자아에 대한 이해가 새로워지면 권위에 복종하는 데 저항할 새로운 가능성이 생긴다. 우리가 가지고 태어난 성격은 영원한 것이 아니다. 우리의 개인적 선호와 행동 성향은 돌에 새겨지거나 DNA에 코드화된 것이 아니다. 어떤 사람은 기꺼이 명령에 따르고, 권위를 존중하며, 관료주의적인 지도자에게 이의를 제기하지 않는다. 사실이지만 이는 타고난 개인적 성향의 결과는 아니다. 사회적 경험이 우리를 형성하고, 우리도 사회적 경험을 형성할 수 있다. 이런 점에서 사회 집단은 우리가 인생을 헤쳐 나가도록 이끌어주는 강력한 강물과 같다. 비록 우리는 결코 강을 떠날 수 없지만, 강물이 흐르는 방향을 거스르고 강물의 흐름에서 벗어나기 위해 몸부림치거나 강물과 싸우는 것은 가능하다. 우리는 강물의 방향에 영향을 미칠 수도 있고, 그런 시도가 실패할 때도 있을 것이다. 우리가 단독으로 행동할 때 강물의 진행 방향을 바꿀 가능성은 희박할 것이다. 어쨌든 실낱같은 희망이라도 가지려면 다른 사람의 도움이 필요하다. 집단의 힘에 저항하려면 다른 집단의 힘과 지지가 필요하다.

권위에 저항하기

나는 몇 년간 오리건주 세일럼에 있는 오리건주립교도소에서 자원봉사로 사회학 강의를 했다. 당시 오리건주립교도소는 오리건주에서 가장 크고 경비가 삼엄한 교도소로, 1866년부터 서 있는 담장 안쪽으로 들어가면 오래된 벽돌과 콘크리트로 지은 요새에 남성 재소자 2000명이 있었다. 이곳은 전형적인 대학 환경과 달랐다. '교실'은 낡은 교도소 모퉁이에 있는 계단을 몇 개 올라간 꼭대기에 있었다. 비좁은 공간에 학생 책상이 20개 정도 있고, 뒷벽에 작은 칠판이 걸렸으며, 옆면에 있는 작은 창으로 운동장 모퉁이가 내려다보였다. 또 다른 큰 창으로 중앙 복도가 보이는데, 거기엔 대개 교도관이 있었다.

교도소는 사회학자들이 말하는 '전체적 조직total institution'의 한 예다. 재소자가 그 안에서 보내는 나날은 교도소가 계획 · 조직 · 통제 · 관리한다. 식사와 취침, 휴식, 방문 시간은 모두 전문직 직원이 결정한다. 의복, 음식, 개인 소지품은 거의 획일화된다. 개인적 결정이나 개성을 표현할 기회는 찾아보기 힘들다. 교도소라는 관료 사회의 규칙은 자유를 제한하고, 복종을 강요하며, 조직적인 저항을 방지하는 것이 목적이다. 하지만 이처럼 극도로 자유를 제한하고 복종을 강요하는 환경에서도 조직적으로 권위에 저항할 수 있다. 그것이 어느 날 오후 학생들이 내게 가르쳐준 교훈이다.

아주 따뜻한 봄날이었고, 교도소 같은 데서 두 시간이나 보내야 한다는 것이 썩 기다려지는 일은 아니었다. 첫 시간은 중간고사를 치를 예정이었고, 나는 학생들이 시험을 보는 동안 몇몇 답안지를 채점할 생각이었다. 기억하기로는 그날 내가 도착했을 때, 교도소의 비좁은 교실은 덥고 환기가 되지 않아 답답했다. 피곤하고 조금 짜증이 났다. 학생들도 뭔가 불안해하면서 평소와 달리 진지해 보였다. 평소 하던 농담과 장난, 시끄러운 수다를 찾아볼 수 없었다. 소음이라곤 교실 한가운데쯤에서 몇 차례 들리는 조용한 수군거림이 전부였다. 나는 시험 때문에 학생들이 긴장해서 그런가 보다고 생각했다.

나는 서류 파일을 넘기며 학생들에게 책상 위에 있는 걸 전부 치우라고 지시했다. 그런 다음 시험지를 나눠 주고 교실 앞으로 돌아왔는데, 시험지를 들여다보는 학생이 한 명도 없었다. 대신 모든 눈이 교실 한가운데로 쏠렸다. 잭 피셔[6]라는 학생이 손을 들었다. 보기 드문 일이었다. 평소 교실은 격식에 얽매이지 않는 편안한 분위기였고, 학생들이 발언하려고 손을 드는 일도 없었다. 나는 뭔가 있다는 낌새를 챘다. 잭은 교도소의 리더로, 오리건주립교도소에서 가장 강하고 터프한 재소자라는 자신의 명성을 자랑스러워하는 학생이었다. 그는 교도소 아마추어 권투 대회에서 우승해 자신의 명성을 드높였다. "칼레로 교수님, 시험을 다 보면 우리가 시험지를 교수님 책상에 갖다 놓아야 합니까?" 나는 어리둥절했다. 첫 시험도 아니고, 이 학생들을 처음 가르치는 것도 아니었기 때문이다. 그래서 잔뜩 빈정거리는 말투로 천천히 여유를 부리며 대답했다. "맞아요, 잭. 그게 우리가 평소 하던 방식이죠." 그 말이 끝나기도 전에 25명 전원이 불쑥 자리에서 일어나더니, 줄지어 교실 앞으로 와서는 백지 시험지를 내 책상 위에 놓고 돌아서서 일제히 교실 문을 열고 복도로 나갔다.

허를 찔렸다. 나는 소심하게 웃고 나서 "농담은 끝났어요" "좋아요, 이제 자리에 앉읍시다" 같은 말을 중얼거렸다. 그러나 내 말은 먹히지 않았다. 나는 긴장감 속에서 식은땀을 흘렸다. 평소 교실에서 매우 침착하고 어지간해서는 목소리를 높이지 않는 편인데, 나도 모르게 재소자를 향해 버럭 소리 질렀다. "여기 와서 앉아요! 당신들 한 사람도 빠짐없이 전부 낙제시킬 거예요!" 내 감정은 한계에 다다랐다. 교수로서 권위가 도전받고 있었다. 화가 났다. 마지막 학생이 교실을 나서는 순간, 복도로 달려가 한 재소자의 팔을 잡으려고 했다. 나는 비이성적으로 행동했다. 한순간 이것이 교도소 폭동의 신호탄이 아닐까 싶었다. 그런 생각을 하는데, 교실 밖에 배치된 교도관이 학생 몇 명과 농담을 주고받다가 내 말에 고개를 끄덕거리는 것이 보였다.

나는 교실로 돌아와 자리에 앉은 다음, 어수선한 마음을 가라

앉히려 했다. 정해진 교대 시간이 되기 전에는 그 건물을 떠날 수 없었다. 어찌할 바를 몰랐고 무력감이 들었다. 생각에 잠겨 몇 분이 흘렀을 때, 교실 문이 활짝 열리더니 잭이 행군하듯 걸어 들어왔고 다른 학생들이 그 뒤를 바싹 따라 들어왔다. 잭은 종이 한 장을 쥐고 있었다. 그는 말없이 종이를 내게 건네고 자리로 가서 앉았다. 다른 학생들도 자리로 돌아가면서 뭔가 기대하는 표정으로 싱긋 웃었다. 잭이 건넨 종이에는 손으로 쓴 짧은 글이 있었다.

칼레로 교수님께

수업 첫날 교수님은 상대평가를 해서 점수가 가장 높은 학생에게 'A'를 주겠다고 말씀하셨습니다. 우리가 전부 빵점을 맞으면 모두 A를 받을 수 있는지 교수님에게 물었을 때, 교수님은 웃으면서 그렇다고 대답하셨습니다. 그러고는 학생들은 경쟁심이 강하기 때문에 그런 일은 일어나지 않을 거라고 하셨습니다. 교수님은 그런 계획이 성공할 만큼 학생들이 서로 완전히 신뢰하지 않을 거라고도 하셨습니다.

우리는 방금 우리가 교수님이 가르친 다른 학생들과 같지 않다는 걸 보여드렸습니다. 교수님 기분을 상하게 하거나, 화나게 하려는 의도는 없었습니다. 이것은 교육에 대한 것입니다. 이제 우리는 시험 치를 준비가 됐습니다. 우리를 열심히 가르쳐주셔서 감사합니다.

그 종이에는 교실에 있는 모든 학생의 서명이 있었다.

시험이 끝나고 학생들은 자기들이 벌인 '독특한 데모'에 관해 한 시간 가까이 갑론을박을 펼쳤다. 상당 부분이 나를 도마에 올려놓고 비웃는 내용이었지만, 우리는 장난의 사회학을 살펴보는 시간도 가졌다. 그들은 어떻게 그런 집단적인 저항을 할 수 있었을까? 무엇이 그들을 캠퍼스의 내 학생들과 다르게 행동하도록 만들었을까? 때마침 강좌 제목은 '자아와 사회'였다. 교도소의 내 학생들은 말 그대로 집단 퇴장을 준비하기 위해 숙제를 한 셈이다. 그들은 '혁명적 연합'에 대해 발표된 연구를 검토하고, 그들이 집단적 저항을 실행할 수 있게 해주는 정당한 사회적 조건이 존재한다고 판단했다. 그들이 내가 가르치는 다른 학생들과 같지 않다고 주장했을 때, 그들은 전부 남성이고 심각한 전과 기록이 있으며 일반적인 대학생보다 평균 열 살 정도 많다는 사실을 말하는 게 아니었다. 그들은 개인적 특성이 '혁명적 연합'의 출현에 거의 영향을 미치지 않는다는 사실을 정확히 알았다. 그들은 사회적 맥락이 가장 중요하다는 사실을 발견했다. 그들은 교도소라는 독특한 환경 때문에 내가 가르치는 다른 학생과 같지 않은 독특한 학생이 됐다.

첫째, 집단의 규모가 상대적으로 작았다. 집단의 규모가 작을수록 통일된 관점을 도출하고 유지하기 쉽다. 둘째, 구성원들이 대화를 나누고 의사소통할 기회가 어느 집단보다 많았다. 재소자인 학생들은 교실에서 시간 이상의 것을 공유했다. 그들은 하루를 대부분 함께 지냈기 때문에 계획을 세우고 논의할 기회가 충분했다. 셋째, 그들은 오리건주립교도소 담장 안에 살았기 때문에 똑같은 삶의 경험을 공유했다. 환경이 비슷하면 불만 사항과 실망스러운 점도 같아지는데, 이는 보통 권위에 저항하는 토대가 된다. 넷째, 연구에 따르면 집단의 구성원들과 계속 접촉하리라는 예측은 집단의 결속을 유지하는 데 중요한 역할을 한다. 집단의 다른 구성원들과 앞으로 접촉할 일이 별로 없다고 예상되면 다수에서 벗어나기 쉽다. 교도소의 내 학생들이 정확히 지적했듯이 그들은 앞으로 오랫동안 함께 지내야 할 운명이었고, 계획을 망친 '개자식'이나 '고자질쟁이'로 불리기를 좋아할 사람은 아무도 없었다. 다섯째, 지도자가 앞에 나서서 공동 전략을 이끌고 조직해야 한다. 잭 피셔가 그런 점에서 중요한 역할을 한 것은 분명했다. 잭은 의심할 여지없이 다른 학생들의 존경을 한몸에 받았다. 그는 똑똑하고 자신감 넘치고 논리 정연했다. 게다가 인생의 절반 이상을 철창에 갇혀 지내며 교도소에서 살아가는 방식을 터득했다. 육체적으로 강인한 남자라는 사실도 결과적으로는 그의 주요 자산이 되었다. 수업이 끝나고 한 학생이 집단에서 이탈하는 것을 생각해봤지만, 그랬다가 콘크리트 계단에서 '사고로' 굴러떨어질지도 모른다는 생각을 하니 두려웠다고 몰래 털어놓았다. 교도소 안에서 폭력과 폭력의 위협은 복종을 확보하고 통제를 유지하는 데 필수적인 수단이다. 이는 재소자나 교도관에게 공통적으로 적용되는 사실이다.

여기서 한 가지 의문이 떠오른다. 경비가 가장 삼엄한 교도소의 관료주의적 권위에 성공적으로 저항하기에 충분할 정도로 재소자들의 혁명적 연합을 결성하는 일은 가능할까? 이론적인 차원에서 대답하면 '그렇다'. 물론 오리건주립교도소라는 맥락에서 그런 반란이 일어날 가능성은 희박하다. 규모가 작은 학생 집단이 교수에게서 일시적으로 권력을 빼앗는 것과 어느 정부 기관 전체의 통제력을 빼앗는 것은 다른 문제다. 설령 재소자 2000명이 모두 단결한다 해도 결국 주 정부의 폭력 위협에 직면할 것이다. 교도관들과 오리건주 방위군은 훈련받은 인력과 치명적인 무기를 동원할 권한이 있다. 반란이 성공하려면 재소자들은 주 정부의 정당성에 이의를 제기할 수 있어야 한다. 달리 말하면 오리건 주민의 지지가 필요하다. 앞서 말했듯이 이는 현재의 역사적 맥락에서는 가능성이 희박한 일이다. 그러나 이런 대규모 반란이 실제로 성공할 수 있다는 역사적 증거는 많다. 가장 유명한 예는 1789년에 일어난 '바스티유 습격'일 것이다. 당시 프랑스의 혁명적인 시위대는 프랑스 귀족 계층에 반항하며 악명 높은 바스티유 감옥에 얼마 남지 않은 재소자들을 풀어줬다. 확실히 이런 혁명적 연합은 더 복잡하고 도발적이다. 우리는 이렇게 복잡한 사회과정을 8장에서 자세히 알아볼 것이다. 지금은 소규모 집단에서 일어나는 갈등의 기본적인 역학을 계속 살펴보겠다.

집단 간 연대와 갈등

무자퍼 셰리프Muzafer Sherif(1906~1988)와 동료들은 소규모 집단의 갈등에 관한 중요한 초창기 연구를 진행했다. 이 연구자들은 어떤 사회적 요인이 집단 간 적대감을 초래하는지 더 잘 이해하고, 집단 간 적대감을 줄이는 방안에 대한 몇 가지 가설도 검토해보고 싶었다. 이들은 가설을 검증하기 위해 이상한 낌새를 채지 못하는 소년 22명이 동원되는 야심찬 사회 환경을 만들어 거의 3주간 운영했다.

연구는 1953년 여름, 오클라호마주 로버스케이브주립공원 한복판에 고립된 보이스카우트 캠프에서 진행했다. 연구에 뽑힌 소년들은 막 5학년을 졸업했고, 나이도 열한 살 정도로 거의 똑같았다. 이들은 오클라호마 시에 있는 서로 다른 초등학교에서 선발됐으며, 육체적으로나 정서적으로 '정상적으로' 성장했다는 사실을 확인하기 위해 깐깐한 심사 과정을 거쳤다. 소년의 부모들은 아들이 오클라호마대학교에서 파견된 전문 연구진의 감독 아래 집단의 상호작용과 팀 구축에 대한 연구에 참여할 것이라는 얘기를 들었다. 캠프 기간 내내 아이들을 방문할 수 없다는 얘기도 들었다.[7]

실험은 세 단계로 진행되며, 단계마다 5~6일이 걸린다. 1단계의 목표는 비교적 강한 응집력과 결속력으로 뭉친 서로 다른 두 집단을 만드는 것이었다. 이를 위해 몇 가지 전략이 동원됐다.

우선 공원으로 떠나는 버스 두 대에 소년들을 나눠 태웠다. 버스는 각기 다른 장소에서 오클라호마 시를 떠났고, 소년들은 자기들이 공원으로 가는 유일한 그룹이라고 알았다. 두 그룹은 다른 그룹이 보이지도, 들리지도 않을 만큼 떨어진 곳에 있는 오두막을 배정받았다. 이후 며칠간 두 그룹은 각각 신뢰를 쌓고 그룹의 정체성을 강화하기 위한 협동적인 행위에 참여했다. 그들은 도보 여행을 하고, 텐트를 치고, 야외에서 음식을 만들어 먹을 계획을 짜고, 비밀 은신처를 만들고, 카누를 타고, 수영을 하고, 보물찾기에 참여했다. 1단계가 끝날 때쯤, 각 그룹에는 명확한 위계질서와 비공식적인 권위 구조가 생겼다. 소년들은 자신이 속한 그룹에 확실한 유대감이 들었다. 그들은 꼬박꼬박 '우리'라는 대명사를 사용했고, 그룹 이름(래틀러스와 이글스)을 짓고 그룹 깃발도 만들었다.

2단계의 목표는 래틀러스와 이글스의 갈등을 유발하는 것이었다. 1단계가 거의 끝날 때쯤 두 그룹의 제한적이고 간접적인 접촉이 허용됐고, 소년들은 마침내 동갑내기 소년들이 머무는 또 다른 오두막이 있다는 사실을 알았다. 이쯤에서 '외집단out group'을 향한 경쟁심과 부정적 태도가 고개를 들었다. 연구진은 두 그룹의 적대감을 강화하기 위해 운동경기(야구, 축구, 줄다리기)를 시키고, 이것저것(보물찾기, 오두막 점검, 촌극) 경쟁을 붙여 심사했다. 연구진은 두 그룹이 뜨거운 경쟁을 펼치도록 은밀하게 심사 결과를 조작했다. 경쟁이 끝나고 점수를 가장 많이 받은 그룹에게는 커다란 단체 트로피, 개인에게 메달과 새 주머니칼을 주겠다고 약속했다. 기념품은 경기가 진행되는 닷새 동안 공용 식탁 공간에 전시했다.

경쟁을 유발하는 전략은 대성공이었다. 2단계에서 두 그룹의 적대감이 극도로 심해지고 대립적 관계가 되는 바람에 몇 번이나 주먹싸움을 말리고, 심각한 부상을 막기 위해 연구진이 개입해야 할 정도였다. 충돌은 운동경기와 경쟁이 벌어지는 기간과 이후에 일어났으며, 처음에는 욕을 하고 놀리다가 나중에는 패싸움으로 번졌다. 경기에서 진 래틀러스가 분풀이하려고 이글스의 깃발을 훔쳐 불태우기도 했다. 이글스의 상징을 모독한 이 사건은 보복을 위한 습격으로 이어졌고, 급기야 통제할 수 없는 상황이 되어 연구진이 개입해야 하는 지경에 이르렀다. 연구진은 그 사건을 다음과 같이 묘사한다.

넷째 날 아침, 먼저 식사를 마친 이글스 팀원이 보복을 위한 습격을 준비했다. 그들은 간밤에 습격 작전을 짰다. 래틀러스 팀원이 식당에 있는 걸 확인한 그들은 막대기와 야구방망이를 들고 작전을 개시했다. 이글스 팀원은 래틀러스의 오두막을 난장판으로 만들었다. 침대를 뒤엎고 사방에 먼지와 물건을 흩어놓은 다음, 자기들 오두막으로 돌아가서 안전한 곳에 자리 잡고 혹시 있을지 모를 래틀러스의 반격에 대비해 무기(돌멩이를 넣은 양말)를 준비했다.[8]

운동경기가 끝나는 날, 마지막 시합에서 근소한 차이로 승리한 이글스 팀원은 우레와 같은 함성을 지르며 기쁨의 눈물을 흘렸고, 펄쩍펄쩍 뛰고 서로 끌어안으며 승리를 자축했다. 이글스 팀원은 운동경기 기간 내내 외운 기도문 덕분에 이겼다고 생각했다. 래틀러스 팀원은 실망한 기색이 역력했고, 이글스와는 같은 식당에서 밥을 먹지 않겠다고 선언했다. 그날 밤늦게 래틀러스는 이글스의 오두막을 마지막으로 습격해서 그들이 우승 기념품으로 받은 메달과 주머니칼을 훔쳤다.

3단계의 목표는 그룹 간 적대감을 줄이는 것이었다. 3단계에서 연구진이 검증하고자 한 가설은 두 가지다. 첫째, 두 그룹의 사회적 접촉이 늘면 실질적으로 갈등이 줄어들 가능성이 있다는 가설이다. 이를 위해 연구진은 두 그룹이 비경쟁적인 환경에서 함께 참여하는 일곱 가지 상황을 마련했다. 일곱 가지 상황은 소풍, 영화 관람, 함께 식사하기, 독립 기념일에 폭죽 터뜨리기 같은 기본적인 사교 모임이다. 연구진은 일곱 차례 만나는 기회 중 래틀러스와 이글스의 적대감을 약화하는 데 기여한 경우가 없다는 사실을 확인하고도 별로 놀라지 않았다. 사교적으로 접촉하는 상황에서 더 많은 욕설과 충돌이 일어났을 뿐이다.

둘째, 두 그룹이 같은 '상위 목표'를 달성하기 위해 협력한다면 집단의 화합이 지속될 수 있다는 가설이다. 이 실험에서 가장 핵심적인 이론적 가설이 이것이다. 연구진은 협력이 필요한 과제를 위해 노력하다 보면 경쟁 때문에 생긴 적대감이 사라질 거라고 예측했다. 그룹끼리 경쟁하는 대신 두 그룹이 함께 노력해야 해결되는 문제를 위해 몇 가지 시나리오를 만들었다. 예를 들어 첫 번째 시나리오는 야영지의 수돗물 공급을 비밀리에 끊는 것이다. 그런 다음 야영을 떠난 두 그룹에게 제대로 작동하지 않는 수도관을 찾도록 했다. '고장 난' 트럭에 밧줄을 걸고 모든 소년이 힘을 합해서 그 밧줄을 끌어야 하는 상황도 만들었고, 두 그룹이 야영 장비를 공동으로 사용할 수밖에 없는 합동 야영도 실시했다. 이런 개입을 통해 얻은 연구 결과는 매우 긍정적이었다. 그룹 구성원의 긍정적인 상호작용이 늘고, 욕설을 비롯한 적대적인 행동이 하나둘 사라졌으며, 식당에서 같이 어울려 앉는 경우도 많아졌다. 소년들은 버스를 타고 집으로 가는 길에 돈을 모아 특별한 디저트를 사 먹기도 했다. 연구진은 집으로 돌아가는 마지막 30분 동안 두 그룹의 모든 소년이 버스 앞쪽에 가까이 붙어 서서 '오클라호마'라는 합동 공연을 펼치는 모습을 봤다. '상위 목표' 도입이 성공했다는 마지막 증거다.

로버스케이브 실험이 실시된 지 60년이 넘었지만, 수년간 다른 상황에서 다른 사람들을 대상으로 비슷한 가설이 검증됐다. 소규모 집단의 힘을 이해하는 데 중요한 역할을 한 이 연구에서 우리는 집단 간 갈등이 개인의 성격이나 공격성보다 집단의 구조나 사회적 맥락과 관계있다는 결론을 얻었다. 강력한 내집단in-group의 결속력은 집단의 힘을 강화한다. 응집력 있는 집단일수록 집단 내에서 권위를 존중하고, 구성원 간의 신뢰가 쌓인다. 이는 조화와 협력을 위한 긍정적인 요소가 될 수 있다. 그러나 다양한 집단이 귀중한 자원을 놓고 경쟁한다면, 그 경쟁에서 한 집단의 성공이 다른 집단의 실패에 의존한다면, 충돌과 공격성이 예상된다. 이는 전쟁이나 다른 집단 폭력을 줄이기 위해서는 집단 간 '구조적 관계'가 변해야 한다는 의미다. 로버스케이브 실험에서 봤듯이, 사람들이 행동하는 사회적 조건에 변화를 주면 평화와 협력은 (원래대로) 분노와 폭력으로 바뀔 수 있다. 이는 셰리프의 연구보다 100년도 전에 마르크스가 깨달은 중요한 사실 가운데 하나다. 마르크스가 중점을 둔 부분은 자본주의 경제 구조로 야기된 사회적 조건이다. 그는 자본주의의 경제적 개인주의가 노동자의 경쟁을 늘리고, 그 결과가 사회적 갈등과 노동자 착취라고 주장했다. 마르크스는 경쟁이 협력으로 바뀔 가능성도 봤다. 착취당하는 노동자들이 공동의 운명을 이해하고 인식할 때, 그들은 힘을 합쳐 더 공정하고 민주적인 경제를 만들 수 있다. 그러기 위해서는 먼저 집단 정체성을 개발해야 한다.

집단 정체성

앞의 사례에서 봤듯이 집단은 우리 삶에서 강력한 요인이다. 집단은 여러 면에서 우리 삶에 관여하고, 그 형태가 다양하며, 규모도 크다. 집단은 다국적기업처럼 규모가 클 수도 있고,

친구들 무리처럼 작을 수도 있다. 우리는 집단이 통치와 착취의 원천인 경우도 봤고, 해방과 정의를 위한 자원인 경우도 봤다. 우리가 아무리 노력한들 집단의 구성원에서 벗어날 수 없다. 인간은 사회적 동물이고, 우리는 육체적·정신적 건강을 위해 집단에 의지한다. 우리가 사회적으로 고립됐을 때도 집단은 우리의 정체성을 떠받치는 토대 역할을 한다. 예를 들어 누군가 당신에게 다가와서 "당신은 누구세요?"라고 묻는 상황을 생각해보라. 이때 "저는 행복합니다" "저는 쉰일곱 살입니다"라는 대답은 일반적으로 받아들여지지 않는다. 사람들은 그보다 "저는 교수입니다" "저는 캐슬린의 남편입니다"처럼 사회적 위치와 자신이 속한 집단을 암시해서 우리가 누구인지 알려주길 기대한다. 가장 흔한 대답은 "저는 피터 칼레로입니다"처럼 자기 이름을 대는 것이다. 그러나 성씨는 자신이 속한 가족의 구성원임을 알리는 표지이고, 다른 집단의 정체성을 대신하는 기호에 불과하다.

근대 이전의 전통적인 사회에서 다수 집단 구성원multiple group membership은 비교적 보기 드문 경우였다. 그때만 해도 대체로 유일하게 통용되는 집단 정체성은 자신의 씨족이나 부족이었다. 일, 종교, 가족, 교육, 여가 생활이 모두 동일한 집단에서 발생했다. 자신의 부족을 아는 것은 곧 자신의 정체성을 아는 것이었다. 하지만 오늘날 사회는 더 크고 복잡하며 더 '분화됐다'. 이 말은 우리 삶이 다수 집단이 있는 여러 장소에서 영위될 가능성이 높다는 의미다. 많은 경우 일은 가정과 분리되고, 종교는 대체로 일과 분리되며, 교육은 일반적으로 가정이나 종교, 일과 완전히 다른 공적인 무대에서 벌어진다. 우리 삶이 다양한 영역으로 분할되는 것은 현대사회의 본질적인 특징인 동시에, 집단 정체성에 대한 몇 가지 중요한 암시를 담는다.

오늘날 탈脫전통적인 사회에 사는 우리 대다수는 서로 잘 통합되지 않을 수 있는 여러 집단이나 집단 정체성에 맞서 싸워야 한다. 이 때문에 인생은 더 복잡해지고, 잠재적인 스트레스도 많아진다. 이론사회학의 창시자 중 한 명인 에밀 뒤르켐(1858~1917)은 갈수록 분화되는 사회의 부정적인 영향에 관심이 많았다. 그는 경쟁적인 사회집단이 많은 현대사회는 공동의 '사회규범'이 부족하기 때문에 전통적인 사회보다 체계적이지 못하다고 생각했다. 예를 들어 직장은 개인의 종교적 신념과 상반되는 가치관을 장려할 수 있고, 당신이 속한 신앙 공동체는 학교에서 배운 것과 상충되는 가치관을 옹호할 수 있으며, 어떤 개인은 자신이 다니는 교회나 유대교 회당, 이슬람교 사원에서 지지하는 정치적 입장이 멀게 느껴질 수도 있다. 뒤르켐은 안정적인 사회 규칙이 없으면 일탈 행위와 자살 같은 파괴적인 형태를 띤 이기주의가 현대사회를 장악할 가능성이 높다고 봤다.

자살이 현대사회의 특징인 단절에 대한 극단적인 응답이라는 사실은 의심할 여지가 없다. 더 흔히 겪는 일은 멀리 갈 것도 없이 전반적으로 증가하는 사회의 혼란이다. 사회에서 경쟁적인 집단의 규범이 다양해지면서 예전 같으면 '전통'에 맡겨진 문제에 선택을 강요받는다. 하지만 집단이 많아지면 경쟁적인 전통도 많아질 수 있고, 현대사회의 집단 중에는 전통이 제대로 정립되지 않은 집단이 많다. 이것이 어떻게 살아야 하는지 확신이 없는 평균적인 개인에게 어려운 과제를 제기할 수도 있다. 전통적인 사회의 일관되고 지배적인 규범은 지나치게 제한적이고 구속성을 띨 수 있지만, 사람들에게 닻과 나침반을 제공하여 그들이 누구이고 어디로 가는지 알려주는 역할을 한다. 반면 현대사회의 자유는 우리에게 '나는 누구인가' '나는 무엇을 해야 하는가'와 같은 질문을 던지면서 안전한 항구를 찾아 망망대해를 표류하는 느낌을 줄 수 있다. 나는 오래전에 좀 더 전통적인 문화가 있는 나라에서 온 학생을 통해 이런 사실을 분명히 깨달았다.

하산 살레[9]는 미국에서 공부하기 위해 1980년대 말에 우리 대학에 입학했다. 그는 영어 실력이 훌륭했고, 서구 문화를 직접 경험한다는 기대에 부풀었다. 하산의 고향인 예멘은 아프리카의 홍해 맞은편, 아라비아반도 남쪽 끝에 있다. 그 지역에 있는 많은 나라와 같이 예멘은 이슬람 국가로 볼 수 있다. 거의 100퍼센트가 이슬람교도로, 국법은 대부분 코란의 권고를 따른다. 코란은 독실한 이슬람교도가 말 그대로 신의 말씀이라고 여기는 고대 이슬람교의 경전이다.

예멘에서는 정치와 종교가 거의 분리되지 않으며, 코란은 교육과 가정생활, 기업, 정부에서 지침으로 쓰인다. 그 결과 술은 거의 금지되고, 결혼 생활에서 여성은 남성에게 종속되며, 이슬람교도가 다른 종교로 개종하는 것은 불법이다. 페르시아만에 있는 대다수 국가와 달리 예멘은 석유 자원이 풍부한 나라가 아니다. 전통적으로 대다수 시민은 농업으로 생계를 꾸리고, 인구 절반이 빈곤층 이하의 삶을 영위한다.

하산은 예멘 문화의 기준에서 자신이 진보적인 사상가라고 생각했지만, 미국에서 맞닥뜨린 사회적 규범과 기대에 적응하느라 애를 먹었다. 하산은 외국에서 공부하거나 집을 떠나 타향에서 대학에 다니는 많은 학생과 마찬가지로 점점 실망이 커졌고, 사회적으로 고립됐으며, 우울증에 시달렸다. 하산이 학교를 그만두고 예멘으로 돌아가기로 했다는 말을 하려고 온 날, 그는 슬프고 낙담한 듯 보였다. 나는 그를 격려하고 싶었다. "자신을 너무 몰아붙일 필요는 없어. 네가 겪는 일은 흔히 있는 일이야. 많은 학생이 향수병에 걸리잖아." 하산은 공손한 미소를 지으면서도 주제넘은 내 충고를 단호하게 나무랐다. "저는 외롭지 않아요. 집에 가고 싶어서 안달이 난 것도 아니고요." 놀란 나는 뭔가 내 말뜻을 잘못 이해한 건가 싶어 그 문제를 물고 늘어졌다. "지나치게 사적인 질문이 아니라면, 미국을 떠나려는 이유가 뭔지 물어봐도 될까?" 하산이 1초도 망설이지 않고 외쳤다. "선택할 게 너무 많아요!" 그 말에 이어 하산이 한 이야기가 단어 하나하나까지 기억나지는 않지만, 사람들이 하산에게 '선택'하기를 기대한 사례를 장황하게 늘어놓은 기억이 난다. 그는 대학 요람에 나온 교과 목록이 너무 길다고 불평했다. 음식이 진열된 슈퍼마켓 통로가 끝없이 길다고 불평했다. 서양 패션은 스타일과 사이즈, 색상, 조합이 끝없다고 불평했다. 그 밖에도 꼬박꼬박 결정을 내려 선택해야 할 일이 너무 많다고 불평했다. 하산에게 더 많은 선택은 더 많은 결정을 의미하고, 더 많은 결정은 더 많은 불안과 불확실성, 예측 불가능성을 의미했다. 그는 예멘에서 그보다 덜 복잡하고 예상 밖의 일이 덜 일어나는 삶을 누렸다.

하산이 옳았다. 현대사회는 과거에 결코 선택의 문제가 아니던 것에 개인의 결정을 요구한다. 어디서 살까? 누구와 살까? 어느 직장에서 일할까? 결혼을 할까? 아이를 가질까? 나는 신을 믿는가? 어떤 종교적 전통에 따를까? 이제는 인생의 거의 모든 측면이 결정해야 할 대상이다. 어떤 이에겐 성별조차 합법적으로 선택할 대상이다. 예멘에서는 선택권을 없애고 예상되는 것을 안정시켜서 전통의 힘으로 많은 결정을 처리했다. 전통적인 사회의 긍정적인 측면은 심리적인 안정감이 지속된다는 점이다. 하산은 예멘에서 공동의 결속력을 갖춘 집단 정체성이 있었지만, 미국에서 그의 전통적인 집단 정체성은 거의 가치가 없었다. 한 사회 환경에서 다른 사회 환경으로 이동한 하산은 고향에서 가져온 '심리적 도로 지도'가 쓸모없다는 사실을 깨달았다. 그는 새로운 선택의 자유와 독특한 기회, 혼란스러운 결정, 끝없이 선택 가능한 것의 미로에서 길을 잃었다. 하산에게 더 많은 선택은 자유라기보다 감금처럼 느껴졌다.

집으로 돌아간 하산이 가족과 친구, 모국어, 문화적 전통이 있는 친숙하고 예상 가능한 인생에서 편안함을 느낀 것은 두말할 필요도 없다. 그러나 현대의 커뮤니케이션 기술이 널리 퍼지고 세계 문화와 접촉할 기회가 늘면서 전통이 언제나 안전하리라고 장담할 수 없다. 하산의 조국에서 사회적 환경이 변하기 시작했다면 무슨 일이 벌어질까? 예멘에서 확실하고 예측 가능한 삶이 외부적 요인의 위협을 받는다면? 사회 전체가 별안간 전통적인 생활 방식을 잃으면서 불안과 불확실을 경험한다면 어떤 일이 벌어질까? 이는 오늘날 우리가 전 세계 많은 사회에서 목격하는 현상이다. 특히 서남아시아에서 이런 현상이 두드러진다. 20년 전에는 하산에게 확실하고 예측 가능해 보이던 지역이 이제는 덜 안정적이고 덜 예측 가능하며, 더 불안하고 긴박한 지역이 됐다.

집단의 연대, 집단 정체성, 집단의 갈등 : 이라크의 경우

예멘에서 그리 멀지 않은 곳, 사우디아라비아의 북쪽 국경과 맞닿은 곳에 이라크가 있다. 2003년에 미국이 주도한 이라크 침공 이후 10만 명이 넘는 민간인이 목숨을 잃었고, 100만 명이 폭발에 따른 부상이나 전투와 관련된 중상을 당한 것으로 추정된다. 2007년 초, 이라크에서는 테러 활동과 군사작전 때문에 민간인이 하루 평균 100명 이상 목숨을 잃었다. 2009년에는 사망률이 줄었으나, 무시무시한 살인 이야기는 이라크 전역에서 흔히 들려왔다. 이라크 뉴스 보도에 따르면, 2009년 2월 한 주 동안 다음과 같은 일이 일어났다. 엄마와 두 아이가 도로변에 있던 폭탄에 목숨을 잃었다. 어느 경찰관의 차 밑에 있던 폭탄 때문에 그의 아내와 아버지가 목숨을 잃었다. 공동묘지에서 시신 40구가 발견됐다. 네 소년이 박격포에 목숨을 잃었다. 한 대학교수가 학교를 나서다가 총에 맞았다. 자살 폭탄 테러범이 식당에서 16명을 죽였다. 군인들이 기습 작전 중에 여덟 살 소녀를 죽였다. 그리고 내가 이 글을 쓰는 2017년 1월, 지난주에 86명이 사망했으며, 그중 33명은 이름이 밝혀지지 않은 채 공동묘지에 묻혔다는 보도가 나오고 있다.

일정 기간 동안 지속적으로 일어난 이와 같은 규모의 폭력은 어마어마할 정도로 파괴적이다. 이런 폭력은 정상적인 생활을 망치고, 안정적인 소통을 방해하며, 집단 정체성에 지대한 영향을 미친다. 가족이나 친구가 잔인하게 살해당한다면 당신이 어떤 반응을 보일지 상상해보라. 당신이 직장을 잃고 앞으로도 취업할 가망성이 전혀 없다면? 일, 음식, 물, 전력이 부족하다면? 외국군 요원이 무장한 차량을 타고 당신이 사는 동네를 순찰한다면? 사회학자들은 이런 환경에서 집단의 결속이 강화된다는 사실을 알았다. 집단은 신뢰할 수 있는 사람들 사이에서 안도감을 찾으려 하기 때문이다. 이런 사회적 상황은 언어와 종교, 관습이 다른 외부인과 타인을 향한 적대감과도 관련이 있다.

실제로 우리는 오늘날 이라크에서 이런 현상을 본다. 이라크가 항상 이렇게 폭력적이고 위험한 나라는 아니었다. 이라크 반군과 이라크를 점령한 외국군 사이에 벌어지는 전쟁 외에, 종족 집단과 종교 집단의 내전도 벌어진다. 이라크에서 일어나는 각 집단의 충돌을 이해하려면 이 지역의 집단 정체성을 떠받치는 주요 원천부터 제대로 이해해야 한다. 폭력을 종교나 문화와 관련된 개인의 신념 탓으로 돌리고 싶은 유혹을 느낄 수 있지만, 그 유혹에 넘어간다면 실수하는 것이다. 조직적으로 죽음과 파괴를 야기하는 사회적 요인은 그보다 훨씬 복합적이다.

이라크에서 집단 정체성을 위한 토대 역할을 하는 주요 집단은 쿠르드족, 수니파, 시아파다. 이라크 북부 산악 지역에 거주하는 쿠르드족은 이라크 인구의 약 20퍼센트를 차지한다. 쿠르드족은 특유의 언어와 정치사, 전통이 있기 때문에 다른 민족으로 여겨진다. 대다수 쿠르드족은 이라크와 강한 동질감을 표하지 않으며, 1차 세계대전 이후 줄곧 쿠르드 국가 수립을 지지한다.

이라크 국민은 거의 100퍼센트가 이슬람교도지만, 서로 다른 종교적 전통이 아랍어를 사용하는 이라크인을 두 종파로 가른다. 두 종파 가운데 규모가 큰 시아파 아랍인은 전체 인구의 약 60퍼센트를 차지한다. 상대적으로 소수집단인 수니파 아랍인은 이슬람교도의 40퍼센트 미만을 차지한다. 두 종파가 나뉜 기원은 예언자 마호메트Mahomet가 죽은 632년까지 거슬러 올라갈 수 있지만, 현재 시아파 아랍인과 수니파 아랍인의 충돌은 종교적 신념이 달라서라기보다 권력이나 정치와 관련이 많다.

2차 세계대전 이후 이라크의 정치사는 일련의 무장 세력, 이웃 국가와 치른 전쟁, 사담 후세인Saddam Hussein이 이끈 억압적인 정권으로 점철됐다. 이런 폭력적인 사건은 이라크에서 집단의 충돌을 야기하고 지속하는 역할을 했다. 오늘날 쿠르드족 이슬람교도는 아랍계 이슬람교도와 충돌하고, 시아파 아랍인은 수니파 아랍인과 충돌한다. 이들의 충돌은 미국이 주도한 이라크 침공을 계기로 더욱 악화됐다.

이라크에서 집단 정체성과 충돌에 관해 최근에 발표된 연구 결과에 따르면, 내집단의 결속은 점점 공고해지는 반면 외집단을 향한 적대감은 역대 최고 수준이다.[10] 이런 결과는 2004년과 2006년에 전국적으로 이라크인을 대표하는 표본을 인터뷰한 내용에 근거한다. 다른 국가에서 실시한 비슷한 조사와 비교하면 놀라운 결과다. 이라크 국민 거의 90퍼센트가 '외국인'에게 부정적인 목소리를 내면서 그들을 이웃으로 받아들이기 싫다고 응답했다. 예상대로 가장 많은 의견이 일치한 대목은 미국과 유럽에서 온 '서양인'을 거부한다는 점이다. 이라크인이 자기 지역에 있는 다른 나라에 보인 태도 역시 대단히 가혹했다. 예를 들어 이라크인 44퍼센트가 요르단인을 거부했다. 비교하기 위해 덧붙이면, '외국인이나 이민자'를 이웃으로 삼고 싶어 하지 않은 미국인은 9퍼센트에 불과했다.

위에서 지적했듯이, 위협이나 불안을 느끼는 사람은 종종 안정과 위안을 찾아 내집단으로 도피할 것이다. 그 결과 내집단의 결속은 강화되지만, 이방인을 두려워하는 마음이 커지고 외부인을 향한 편협하고 부정적인 생각이 더 과격해지는 결과를 낳는다. 불관용 대상은 그 폭이 넓고, '외국인이나 이민자'뿐만 아니라 현지의 집단도 포함될 수 있다. 이라크에서는 최근 몇 년간 여성, 동성애자, 무신론자에게 부정적인 태도가 급격히 증가하는 추세다. 내집단이 외부인에 맞서 결속을 강화함에 따라 집단의 규범에 순응하는 사람이 늘어난다. 충성과 복종이 중요한 가치관이 된 반면, 자립은 권장하지 않는다. 집단은 전반적으로 더 전통적이고 보수적으로 바뀐다. 이는 연구자들이 이라크 국민을 조사하면서 발견한 사실이다. 공동의 가치관에 관한 목록에 순위를 매겨달라고 했을 때, 이라크의 아랍인은 다른 나라 국민보다 '복종'에 높은 순위를 매겼다. 이라크인은 '자립'에 낮은 점수를 준 국민 중 하나이며, '종교적 신념'에는 다른 어떤 나라보다 높은 순위를 매겼다. 이와 대조적으로 이라크에서 훨씬 더 평화롭고 상대적으로 고립된 지역에 거주하는 쿠르드족은 다른 나라와 비교하면 여전히 높지만, 그래도 이 모든 지표에 평균적으로 훨씬 덜 극단적인 답을 내놓았다.

시아파 아랍인과 수니파 아랍인의 갈등은 역사가 길다. 하지만 현재의 엄청난 폭력 수위는 미국의 침공으로 촉발됐고, 미국의 점령에 더욱 자극받아 지속된다. 군사적 침공으로 야기된 혼란은 경제와 정치의 앞날을 예측하기 어렵게 만들고, 두 종교 집단을 극단적인 분열로 몰고 갔다. 이라크의 다른 종족 집단을

'강하게 신뢰한다'고 말하는 이라크인은 33퍼센트에 불과한 반면, 자신이 속한 종족 집단을 강하게 신뢰한다고 말하는 이라크인은 86퍼센트에 달한다. 우리는 자신이 속한 집단을 선호하는 모습을 예상하는데, 증거에 따르면 이라크에서는 적대감과 폭력의 수위가 올라가면서 집단 간 차이도 커진다. 외국 군대가 머무는 한, 이런 사회과정이 계속되리라는 점은 의심할 여지가 없다.

역사적 증거와 소규모 집단을 대상으로 한 실험을 보면, 집단 간 충돌은 줄일 수 있다. 집단 간 차이는 불가피하지만, 차이가 충돌로 이어진다고 추정해선 안 된다. 폭력적인 집단 충돌을 병적인 개인이나 인간의 본성이라는 측면으로 이해해선 안 된다. 폭력적인 집단 충돌은 여러 집단과 다양한 수준에서 작용하는 복합적인 요인을 인식하는 사회학적 분석이 필요하다. 우리는 겹치고 섞이고 저마다 중요한 여러 집단의 구성원이며, 이런 집단이 한데 모여 우리의 정체성을 형성한다. 다음 장에서는 판이한 두 집단인 우리 가족과 사회계층이 왜 각별히 중요한지 알아볼 것이다.

집 안 이
중 요 하 다
사 회 계 층 의 힘

심슨네 집의 전형적인 저녁. 엄마 마지가 매기를 돌보는 동안
바트와 여동생 리사는 돈에 관해 열띤 토론을 벌인다.
가장 호머는 토론은 안중에 없는 듯 텔레비전 앞에
부동자세로 앉았다. 불현듯 뭔가 떠오른 그는
늘어진 몸을 발딱 일으키더니 아버지다운 지혜를 들려준다.
"얘들아, 내 말 좀 들어봐! 돈을 많이 벌려면 돈을 벌기 위해
일을 해야 하는 거야. 이제 입 좀 다물어라.
복권 당첨 번호 발표할 시간이구나."

호머 심슨은 미국 역사상 가장 인기 있는 만화영화 캐릭터일 것이다. 사랑스러운 심슨 가족의 가장인 그는 가족에게 헌신적이고, 원자력발전소 안전 감독관이라는 직업에도 헌신적이며, 자기 나라를 자랑스러워한다. 호머는 많은 미국 남성처럼 여가를 대부분 집에서 보내고, 가족이 안전하길 바라며, 가끔 예배에 참석하고, 때때로 조금씩 이기적이 되기도 한다. 무엇보다 호머는 미국 개인주의의 딜레마를 상징한다. 한마디로 그는 개인의 노력이 문화적 가치로 장려되지만, 열심히 일한 만큼 보상받지 못할 때도 있는 사회에 산다.

심슨 가족은 미국 중산층 가정을 희화화해 보여준다. 호머의 과장된 관점이 재미있는 것은 그가 하는 말에 담긴 슬픈 진실을 우리가 알아챌 수 있기 때문이다. 이런 점에서 심슨 가족은 미국에서 삶이 주는 약속과 현실을 모두 풍자한다. 호머는 어찌 보면 게으르고 알코올의존자에 가깝고 무능력한 사람이지만, 그의 딸 리사는 총명하고 아들 바트는 누가 봐도 불량소년이지만 싹수가 보인다. 시청자는 심슨네 아이들에게 어떤 미래가 기다릴지 궁금할 뿐이다.

심슨네 아이들이 개인의 노력이 기회와 성공으로 이어지는 미국 경제를 경험한다면, 바트와 리사는 '세대 간 이동성(경제 사다리의 위쪽으로 이동)'을 깨달을 수 있어야 하고, 더 많은 재산과 안정적인 일자리와 사회적 영향력이 있는 삶을 누릴 수 있어야 한다(아기 매기의 잠재력도 미래가 있어 보인다). 그들이 등장하는 만화 속의 사회가 가족의 배경에 따라 미래의 성공 가능성이 결정되는 미국 사회를 반영한다면, 부모보다 잘살기 위한 바트와 리사와 매기의 몸부림은 수포로 돌아갈 것이고, 중산층 삶에 대한 희망은 이룰 수 없는 꿈으로 남을 것이다.

집안 배경과 자녀의 경제적 미래에 어떤 관계가 있는가는 사회학에서 핵심적인 질문이다. 집안은 얼마나 중요한가? 개인의 노력은 어떤 역할을 할까? 열심히 일하면 불리한 집안 배경을 극복할 수 있을까? 가족의 배경은 부유한 집안 아이들에게 불공평하고 비민주적인 혜택을 줄까? 대다수 미국인은 미래의 성공에 관한 한 '집안이 중요하다'는 사실을 인정하지만, 개인의 노력과 열심히 일하는 것이 '인생의 성공'에서 가장 중요한 요소라고 생각하는 미국인이 더 많다. 예를 들어 최근 미국의 성인을 대상으로 조사한 결과를 비교해보라(표 4-1).

부유한 집안 출신이라는 점이 성공에서 '가장 중요한' 요소라고 꼽은 미국인은 11퍼센트에 불과하다. 더 많은 미국인은 열심히 일하는 것이 성공의 열쇠라고 믿는다. 좀 더 최근에 실시한 조사에 따르면, 미국인 63퍼센트가 '출세하지 못하는 흑인은 대

표 4-1

부유한 집안 출신이라는 점이 성공에서 얼마나 중요하다고 생각하십니까?

가장 중요하다	11%
매우 중요하다	33%
어느 정도 중요하다	40%
그다지 중요하지 않다	10%
전혀 중요하지 않다	6%
모르겠다/무응답	1%

열심히 일하는 것이 성공에서 얼마나 중요하다고 생각하십니까?

가장 중요하다	46%
매우 중요하다	41%
어느 정도 중요하다	11%
그다지 중요하지 않다	2%
전혀 중요하지 않다	–

출처 : 2005년 〈뉴욕타임스〉 여론조사. 〈뉴욕타임스〉 기자들이 쓴 《당신의 계급 사다리는 안전합니까?Class Matters》에서 인용. 어림수 계산 방식을 적용해서 합계가 100퍼센트가 넘을 수도 있다.

부분 그 원인이 자신의 환경에 있다'는 주장에 동의한다.[1] 개인의 노력과 관련한 이런 낙관주의(와 인종적 편견)는 우리를 다른 자본주의국가의 시민과 다른 사람으로 만든다. 예를 들어 표 4-2에서 열심히 일하면 반드시 성공한다는 주장에 동의하는지 물어본 최근의 조사 결과를 비교해보라.

이는 결코 놀라운 결과가 아니다. 우리가 1장에서 본 것처럼 경제적 개인주의 신화는 미국 문화에서 중심을 차지하는 주제다. 미국인은 가난한 사람과 혜택 받지 못하는 사람에게 언젠가는 미국에서 '성공할' 능력이 있다는 것을 과신한다. 실제로 미국에서

표 4-2

어떤 주장이 당신의 생각에 가깝습니까? 열심히 일하면 대다수 사람은 성공할 수 있다. 아니다, 열심히 일해도 대다수 사람은 성공이 보장되지 않는다.

	열심히 일하면 성공할 수 있다 (%)	성공이 보장되지 않는다 (%)	둘 다 아니다, 둘 다 맞다, 모름/무응답 (%)
미국	77	20	3
영국	57	41	2
스페인	56	43	1
독일	51	48	1
프랑스	46	54	0
이탈리아	43	46	11
그리스	43	51	6

출처 : Pew Research Center for the People and the Press, 2012년 7월.

표 4-3

이 나라에서 가난하게 시작하여 열심히 일해서 부자가 되는 게 가능하다고 생각하십니까?

	가능하다 (%)	불가능하다 (%)	모름/무응답 (%)
1983년	57	38	5
1996년	70	27	3
2011년	75	24	1

출처 : 《당신의 계급 사다리는 안전합니까?》, 2011년 CBS와 〈뉴욕타임스〉 여론조사.

는 '신분 상승'을 믿는 사람들이 늘어나는 것으로 보인다. 28년에 걸쳐 실시된 표 4-3의 조사 결과를 보라.

이 조사 결과에는 사회학적 관점으로 볼 때 커다란 모순이 있다. 오늘날 더 많은 사람이 빈곤층에서 부유층으로 이동할 수 있다고 생각하는데, 증거에 따르면 실상 그런 도약이 점점 더 어려워진다. 우리는 지난 30년간 계층구조가 굳어지는 것을 봐왔다. 낮은 계층에서 높은 사회계층으로 배를 옮겨주던 강이 얼어붙고 있다. 맨 꼭대기와 밑바닥은 특히 그렇다. 미국의 극빈층 자녀는 빈곤층에 머물 가능성이 더 높고, 미국의 최고 부유층 자녀는 부유층에 머물 가능성이 훨씬 더 높다. 부와 소득과 교육의 상속은 이전 세대보다 오늘날 흔히 볼 수 있고, 극빈층과 최고 부유층의 격차는 점점 더 벌어진다. 달리 말해 '성공'할 수 있기 전에 이동할 거리가 늘었다는 뜻이다. 게다가 일반적인 인식과 반대로 미국에서는 '위로 올라갈' 가능성이 다른 산업국가보다 높지 않다. 실제로 사회계층의 이동 비율은 캐나다, 스웨덴, 핀란드, 노르웨이 같은 나라가 미국보다 높다.

〈심슨 가족The Simpsons〉은 1987년에 처음으로 텔레비전에서 방영됐고, 지난 30년 동안 바트와 리사, 매기는 만화에 설정된 원래 나이가 그대로 유지됐다. 그들이 전형적인 미국 가족과 같은 방식으로 성장해서 어른이 될 수 있었다면, 우리는 어른이 된 심슨네 자녀들이 호머와 마지의 사회계층이나 그보다 아래 계층에서 사는 모습을 보고 있을 것이다. 현실 세계에서 사회계층의 위치는 단순히 노력의 문제가 아니고, 지능이나 도덕적 가치관의 문제도 아니다. 집안은 경제적 번영으로 가는 길을 가로막는 장벽이 될 수도, 그 길을 쉽게 만들어주는 자원이 될 수도 있다. 왜 그리고 어떻게 '집안이 중요한지' 이해하려면 사회계층의 힘을 이해해야 한다. 자본주의 경제에서 사회계층은 기본적으로 우리가 생산과정에서 차지하는 위치와 관계있음을 기억하라. 당신은 임금을 받기 위해 물건을 생산하고, 당신의 노동력을 파는가? 아니면 당신은 큰 회사를 경영하는가? 물론 이는 지나친 단순화이고, 우리 대다수는 자신의 계층 위치가 더 복합적이라는 사실을 안다. 사회계층은 직장 밖에서 우리가 살아가는 방식에도 반영된다. 우리는 사례를 들어 설명하기 위해 사회계층이 다른 두 소년의 삶을 자세히 보려고 한다.

알렉산더 윌리엄스

알렉산더 윌리엄스는 운동을 즐기고, 자동차에 관심이 많으며, 엑스맨 중에서 누가 더 강한지 논쟁을 벌이기 좋아하는 전형적인 열 살 소년이다. 그는 잘생긴 흑인으로, 호감이 가는 미소와 자신감 있는 태도가 돋보인다. 4학년 동급생보다 키가 크고 말랐으며, 한 교사에 따르면 "모두와 잘 어울린다".

알렉산더는 중산층이 사는 도시 근교의 방 여섯 개짜리 집에서 엄마 아빠와 함께 살며, 백인 학생이 대부분인 사립학교에 다닌다. 알렉산더의 부모는 사립 문과대학을 졸업한 뒤 엄마는 대기업 관리직으로, 아빠는 작은 회사에서 변호사로 일한다. 부부의 연봉은 20만 달러가 훨씬 넘는다. 알렉산더 가족은 경제적인 면에서 분명히 특권을 누린다.

알렉산더는 같은 사회계층 아이들과 비슷한 한 주를 보낸다. 주말과 오후는 어른들이 계획하고 이끄는 조직적인 단체 활동으로 가득하다. 여기에는 피아노 레슨, 기타 레슨, 합창 연습, 교회학교가 포함된다. 알렉산더는 축구와 테니스, 야구, 농구처럼 회비와 장비가 필요하고 장거리 여행을 해야 하는 운동경기에도 참여한다. 알렉산더는 외동인데도 가족의 달력을 꼼꼼히 확인해야 할 정도로 정신없이 산다. 행사를 빼먹으면 안 되고, 겹치는 일정은 조정해야 하기 때문이다. 부모는 잦은 출장과 야근으로 바쁘고, 밤 9시까지 온 가족이 집에 모이지 못하는 날도 있다. 알렉산더는 저녁을 먹고 자유 시간이 생기면 숙제를 끝내야 한다. 텔레비전 시청 시간은 엄마가 엄격히 통제한다. 알렉산더에게는 바삐 사는 게 정상이다. 그는 종종 피곤해하지만, 중간에 한가한 시간이 생기면 "심심하다"고 불평하기도 한다. 알렉산더가 사는 동네에는 함께 놀 친구가 거의 없고, 친척은 아예 없다. 할머니와 할아버지, 사촌은 다른 주에 산다.

윌리엄스 부부는 음악 레슨과 방과 후 활동, 운동 팀에서 활동하는 것이 알렉산더의 재능을 개발하는 데 중요한 역할을 한다고 믿는다. 같은 이유로 그들은 매일 나누는 대화가 알렉산더의 논리력을 키우고 어휘력을 늘리는 기회라고 생각한다. 한번은 알렉산더가 숙제를 하다가 참고서에 있는 글을 베껴야겠다고 농담했다. 그러자 엄마는 그런 행동은 '표절'이라고 지적했고, 아빠는 '저작권 보호법' 위반으로 소송 당할 가능성을 이야기했다.

때때로 알렉산더는 자기중심적이고, 따지기 좋아하며, 어른에게 무례하다. 부모의 지시를 무시하거나 자기 입장을 관철하려고 떼쓰기도 한다. 알렉산더가 그런 행동을 하면 부모는 웃음을 터뜨리거나 훈계한다. 윌리엄스 부부는 알렉산더를 훈육할 때 회초리를 들지 않으며, 물리적 폭력을 사용하겠다고 으름장을 놓지도 않는다.

티렉 테일러

티렉 테일러도 흑인이다. 아홉 살이고 4학년에 재학 중이다. 키는 나이에 비해 작지만, 친구와 어울릴 때는 매우 적극적이고 자신감이 넘친다. 티렉은 알렉산더 윌리엄스와 달리 비교적 가난한 노동자계급 가정의 자식이다. 테일러 가족은 주민이 대부분 흑인인 도시 근교의 방 네 개짜리 임대주택에 산다. 동네에는 작은 가게가 수두룩하고, 버스 정류장이 코앞에 있다. 티렉은 엄마와 열세 살인 누나 에이샤, 열여덟 살인 이복형 맬컴과 함께 산다. 엄마와 아빠는 별거 중이며, 아빠가 사는 집은 15분 정도 떨어진 곳에 있다. 아빠는 비록 따로 살지만, 가족과 긴밀한 관계를 유지하면서 일주일에 한 번은 집에 오고, 아이들과 매일 통화한다. 고등학교를 졸업하고 상근 비서로 일하는 엄마는 연봉이

2만 달러에 불과하지만, 건강보험 혜택을 받는다. 아빠는 고등학교를 끝까지 마치지 못했고, 현재는 직업도 없다. 테일러 가족의 낡은 차는 자주 고장이 나서 탈 때마다 불안하다.

티렉은 모든 인종 아이들이 있는 집 근처 공립 초등학교에 다닌다. 성적은 중간 정도로, B와 C가 대부분이다. 알렉산더 윌리엄스와 비교하면 티렉의 인생은 훨씬 덜 조직적이고, 공식적인 활동의 통제를 덜 받는다. 방과 후나 주말에는 동네 아이들과 밖에서 놀거나, 가족과 텔레비전을 보며 시간을 보낸다. 티렉은 노동자계급 아이들이 대부분 그렇듯이 할아버지와 할머니를 비롯해서 고모, 이모, 사촌 등 가까운 곳에 사는 친척과 정기적으로 만난다. 토요일 아침에 증조할머니 댁에 들러 집안일을 돕는 것이 티렉에겐 낯선 일이 아니고, 토요일 밤에는 코앞에 사는 사촌과 함께 시간을 보낼 때가 많다. 운동을 좋아하는 티렉은 축구라면 자다가도 벌떡 일어난다. 그는 대부분 길거리나 운동장에서 남자아이 5~10명과 함께 운동경기를 한다. 티렉은 한 시즌 동안 조직적인 축구팀에서 뛰기도 했지만, 엄마가 너무 많은 시간과 에너지가 들어간다고 판단해 계속 권하지 않았다. 티렉은 조직적인 축구 훈련과 동네 친구들과 노는 것 중 하나를 선택하기가 힘들었다.

티렉은 어른은 무조건 존경받을 자격이 있다고 배웠다. 여성을 부를 때는 이름 앞에 '미스Miss'를 붙여서 존중을 표한다. 엄마는 용납할 수 있는 행동과 그렇지 않은 행동의 경계를 확실히 정했다. 예를 들어 욕설을 해선 안 되고, 학교에서 돌아오면 숙제부터 하고 놀아야 하며, 저녁에는 정해진 시간까지 집에 돌아와야 한다. 티렉은 외출할 때면 집에서 얼마나 멀리 떨어진 곳까지 가도 되는지 허락을 받아야 한다. 허락된 경계 안에서는 누구의 감시도 받지 않고 비교적 자유롭게 행동할 수 있다. 엄마는 티렉이 가정의 규칙을 어겼을 때는 보통 외출 금지령을 내리고, 정기적으로 회초리를 드는 것이 예의 바른 행동을 유지하는 데 도움이 된다고 믿는다.

알렉산더 윌리엄스와 비교하면 티렉은 어른과 대화하는 시간이 훨씬 적다. 티렉이 어른과 대화할 때는 설명을 듣거나 토론하는 것이 아니라, 명령과 지시를 받는 경우가 대부분이다. 티렉은 피곤함을 덜 느끼고, 심심하다고 투덜거리지 않으며, 어른과 언쟁을 벌이는 일이 거의 없다. 하지만 친구와는 열띤 언쟁을 벌인다. 주로 경기의 규칙이나 새로운 벌칙을 놓고 언쟁이 벌어진다.

계층과 가정생활의 관계

알렉산더와 티렉의 이야기는 사회학자 아네트 라루Annette Lareau가 시행한 가정생활에 대한 권위 있는 연구에서 발췌한 내용이다. 라루 교수의 작업은 사회계층이 우리가 일상적으로 하는 경험을 어떻게 형성하고, 사회의 가치 있는 자원에 접근하는 것을 어떻게 통제하는지 탐구하는 더 큰 연구의 일부다.[2] 이 학문의 전통은 묻는다. 왜 중상류층의 자녀는 어른이 되어 중상류층이 될 가능성이 높은가? 왜 빈곤층과 노동자 계층의 자녀는 어른이 되어 빈곤층이나 노동자 계층이 될 가능성이 높은가? 아이들이 양육되는 방식에 계층 간 차이가 있는가? 양육 방식의 차이는 미래의 계층 위치에 영향을 미치는가?

이런 질문은 어른이 됐을 때의 경제적 지위를 단순히 고된 노동과 인내와 개인의 진취성이 만든 결과로 상정하지 않음에 주목하자. 위에서 언급했듯이 사회학적 증거는 어떤 사람이 속한 가정의 계층 위치야말로 그가 어른이 됐을 때의 계층 위치를 예측할 수 있는 가장 정확한 지표임을 확실히 보여준다. 개인의 자질이 그의 경제적 미래를 결정하는 데 가장 중요한 요소라고 한다면, 우리는 빈곤층과 노동자 계층 사람이 덜 똑똑하고 덜 숙련됐거나, 단순히 상류층에 속한 사람만큼 열심히 일하지 않았다고 결론을 내려야 할 것이다. 대다수 미국인은 그와 같이 무딘 방식으로 짜 맞춘 입장을 거부하겠지만, 증거가 아무리 반대를 가리켜도 계층 신화에 헌신하는 사람이 여전히 많다. 상류층에 속한 많은 사람은 자신이 개인적인 역량과 자질이 남보다 뛰어나기 때문에 성공했다고 생각한다. 예를 들어 도널드 트럼프는 책과 TV 프로그램에서 자기가 어떻게 성공했고, 어떻게 권력을 쥐었는지 충고 삼아 수시로 늘어놓고, 2016년 대통령 선거운동 기간에는 자신의 자수성가 스토리를 써먹었다. 그러나 아버지에게서 막대한 재산을 물려받은 사실은 거의 거론하지 않는다. 속담에도 있듯이 "그는 3루에서 태어났음에도 자기가 3루타를 친 것처럼 행동한다". 사회의 계층 위치가 온전히 집안에 따라 결정된다는 말은 아니다. 많은 개인이 이런 사회적 패턴의 예외를 보여준다. 그러나 한 가지 예외, 아니 더 많은 예외가 발견된다 해도 사회적 사실을 무시하고 넘어갈 만큼 충분하지는 않다.

예를 들어 흡연과 폐암의 관계를 생각해보자. 모든 흡연자가 암에 걸리는 것은 아니라는 말은 사실이다. 내 할머니는 50년 동안 담배를 피우다가 끊었고, 올해 99세인데 암에 걸리지 않았다. 그렇다고 해서 개인적인 예외를 근거로 흡연이 암을 유발하지 않는다고 결론을 내리는 건 어리석은 일이다. 많은 흡연자를 표본으로 놓고 역사적 증거를 살펴보면, 실제로 흡연자가 비흡연자보다 질병에 걸릴 확률이 거의 20배나 높다. 똑같은 확률의 논리가 계층의 대물림에도 유효하다. 가난한 가정에서 태어난 사람이라고 전부 가난하게 살 운명은 아니며, 상류층의 자녀들이 어른이 되어 노동자 계층의 삶을 영위하는 사례도 있다. 하지만 자녀들이 결국 부모와 똑같은 계층 위치에 도달하리라는 것이 가장 유력한 결론이다.[3]

왜 그럴까? 가정생활의 어떤 면이 미래의 계층 위치에 영향을 미칠까? 예컨대 알렉산더 윌리엄스는 왜 어른이 됐을 때 티렉 테일러보다 부유하고 많은 특권을 누리며 살 가능성이 훨씬 높을까? 이 질문에 답하려면 개인주의 신화를 버리고, 가족과 사회계층이 더 큰 사회 시스템의 일부라는 사실부터 인정해야 한다. 티렉과 알렉산더는 같은 나라에 살고 같은 언어를 쓰며 똑같이 건강하고 호기심 많고 활기 넘치는 아이들이지만, 그들은 서로 다른 사회적 세계에 산다. 그들은 확연히 구분되는 두 사회계층 출신이다. 계층이란 단순히 어떤 사람이 은행 계좌에 얼마나 많은 돈이 있느냐 하는 것 이상을 의미한다. 사회학자 스탠리 아로노위츠Stanley Aronowitz는 이 점을 잘 요약한다.

우리는 일상생활의 모든 틈에서 계층 간 차이의 조짐을 발견하고, 사회관계에서 계층이 결정적인 역할을 한다는 걸 뼈저리게 인식한다. 전문직 종사자와 관리자는 서비스직 종사자나 공장 직공과 자주 어울리지 않고, 어느 분야든 정신노동자는 육체노동자와 함께 어울리는 경우가 드물다. 앞서 말한 사람 중에서 누구도 직업이 있든 없든 가난한 사람과는 어울리지 않는다. 요컨대 중간이 없다. 경제적 배경이 확연히 다른 사람들이 섞이는 경우는 거의 없다. 그들은 서로 다른 동네에 산다. 사회경제적으로 다른 집단은 다른 교회에 다니고, 갈수록 더 자기 아이를 다른 학교에 보내며, 다른 여가 활동을 즐긴다.[4]

거듭 말하건대 가정의 구조와 생활 방식의 차이가 사회계층을 규정하지 않는다는 사실을 강조하는 것이 중요하다. 사회계층은 권력의 차이에 따라 규정되며, 그 권력의 출발점은 경제다. 양육의 차이는 사회계층과 관계있지만, 양육의 차이가 사회계층을 만들어내는 것은 아니다.

어떤 사람은 사회계층을 아주 긴 사다리의 단으로 생각하길 좋아한다. 개인은 독자적으로 사다리를 한 단 한 단 밟아 꼭대기까지 올라간다. 이 사다리 비유에 따르면, 사람은 개인의 노력과 실력 때문에 인생의 다양한 무대에서 다양한 단(다양한 계층)에 오른다. 그 결과 용케 상류층(높은 단)에 한 자리를 '차지한' 사람은 어떤 점에서 훌륭하고 우수한 사람으로 간주된다. 그러나 이 비유는 정확하지 않다. 한 사회계층은 다른 사회계층과 사회적으로 분리된 집단이며, 구성원은 대개 같은 사회적 역사와 예측 가능한 미래를 공유한다. 따라서 두 엘리베이터를 떠올리는 것이 좀 더 정확한 비유일 것이다. 첫 번째 엘리베이터는 기계적으로 문제를 일으킨 전력이 있다. 예상하지 못한 방식으로 작동할 때가 많고, 1층이나 2층에 멈춰 설 때도 적지 않다. 이 엘리베이터는 빈곤층과 노동자 계층 가정을 위한 전용 엘리베이터다. 두 번째 엘리베이터는 정기적으로 점검을 받고, 빌딩 꼭대기까지 부드럽게 움직이며, 기계적 결함 때문에 속을 썩인 적이 거의 없다. 이 엘리베이터는 상류층 가정을 위한 전용 엘리베이터다. 티렉과 알렉산더는 똑같은 사다리에서 경쟁하는 것이 아니다. 그들은 각자 자기 가족과 엘리베이터에 탄 것이다. 진정한 경쟁은 개인이 아니라 계층 간에 벌어진다.

계층 간 경쟁

우리는 사회계층이 서로 완전히 독립적이라고 가정해선 안 된다. 이것이 엘리베이터 비유의 한계다. 현실 세계에서 사회 계층은 내재된 경쟁을 통해 연결된다. 즉 상류층 가정의 경제적 '성공'은 계층 제도의 더 아래쪽에 있는 가정의 희생을 딛고 이뤄졌다. 예를 들어 남북전쟁 이전 미국 남부의 노예경제를 생각해 보라. 노예를 부리는 지배 계층은 설탕과 목화, 담배와 쌀을 경작하는 대규모 농장에서 어마어마한 이윤을 얻었다. 이 이윤은 감금된 상태에서 야만적으로 노동력을 착취당한 가정의 희생이 있었기에 가능했다. 노예를 부리는 계층의 '성공'은 노예 가정의 희생을 딛고 이뤄졌다. 오늘날 미국의 경제는 노예에 기반을 두지 않지만, 농업은 많은 부분이 여전히 농장 노동자를 착취해서 이익을 얻는다. 요컨대 대다수 주에서 농장 노동자는 학대 받는 노동자를 보호하기 위해 제정된 법(이를테면 아동노동이나 시급, 노조에 가입할 권리를 규정한 법)을 적용받지 못한다.

계층 간 경쟁은 농업에 국한되지 않는다. '성공한' 사업주라면 누구나 종업원의 임금과 혜택을 제한해서 이윤을 증대할 수 있다는 걸 안다. 월마트는 미국에서 가장 큰 고용주이고, 회사의 소유자인 월턴 가문 사람들은 세계에서 가장 부유한 개인에 속한다. 하지만 이 회사의 '성공'은 '동료'들의 희생 덕분이다. '동료'들은 시간당 평균 9달러 39센트를 벌었는데, 이는 풀타임으로 일했을 때 연봉이 2만 달러가 안 되고, 2016년 미국 3인 가구의 빈곤선에도 못 미치는 액수다. 월마트 같은 기업이 노조 결성에 반대하고, 최저임금 인상을 막으려고 로비하는 건 놀랄 일도 아니다.

한 사회계층이 다른 사회계층을 착취해서 이득을 취할 때, 착취당하는 계층이 들고일어나 더 많은 평등과 정의를 요구할 가능성은 항상 있다. 지배 계층이 확고한 권력을 잡으면, 많은 사람은 불평등과 착취가 정상적이고 당연하며 불가피하다고 여길 것이다. 그러나 억압받는 계층이 변화를 요구하면 지배 계층은 지배자의 입장을 옹호하는 법을 배워야 하고, 착취 시스템을 정당화하기 위한 논리와 근거를 개발해야 한다. 우리는 미국에서 노예경제가 공격 받을 때 이를 목격했다. 노예제도에서 이득을 본 남부의 노예주와 백인 가정은 노예가 농장에서 일한 결과 아프리카 '정글'에 있을 때보다 부유해진 게 사실이라고 주장했다. 노예는 '미개인'의 삶에서 '한 단계 도약'했다고 말할 수 있고, '니그로'는 똑똑하거나 문명화되지 않았으니 완전한 인간으로 볼 수 없다는 것이 노예제도에 찬성하는 지배 계층의 주장이었다. 노예주가 보호하고 지시하지 않으면 노예는 자유세계에서 성공할 수 없다는 것이다. 지배 계층은 노예해방이 미국 경제에 재앙을 불러올 것이며, 노예제도가 폐지되면 모든 사회계층이 전보다 가난해질 것이라고도 주장했다. 가장 자주 반복된 강력한 정당화는 노예제도가 하늘의 뜻과 일치한다는 주장일 것이다.[5]

책, 팸플릿, 신문 기사, 학교 강의, 교회 설교를 통해 노예제도를 지지하는 성서 속의 증거가 주기적으로 강력하게 재검토됐다. 지지자는 노예제도가 기독교인의 삶과 일치한다는 사실을 증명하는 데 써먹을 수 있는 증거를 찾기 위해 신약과 구약을 샅샅이 뒤졌다. 예를 들어 리처드 퍼먼Richard Furman 목사는 성서에 나오는 노예제도의 사례를 설명하고, 노예제도는 "죄악이나 도덕적 사악함이 아닙니다. 하나님은 사람들에게 결코 죄지을 권한을 주시지 않았고, 주시지 않을 것이기 때문입니다"라고 결론 내렸다. 퍼먼은 그리스도가 노예제도에 반대한다면 가르침을 통해 분명히 비난했을 것이라고 추론했다. 같은 시대에 글을 쓴 프레더릭 달초Frederick Dalcho는 한 술 더 떠서 노예가 반란을 일으키거나 어떤 식으로든 자신이 살아가는 상태에 저항하는 것이야말로 죄악이라고 주장했다. 신약에 따르면, "좋은 주인뿐만 아니라 나쁜 주인에게도 순종하고 굴복하고 복종"해야 하기 때문이다.[6] 이런 해석은 성서를 선별적으로, 글자 그대로 읽어야 가능한 일이지만, 남부의 문화를 지배하던 복음주의 기독교와 일치했다. 실제로 남부의 많은 기독교인은 노예제도를 미개한 아프리카인에게 '영적 구원'을 선사해서 하나님의 영광에 봉사하는 불가피한 부담이라고 믿었다.

노예제도의 문화적 정당화에 기여한 기관은 교회뿐만 아니다. 의사도 명망과 의학적 권위를 이용해 노예제도는 정당하며, 노예는 굴종적인 지위로 이득을 얻는다는 과학적 '증거'를 지지했다. 새뮤얼 카트라이트Samuel Cartwright 박사는 흑인의 건강에 관한 전문가로 손꼽히는 매우 존경받고 영향력 있는 외과 의사였다. 그는 1851년《뉴올리언스 의료와 외과 저널The New Orleans Medical and Surgical Journal》에 '출분증出奔症'이라는 질병을 소개하는 논문을 발표했다. 카트라이트 박사에 따르면 오직 흑인에게 나타나는 출분증은 "니그로를 유혹해 의무에서 달아나게 만드는" 고통이고, "다른 어떤 정신착란 못지않은 정신병으로, 대개는 정신착란보다 치료하기 쉬운 질병이다". 달리 말해 자신을 억류한 사람에게서 탈출하려고 시도하는 노예는 출분증을 보인다는 것이다. 카트라이트 박사가 연구한 바에 따르면, 출분증을 치료하기 위해서는 환자의 몸을 때리고 채찍질해야 했다.

의사와 전도사, 교사, 정치인, 지배 계층을 대표하는 지도층 인사는 착취적 계층 제도를 재확인하고 정당화하고 합법화하는 데 중요한 역할을 했다. 그들은 지배 계층의 일원으로 현재의 상황에서 이득을 취했고, '경기의 규칙'이 갑자기 바뀌면 자신이 경기에서 패할 거라고 생각했다. 노예제도의 경제학을 떠받치는 것은 지배 계층에게 유리한 인종주의적 신념이다. 오늘날 기준으로 볼 때 노예제도는 비논리적이고 터무니없으며 비도덕적이다. 우리는 이 특정한 계층 관계의 착취적인 성격을 분명히 파악할 수 있다. 그러나 우리 사회가 여전히 계층에 따라 조직됐음을 인식하는 것이 중요하다. 지배 계층이 이런 문화적 신념을 바탕으로 자신의 권위를 정당화·합법화하는 점은 더 중요하다.

역사적 관점이라는 이점을 누리지 못했다면 오늘날 우리 삶에서 계급을 기반으로 한 불평등을 인식하기 힘들었을 것이다. 그렇다고 계급 착취가 사라졌다고 보는 건 순진한 생각이다. 흑인은 인종주의라는 문화적 유산 때문에 계속 고통 받는데, 오늘날 불평등의 근본적인 원인은 노예제도의 경제학이 아니라 자본주의의 경제학이다. 모든 새로운 경제체제는 불평등을 정당화하는 새로운 신념과 함께 등장한다. 그런 신념과 더불어 등장하는 것이 하나 더 있다. 지배 계급의 특권적 지위를 보호하는 새로운 문화 시스템이다.

문화 자본

역사적 관점이 없다면 우리의 시야는 흐릿해지고, 착취의 증거는 잘 보이지 않는다. 소득과 물질적 부에 관해서는 (티렉과 알렉산더가 동등한 경제적 삶을 누리지 않는 것처럼) 계층 차이를 확실하게 인식할 수 있지만, 불평등과 관련된 비경제적 요소를 제대로 인식하는 건 만만한 일이 아니다. 계층 간 불평등이 자본주의에서 어떻게 재생산되고 정당화되는지 이해하려면 '경제 자본'과 '문화 자본'을 구별할 수 있어야 한다.

경제 자본은 자본주의에서 축적 · 투자 · 거래되는 물질적 자원을 말한다. 상대적으로 부유한 사람이 경제 자본에 접근할 수 있다. 중산층 미국인은 은행에 예금이 있고 자동차나 집도 소유할 수 있지만, 이윤을 위해 투자하거나 거래하지 않는 자산은 경제 자본으로 간주되지 않는다. 부유한 미국인에게는 대체로 주식, 채권, 유가증권, 토지, 임대 자산, 다양한 벤처 사업체 소유가 경제 자본으로 통한다. 미국이 세계에서 가장 부유한 나라로 꼽히지만, 대다수 미국인은 경제 자본이 거의 없다. 경제 자본이 엄청난 부자의 수중에 극도로 집중되기 때문이다. 미국 가구 가운데 상위 1퍼센트가 모든 금융자본(집을 뺀 재산)의 40퍼센트, 모든 사업 소유권(사업의 형태를 띤 재산)의 57퍼센트를 소유한다. 상위 10퍼센트 가구가 주식, 채권, 사업 소유권의 90퍼센트를 소유한다. 월마트 창업자의 아들 짐 월턴은 경제 자본이 320억 달러 이상이다. 짐의 형 롭슨과 여동생 앨리스의 경제 자본 역시 320억 달러다.[7] 대다수 경제 자본은 재산상속을 통해 한 세대에서 다음 세대로 대물림 된다. 그러나 90퍼센트가 넘는 미국인은 월턴 가문과 달리 한 푼도 상속받지 못한다.[8]

문화 자본은 경제 자본과 달리 인지하거나 수량화하기가 훨씬 더 어렵다. 사회학자들이 문화 자본에 대해 이야기할 때, 사회에서 다양한 계층 위치를 공유하는 사람들과 관련된 기술, 습관, 선호, 지식의 유형, 생활 방식을 말하는 것이다. 예를 들어 티렉과 알렉산더는 부모한테 서로 다른 경제 자본 이상을 상속받을 것이다. 즉 그들은 다른 말투와 억양, 어휘, 음식, 음악, 미술에 대한 선호를 부모한테 물려받을 것이다. 패션과 식탁 예절, 남들과 있을 때의 태도 역시 각기 다른 것을 물려받을 것이다. 이 모든 특성이 문화 자본의 예다. 타고난 개인적 차이나 '성격'을 문화 자본으로 오해하거나 잘못 인식할 때가 많지만, 사실 문화 자본은 아주 어릴 때부터 친척, 친구, 이웃, 정기적으로 만나는 다른 사람에게서 배우는 특성이다. 각각의 사회계층은 지리적으로나 사회적으로 분리되기 때문에 뚜렷이 다른 문화 자본을 보여주는 경향이 있다.

예를 들어 아이들이 노는 방식이 계층에 따라 다르다는 연구도 있다. 노동자 계층과 빈곤층 가정의 아이는 상류층이나 중산층 가정의 아이에 비해 공식적인 방과 후 활동에 투자하는 시간이 훨씬 적다. 이같이 자유 시간에 경험하는 활동의 차이는 서로 다른 기술과 기능을 연마시키며, 이 기술과 기능은 그 아이에게 저장되는 문화 자본의 일부가 된다. 예컨대 티렉 같은 아이는 어른이 감시하지 않을 때 노는 시간을 스스로 감독하고 조정할 가능성이 높다. 그 결과 그들은 또래의 갈등을 조정하고 해결하는 기술을 계발할 가능성이 높다. 노동자 계층의 아이, 특히 남자 아이는 필요할 때 육체적으로 자신을 방어하는 법도 배운다. 티렉은 동네 아이들과 어울릴 때 종종 아이들이 만들고 처음 시도해보고 결론을 내리는 여러 가지 게임과 시합에 참여한다. 동네에서 벌어지는 비공식적인 놀이에 참여하는 아이들의 연령대는 조직적이고 공식적인 운동경기에 참여하는 알렉산더 같은 아이들의 연령대보다 대체로 폭이 넓다. 중산층 아이들이 참여하는 놀이는 부모가 놀이를 조직하는 특징이 있는 반면, 노동자 계층과 빈곤층 아이들은 어른의 평가에서 자유롭다. 코치도, 심판도, 팀 순위도 없기 때문에 티렉 같은 아이는 자신의 활동을 공식적으로 평가할 가능성이 낮다. 결과적으로 티렉은 자신의 비조직적인 시간을 능숙하게 관리할 줄 알고, 사는 동안 이런 부분에서 더 많은 창의력과 자립정신을 발휘한다.

이는 알렉산더를 비롯한 중산층 아이의 삶이 어른이 조직한 활동에 지배되는 것과 극명하게 대조된다. 알렉산더는 문화 자본의 다른 형태인 삶의 다양한 기술과 선호도, 기능을 발전시킨다. 그의 여가는 어른이 정식으로 통제하고 조직하기 때문에 알렉산더는 티렉보다 훨씬 많은 시간을 어른과 동등한 관계에서 대화를 나누는 데 보낸다. 그는 자신이 어른의 관심을 받을 자격이 있다는 것도 배운다. 티렉은 또래의 갈등을 처리하고 또래 관계를 창의적으로 만들어가는 데 융통성 있고 경험이 많은 반면, 알렉산더는 권력을 누리는 위치에 있고 전문직에 종사하는 어른이 모인 중산층 세계에서 편안함을 느낀다. 알렉산더가 신체검사를 받기 위해 주치의를 방문할 때, 엄마는 알렉산더에게 예상 질문에 대답을 준비하고 혹시 주치의의 설명이 이해가 안 되면 다시 부탁해도 된다고 일러준다. 알렉산더는 신체검사를 하는 동안 주치의와 자신 있게 농담을 주고받았으며, 어떤 주장에는 적극적으로 엄마의 실수를 바로잡았다. 티렉의 가족이 볼 때는 아이가 그러는 것이 무례한 행동으로 비칠 수 있지만, 알렉산더의 엄마는 아들이 자신감과 자기주장을 배우는 증거라며 뿌듯해했다.

문화 자본은 경제 자본과 달리 모든 사람에게 있다. 우리는 모두 기술과 취향, 억양과 습관, 지식이 있다. 하지만 문화 자본이 다양한 사회계층에 골고루 분배됐다 해도 몇몇 문화 자본은 다른 문화 자본보다 가치 있게 여겨지고, 다른 문화 자본보다 많은 존경심을 끌어낸다. 몇몇 문화 자본은 '지능'이나 '좋은 취향'과 관계있고, 무엇보다 많은 경제 자본에 접근할 기회를 제공한다. 어느 사회에서나 최상류층·중산층 가정과 관계된 문화 자본이 더 높은 평가를 받는 것은 놀랄 일이 아니다. 그들의 문화 자본은 더 많은 길을 열어주고, 긍정적인 관심을 더 많이 끌며, 공식적인 기관 내부에서 가치를 등급별로 나누고 평가하는 기준으로 사용된다. 이 점에서 가장 중요하고 영향력이 큰 기관은 학교다.

교사와 학교 관리자는 중산층의 문화 자본을 높이 평가하며, 그것에 특권을 부여한다. 중산층의 문화 자본은 교과과정에 침투하며, 공식적·비공식적으로 아이를 평가하는 기준에 반영된다. 놀랄 일도 아니다. 교사와 학교 관리자, 그 밖에 교육 전문가는 대체로 중산층 가정 출신이고, 상류층 사립학교 교사는 학생과 같은 배경을 공유할 가능성이 훨씬 높기 때문이다. 많은 중산층 아이는 학교를 친숙하고 편안하게 느낀다. 그러나 노동자계층과 빈곤층 아이는 소통 방식과 교사의 기대가 낯설고 혼란스러울 수 있다. 수업을 듣는 아이는 교사와 자신 있게 의사소통할 때 긍정적인 평가를 받는다. 아이가 자신 없이 머뭇거리거나 어른과 의사소통하기 싫어하는 기색을 보이면 교사의 평가와 기대는 덜 긍정적일 수 있다. 알렉산더의 문화 자본은 교실에서 더 가치 있는 반면, 티렉의 문화 자본은 운동장에서 더 가치 있다.

학생의 문화 자본에 부여되는 다양한 가치가 중요한 것은 교사의 기대가 학생의 성공에 영향을 미치기 때문이다. 중요한 연구 결과가 보여주듯이 학생이 성공할 거라고 교사가 기대할 때 성공할 가능성이 높아지고, 학생의 성적이 좋지 못할 거라고 교사가 예상할 때 낙제할 가능성이 더 높아진다. 교사의 기대가 미치는 이런 영향, 즉 자기 충족적 예언self-fulfilling prophecy은 로버트 로젠탈Robert Rosenthal과 레노어 제이콥슨Lenore Jacobson이 1968년 시행한 실험 결과로 세상에 처음 알려졌다.[9] 이 실험은 노동자 계층이 사는 동네에 있는 초등학교에서 시행했다. 새 학년이 시작될 무렵 전교생을 대상으로 'IQ'라고 알려진 점수가 나오는 '지능 검사'를 실시한 것이다. 검사 결과를 교사에게 보여주고, 이 검사를 통해 '성장 잠재력'이 가장 큰 학생을 확인할 수 있으며, 그 학생이 학년이 끝날 때까지 실력이 향상될 가능성이 가장 높다는 설명을 덧붙였다. 그 결과 각 학년에서 대략 20퍼센트 학생이 남다른 학습 잠재력을 보이는 것으로 확인됐다. 사실 이 검사는 단순히 지식과 학습 능력을 측정하는 검사일 뿐, 잠재력이나 실력 향상 가능성을 측정한 것은 아니다. 연구자는 무작위로 몇몇 학생을 선택한 다음 교사에게 그들이 '대기만성형' 학생이라고 귀띔했다. 의도적인 거짓말이다. 교사의 기대감이 학생의 성공에 영향을 미치는지 알아보기 위해서다. 학년 말에 학업 지식과 능력을 묻는 똑같은 검사를 다시 실시했다. 결과는 놀라웠다. 무작위로 선택된 학생, 즉 잠재력이 높다고 교사에게 귀띔한 학생이 실제로 다른 학생과 비교했을 때 더 많은 실력 향상을 보여준 것이다. 실력 향상은 1~2학년에서 두드러졌다. 이후 몇 년간 여러 학교에서 학력 수준이 다양한 학생을 대상으로 비슷한 검사를 실시했는데, 결과는 비슷했다.

문화 자본은 교사의 기대에 영향을 미친다. 문화 자본이 '학문적 잠재력'에 대한 상징이나 표시 혹은 선입관을 제공하기 때문이다. 자신 있는 태도로 대화하고, 중산층이 사용하는 어휘를 쓰고, 옷차림까지 유행에 뒤지지 않는 학생은 자신이 가치 있는 존재임을 나타낼 수 있으며, 교사에게 자신의 성공에 대한 기대감을 심어줄 수 있다. 문화 자본에는 미묘하나 중요한 영향을 줄 수 있는 상징적 힘이 있다. 학교는 이렇게 문화 자본을 통해 계층 간 차이를 지속시킬 수 있으며, 더 나아가 계층 간 차이를 벌릴 수도 있다. 정규교육의 양과 질이 경제적 성공과 밀접한 관련이 있는 사회에서 학교는 대단히 중요한 '문지기' 역할을 한다. 계층과 계층을 잇는 통로에 접근할 기회를 감시하고 통제하기 때문이다. 공부를 잘 못하고 중산층 친구보다 성적이 뒤처지는 노동자 계층의 많은 아이는 상대적으로 가치가 떨어지는 것으로 평가받는 문화 자본 때문에 불리한 입장이다. 지나치게 개인주의적인 세계관은 다양한 문화 자본을 '학습 잠재력'의 차이나 타고난 'IQ'의 차이로 잘못 해석한다. 심지어 어린 시절 학교 성적의 차이를 유전자의 차이로 생각하는 사람도 있다. 이는 2장에서 논의한 우생학 운동에 대한 인종주의적이고 성차별적인 해석에 위험할 정도로 가까운 해석이다.[10]

실제로 사회계층에 따라 학교 성적이 차이가 난다. 하지만 이런 차이는 개인적으로 물려받은 지적 능력의 차이라기보다 다른 계층에 비해 어떤 계층에 더 이득을 주는, 사회적으로 만든 구분의 결과다. 개인차가 존재하는 않는다는 얘기가 아니다. 티렉과 알렉산더를 가르는 차이가 오로지 사회적 배경 때문이라고 주장하면 어리석은 일이 될 것이다. 두 소년이 차이를 보이는 개인적 성격과 특징이 있다. 요컨대 똑같은 사회 환경에서 자란 형제자매도 서로 다른 특징과 기술, 스타일, 능력을 보이는 경우가 흔하다. '사회'가 우리의 행동을 결정한다는 결론은 잘못이다. 이는 인간의 행동을 지나치게 단순하고 순진하게 해석한 것이다. 복잡하고 종종 예측이 불가능한 사회적 상호작용의 역학에서도 일관되고 식별 가능한 패턴이 있다. 사회적 요인이 우리 고유의 특징을 결정하는 것은 아닐지 몰라도, 특정한 차이가 다른 차이보다 높은 평가를 받는 환경을 형성하는 것은 사회적 요인이다.

사회를 규칙과 목표가 있는 게임이나 운동이라고 생각해보자. 다양한 게임이나 운동에 저마다 규칙이 있듯이, 다양한 사회에도 저마다 규칙이 있다. 예를 들어 미식축구는 체격이 좋은 사람에게 유리한 운동이다. 미식축구에서는 체중이 136킬로그램에 37미터를 4.9초에 뛸 수 있는 사람이 그보다 아무리 빨리 달린다고 해도 체중이 57킬로그램인 사람보다 성공할 가능성이 훨씬 높다. 미식축구에서는 몸집이 중요하다. 이 운동의 규칙이 몸집이 큰 사람에게 유리하도록 만들어졌기 때문이다.[11] 다른 규칙을 적용하는 경기에서는 큰 몸집이 불리할 수도 있다. 예컨대 크로스컨트리나 마라톤에서는 체중이 57킬로그램인 선수가 성공할 가능성이 훨씬 높을 것이다. 달리 말해 특정 자질이나 기술의 가치는 운동이나 사회를 지배하는 규칙에 달렸다. 이런 점에서 규칙은 무작위적인 것도, 중립적인 것도 아니라는 사실을 인식하는 것이 중요하다. 규칙은 사회적으로 고안됐고, 사회에서 힘이 더 많은 사람이 강화했다. 신체적으로 강한 사람이 규칙을 만든 운동에서는 신체적으로 강한 사람에게 유리한 쪽으로 규칙이 정해질 가능성이 높다. 마찬가지로 경제 자본이 많은 사람이 지배하는 사회에서는 경제 자본이 많은 사람에게 유리한 쪽으로 규칙이 정해질 것이다.

문화 자본의 원천

중산층의 문화 자본이 왜, 어떻게 하층이나 노동자 계층의 문화 자본보다 높은 평가를 받았는지 이해하려면 문화 자본의 기원을 자세히 볼 필요가 있다. 우리는 문화 자본의 계층 간 차이를 어떻게 설명하는가? 우리는 이 장 앞부분에서 계층 간 차이가 이웃, 친구, 가족과 상호작용을 통해 한 세대에서 다음 세대로 대물림 된 공동의 특징을 반영한다고 했다. 맞는 말이다. 노동자 계층과 중산층의 경험을 특정 계층의 가치관으로 이끄는 것은 무엇일까? 예를 들어 티렉 가족은 왜 복종을 가치 있게 여기고, 체벌을 강조할까? 알렉산더 가족은 왜 자기표현을 가치 있게 여기고, 토론과 추론을 강조할까? 이는 간단히 답할 수 있는 문제가 아니며, 우리는 연구 결과를 지나치게 일반화하지 않도록 주의해야 한다. 증거만 놓고 볼 때는 문화 자본이 자기 직업의 성공 전략과 밀접한 관계가 있음을 암시하는 듯하다. 한 사람의 직업과 경력이 그의 사회계층과 떼려야 뗄 수 없는 관계라는 점을 생각하면 일리 있는 얘기다.

사회학자 멜빈 콘Melvin Kohn과 동료들은 40년간 여러 나라에서 반복적으로 실시한 연구에서 직업과 계층의 가치관에 관계가 있다는 증거를 다수 발견했다.[12] 그들은 먼저 직업을 복잡성, 통제의 양, 일의 반복적이고 기계적인 정도를 기준으로 분류했다. 예상대로 통상 노동자 계층의 일이라고 여겨지는 직업은 매우 반복적이고, 그다지 복잡하지 않으며, 상관의 통제가 엄격한 경향이 있다. 예를 들어 포드자동차의 조립라인에서 일하는 사람, 유나이티드파슬서비스UPS의 벨트컨베이어에서 소포를 분류하는 사람, 맥도날드에서 패스트푸드 주문을 받는 사람이 여기에 해당한다. 세 경우 모두 관리자가 항상 가까이 있고, 훈련이나 기술이 크게 필요하지 않으며, 하루하루 할당되는 일이 거의 변화가 없어서 예상이 가능하고 단조롭다. 콘의 연구는 이런 직업에 종사하는 사람이 복종하고 규칙에 순응하는 것을 가치 있게 여긴다는 것을 보여준다.

이와 대조적으로 좀 더 복잡한 업무가 수반되고, 밀착 감시에서 자유로우며, 창의적인 문제 해결 능력이 필요한 직업은 중산층이나 중산층과 관련된 직업인 경향이 있다. 예를 들어 포드자동차를 위해 일하는 정치 로비스트, 맥도날드의 마케팅 연구원, UPS에서 국제금융 업무를 하는 사람을 생각해보라. 콘이 예상한 대로 이런 직업에 종사하는 사람은 스스로 방향을 결정하고 결단하는 능력과 자립정신을 높게 평가하는 경향이 있다.

이유가 뭘까? 왜 노동자 계층의 직업에 종사하는 사람은 순응과 복종을 높이 평가하는데, 중산층의 직업에 종사하는 사람은 스스로 결정하는 능력과 자립정신을 높이 평가할까? 어떤 사람은 가치관이 직업 선택에 영향을 미친다고 주장할지도 모르겠다. 지루한 일과 규칙에 따르는 걸 좋아하는 사람이 노동자 계층의 직업을 찾는다는 얘기다. 그럴듯하다. 구직 시장이 완전히 자유롭게 열리고 우리의 가치 체계가 확고해서 변치 않는다면, 우리는 사람들이 개인적인 가치관에 부합하는 일을 찾으려 한다고 예상할 수 있다. 그러나 이 인과관계를 입증할 만한 증거는 확실하지 않다. 우리는 노동시장이 완전히 자유롭게 열리지 않으며, 우리의 가치관이 변경 불가능한 것도 아니라는 사실을 안다. 따라서 우리의 가치관은 근무 경력에 따라 형성된다는 설명이 훨씬 설득력 있다.

노동자 계층의 많은 사람은 일터에서 스스로 결정하고 결단하는 능력이나 창의성을 발휘하는 것이 보상받지 못하리라는 사실을 금세 배운다. 조립라인에서 일하는 사람이 엄격한 감시의 관습에서 벗어나면 벌칙을 받을 것이다. 소포를 분류하는 사람이 분류 과정을 창의적으로 개선하려고 시도하면 질책 받을 것이다. 패스트푸드 매장의 계산원이 새로운 메뉴를 제시하거나 고객 서비스 전략을 제안했다가는 일자리를 잃을 수도 있다. 노동자 계층의 종업원에게 직업에서 '성공'은 어디까지나 권위에 복종하고 공식 업무에 순응하는 것이다. 정시에 출근하고 시키는 대로 일하는 것은 '훌륭한 노동자'의 특징이다. 노동자 계층 일자리에 종사하는 종업원은 자신의 감정이나 의견이 중요치 않다는 사실을 안다. 근로 환경에 우려를 제기하거나 비효율적인 관리자에게 불만을 토로하면 '투덜이' '말썽꾼'으로 찍힐 수 있다.

노동자 계층 일자리의 근로 환경이나 성과 기대치를 중상류층 직업의 근로 환경이나 성과 기대치와 비교해보라. 사람들은 변호사, 로비스트, 경영주, 대기업의 최고위 관리자에게 창의적인 문제 해결 능력을 기대한다. 이런 직업은 판에 박힌 직무와 거리가 멀고, 스스로 방향을 정하고 결정해야 하며, 그 결정에 걸맞은 보상을 받는다. 말 한 마디 못하고 현재의 상황을 순종적으로 받아들이는 로비스트는 실패할 것이고, 창의적인 전략 개발을 위해 끊임없이 시도하지 않는 마케팅 부사장은 해고될 것이다. 전문적인 위치에서 일하는 사람은 자기 의견이 중요하다는 것, 자기주장을 내세우는 논쟁적인 태도가 소중한 자질임을 안다.

부모는 자신의 가치관을 자녀에게 물려주는 경향이 있다. 이는 꽤 확실한 주장이다. 하지만 콘과 동료들이 연구한 바에 따르면, 어떤 부모의 가치관은 일터에서 학습되고 강화된다. 이는 중요한 발견이다. 사회계층의 위치가 다양한 문화 자본 축적을 통해 한 세대에서 다음 세대로 어떻게 대물림 되는지 설명해주기 때문이다. 알렉산더의 부모가 알렉산더에게 동등한 지위에서 어른과 대화하는 것을 권장하고 추론과 논리를 사용해 아들을 훈육할 때, 그들은 자신의 전문직 경력과 일치하는 가치관을 물려주는 것이다. 그들은 이런 기술이 '인생의 성공'에서, 적어도 그들이 영위하는 중산층의 삶에서 중요하다는 사실을 안다. 마찬가지로 티렉의 부모가 어른에 대한 존경을 강조하고 딱 부러지는 명령이나 '체벌'을 통한 훈육을 강조할 때, 자신(노동자 계층)의 세계에서 성공하는 데 필요한 결정적인 가치관과 인생 기술을 물려주는 것이다. 지금은 어리니까 알렉산더가 '버릇없고' '바라는 게 많은' 아이처럼 보일 수 있지만, 그는 더 많은 존경을 받을 수 있는 세계에 진입하기 위해 준비하는 중이다. 마찬가지로 티렉은 사용하는 어휘가 적고 예술을 접할 기회가 적으며 상류층 어른과 대화할 기회도 별로 없지만, 노동자 계층을 고용하는 고용주의 눈에는 큰 결함으로 비치지 않을 것이다.

계층의 특권

그녀는 아버지한테 미모를 물려받았다. 그녀의 아버지는 성형
외과 의사다.

그루초 막스Groucho Marx

아이는 부모를 선택할 수 없고, 가족이 속한 사회계층의 위치
도 선택할 수 없다. 다시 말해 둘 다 '사회적으로 물려받는다'. 부
잣집에서 태어난 아이에게는 경제 자본에 접근할 기회, 더 많은
돈과 관련된 온갖 물질적 이점에 접근할 기회가 제공된다. 상류
층 가정의 아이는 한 학급의 학생 수가 적은 사립학교에 다닐 가
능성이 높다. 그들은 더 안전한 동네에 살 것이고, 더 우수한 영
양분을 섭취하며, 건강관리도 쉽고 정기적으로 받을 것이다. 개
인 음악 레슨과 교육적인 여름 캠프, 엘리트 운동 팀은 그들의 어
린 시절에서 일상적인 부분이 될 것이다. 일류 대학에 합격하는
것은 당연하거나 예상한 일처럼 보일 것이다. 학비는 문제가 되
지 않을 것이다. 상류층 아이는 여름방학 아르바이트나 시간제
부업을 할 필요가 없기 때문에 세계 여행을 하고 전문직 인턴으
로 일할 시간이 더 많을 것이다. 그들이 젊은 혈기에 실수를 저
질러 법적으로 곤경에 처한다면 노련한 변호사의 도움과 힘깨나
쓰는 자리에 있는 친구의 후원을 받을 것이다. 대학에서 만든 집
안의 연줄과 교우 관계는 직업을 구할 때 중요한 자원이 될 것이

며, 가족의 신탁자금과 재산상속은 벤처 사업을 시작하고 투자 자산을 구성하는 데 도움을 줄 것이다.

경제 자본과 관련된 물리적 이점의 이면에는 문화 자본의 상속과 관계있는 더 은밀한 특혜가 존재한다. 이 대목에서 신분과 명망을 상징하는 것이 한 세대에서 다음 세대로 대물림 된다. 우리는 대부분 초등학교나 고등학교에 다닐 때 문화 자본의 힘을 어렴풋이 감지한다. 어떤 아이는 '멋있고' '인기 있는' 반면, 어떤 아이는 '따분하고' '얼간이' 같다. 닉 브로멜Nick Bromell은 부모님이 자신을 부잣집 아이들의 기호에 맞춘 뉴잉글랜드의 명문 기숙학교에 보낸 열 살 때, 문화 자본의 힘을 깨달았다.

모든 일이 신분을 중심으로 돌아갔다. 신분은 성적, 운동, 신발, 셔츠 심지어 양말을 통해서도 세심하게 만들어졌다. 블레이저를 입은 소년은 누구 하나 예외 없이 신분의 사다리에서 자신이 있는 위치를 알았다. 그들은 한 계단 위로 올라가려고 앞다투거나 아래로 미끄러질까 봐 두려워했다. 사다리 맨 꼭대기에는 집안의 돈, 운동 실력, 와스프의 잘생긴 외모까지 중요한 모든 것을 갖춘 아이들이 있었다. 그들 밑에는 이런 선물 중 어느 한 가지라도 가진 아이들이 자리 잡았다.[13]

브로멜은 사회에서 최고 특혜를 받는 아이들 사이에도 중요한 의미가 있는 서열이 존재한다는 사실을 일찌감치 배웠다. 옷, 외모, 종교, 민족성과 관련된 가치가 초등학생이나 꼬맹이 사이에서 중요한 의미가 있다면 상황은 달라질 것이다. 그런 경우라면 우리는 아이들 사이에서는 서열이 정상적이고 치기 어린 것이며, 어른이 됐을 때 성공과는 전반적으로 무관하다고 무시하고 넘어갈 수 있다. 그러나 우리는 다양한 문화 자본과 관련된 '가치'가 경제 자본이 대물림 되는 과정에서 중요하며, 계층 제도가 재생산되는 과정에서 강력한 요소라는 사실을 안다.

개인의 끈기와 노력, 고된 노동에 보상이 따른다는 사실은 부인할 수 없지만, 개인의 인내로 사회계층의 실체를 설명할 수 없다. 한 세대에서 다음 세대로 계층 위치가 연장되는 것도 설명할 수 없다. 우리는 거미줄처럼 복잡한 사회적 관계에 깊이 박힌 채 평생을 살아가고, 그런 관계에서 경제 자본과 문화 자본은 누군가에게는 유리하게 작용하고 누군가에게는 불리하게 작용한다. 다음 장에서 살펴보겠지만, 오늘날 우리의 사회적 관계는 가족과 이웃을 뛰어넘어 역사적으로 유례없이 전 세계가 하나로 연결되는 단계에 이르렀다.

5

세 계 화
자 본 주 의 의 힘

세계화는 단순히 국가 간 경계를 허물어 자본을 만드는
지리적 현상이 아니다. 세계화는 상업의 윤리적·생태학적
한계마저 허문다. 모든 것을 거래할 수 있고,
모든 것을 팔려고 내놓으면서… 삶은 그 존엄성을 잃었다.

반다나 시바Vandana Shiva[1]

팀 듀이는 풍채가 당당하고 자부심이 강한 40대 중반의 퇴역 해군이다.[2] 머리카락은 몇 가닥 남지 않았고, 염소수염이 빽빽하게 났다. 팀은 개인의 책임감과 근면함을 중요한 원칙으로 여기며, 10대 아들과 딸에게 이런 가치관의 본보기가 되려고 노력한다. 상황이 좋지 않아도 징징거리거나 남을 탓하는 사람은 아니지만, 이 중년의 가정적인 남성은 항공기 정비사로 일하던 유나이티드항공에서 처음 해고당했을 때 배신감이 들었다. 회사를 위해 희생하고 몇 년 동안 성실히 일했다고 생각했는데, 이제 와서 '경영상의 이유'로 해고됐기 때문이다.

실직은 힘들었고 실직 상태는 예상보다 길었다. 마침내 그는 22개월 만에 유나이티드 여객기의 엔진을 수리하는 옛날 일자리로 복귀했다. 항공기 정비사는 미국에서 가장 숙련된 기술을 요하고 보수도 많이 받는 축에 드는 노동자였다. 1997년 당시 그는 시간당 31달러를 받았다. 그럼에도 샌프란시스코의 물가는 여전히 비쌌다. 인디애나폴리스에 있는 유나이티드항공의 정비 시설로 자리를 옮길 기회가 생겼을 때, 팀은 아내 켈리와 함께 인디애나주로 이사했다. 켈리는 로스Lowe's 쇼핑몰에 취직해 시간당

10달러 75센트를 벌었다. 두 사람이 일한 덕분에 가족은 안락한 중산층 생활을 유지하는 데 어려움이 없었다. 의료보험을 들고, 아이들이 대학 갈 때 학비에 보탤 요량으로 저축도 넉넉히 했다. 그들은 다시 정상 궤도에 올라섰으며, 아메리칸드림을 향해 앞으로 나아갔다. 아니 그러고 있다고 생각했다. 그러나 경제적으로 든든하다고 생각한 건 착각이었다.

2001년에 유나이티드항공은 정비 파트를 대부분 '아웃소싱' 하기로 결정했다. 그들은 제트여객기 정비사를 직접 고용하는 대신, 정비를 맡아줄 회사와 계약했다. 그 하청 회사는 종업원에게 낮은 임금을 지급하기 때문에, 유나이티드항공은 상당한 비용을 절감할 수 있었다. 두 회사에는 '윈윈win-win'이지만, 일자리를 잃은 팀 듀이와 다른 정비사에게는 재앙이었다. 기술이 있고 교육받았고 일을 잘한다고 해서 일자리가 보장되지 않았다. 팀은 두 번째로 해고당하면서 자신이 일회용이라는 사실을 뼈저리게 느꼈다. 회사는 그의 인생 따위에는 눈곱만큼도 관심이 없었다. 그는 유나이티드항공이 자신의 미래를 쥐락펴락하게 두지 않겠다고 마음먹었다. "처음 해고됐을 때는 제자리로 돌아가기를 간절히 기다렸습니다. 하지만 두 번째도 기다릴 생각은 없었습니다."

팀은 해군에 복무한 경력, 인내와 자립정신에 대한 자신의 가치관을 믿고 사업을 시작하기로 했다. 그는 1년 가까이 플로리다의 수상 택시 회사를 지켜보다가, 지난 여름휴가 때 수상 택시 회사 사장을 만났다. 휴양지에 살면서 관광객을 호숫가 주변으로 실어 나르는 일로 생계를 꾸리는 건 그가 꿈꾸던 기회였다. 팀이 말했다. "다시 다른 사람 밑으로 들어가지 않고 수상 택시 일을 할 수 있다면 나는 행복한 남자로 죽을 수 있을 겁니다." 팀의 가족은 5만 4000달러를 빌렸고, 은퇴하는 사장에게서 오래된 관광용 모터보트를 구입했다. 팀은 먼저 플로리다로 이사해 수상 택시 사업을 시작할 계획이었다. 학기가 끝나면 켈리와 아이들이 뒤따라오기로 했다. 그러나 그 꿈은 실현되지 못했다.

팀은 날마다 12시간씩 일했지만, 고객을 충분히 끌어들이지 못해 수익이 신통치 않았다. 휴가철은 평소보다 날씨가 습해서 보트를 수리할 일이 많았다. 가족이 플로리다에 합류할 무렵, 팀은 사업가로서 짧은 경력이 끝났다는 사실을 인정할 수밖에 없었다. 팀의 가족은 빚을 더 지는 위험을 감수할 수 없었다. 팀은 더 손해가 나기 전에 사업을 접었다. 보트를 내놓고 인디애나폴리스로 돌아갔다. 당분간 켈리가 로스 쇼핑몰에서 버는 돈과 얼마 되지 않는 팀의 실업수당으로 온 가족이 버텨야 했다. 장기적으로 팀은 새로운 직업 기술, 경제적으로 좀 더 안정적인 미래의 희망을 줄 수 있는 직업 기술을 배워야 한다는 사실을 알았다. 나날이 확장하는 컴퓨터 업계에서 자리를 확보하는 것이 그의 새 목표가 되었다.

팀은 자신과 마찬가지로 유나이티드항공에서 해고당한 친구의 조언에 따라 연방 정부 기금으로 운영되는 재교육 프로그램을 통해 컴퓨터 기술자 자격증을 받을 수 있는 교육과정에 등록

했다. 자격증을 손에 쥔 팀은 경제적 안정을 향한 탄탄대로에 첫발을 내디뎠다고 낙관했다. 바닥부터 시작해야 할 수도 있지만, 경쟁에서 이겨 금세 앞으로 치고 나갈 자신이 있었다. "이쪽 업계에 몸담은 사람을 몇 명 아는데, 그중 두 명은 컨설턴트로 일합니다. 그들은 작지만 자기 사업을 하죠."

팀은 인터넷에 이력서를 올린 지 하루 만에 컴퓨터 하드웨어와 소프트웨어 서비스를 제공하는 벨테크라는 회사에서 일자리를 제안 받았다. 그가 딱 원하는 일은 아니었다. 벨테크 콜 센터에서 하루 종일 전화를 받는 일인데, 임금은 시간당 12달러로 쥐꼬리만 했다. 팀은 수업을 더 듣고 윗사람에게 깊은 인상을 심어주면 임금이 오를 거라고 생각했다. "이 회사와 함께 성장할 엄청난 기회가 있습니다. 저는 여길 그만두기 전에 네트워크 관리를 맡고 있을 겁니다." 그는 회사를 위해 자진해서 시간외근무를 하며 경영진에게 자신을 알리고, 종업원으로서 자신의 가치를 보여줄 계획이었다.

팀은 벨테크에 입사한 지 9개월이 지났을 때, 또다시 냉정한 경제적 현실에 맞닥뜨렸다. 임금이 대폭 오르는 건 거의 불가능해 보였다. 팀 부부는 장남의 대학 입학에 대비해 서둘러 수입을 늘려야 할 상황이었고, 결국 팀은 임시직 취업을 알선하는 곳과 계약을 맺고, 정비 기술로 수입이 더 좋은 일자리를 확보할 수 있는지 기다려보기로 했다. 기다리는 시간은 길지 않았다. 한 지역 회사가 임시 대체 노동자로 일할 항공기 정비사를 찾고 있었다. 그러나 무슨 잔인하고 얄궂은 운명의 장난인지, 팀이 파견된 곳은 자신을 해고한 유나이티드항공의 정비 센터였다. 이제 그의 신분은 하청 업체에 고용된 임시직 노동자였다. 시간당 18달러는 벨테크에 비해 높지만, 몇 년 전 같은 건물에서 같은 일을 하며 받은 31달러에는 턱없이 못 미치는 액수였다.

새로운 자본주의

팀 듀이의 사례는 남의 이야기가 아니다. 그가 취업 시장에서 겪은 일은 지난 30년 동안 경제적 안정이 무너지는 것을 봐온 수많은 미국 노동자의 경험과 비슷하다. 실제로 지난 15년 동안 기업의 대량 해고가 현실화되고 있다. 휴렛패커드는 2008년에 2만 5000명 이상, 2012년에 2만 7000명, 2015년에 3만 명을 해고했다. 버라이즌은 2003년에 일자리 2만 5000개를 없앴다. IBM은 2005년에 일자리 1만 3000개를 없앴고, 뱅크오브아메리카는 2011~2012년에 일자리 3만 개를 감축했으며, 캐터필라는 2009~2015년에 3만 개가 넘는 일자리를 줄였다. 미국 자동차 산업은 특히 불안하다. 제너럴모터스GM는 2005~2009년에 거의 8만 개 일자리를 감축했고, 포드자동차는 2002~2007년에 일자리 7만여 개를 줄였다. 한 통계에 따르면 1980년대 이후 정규직 노동자 최소 3000만 명이 일자리를 잃었다.[3] 이중 대다수 해고가 영구적인 실직으로 이어지진 않았지만, '아래쪽으로 떨어지기 쉬운' 계층 확대에 기여했다. 즉 전보다 보수와 혜택과 여가가 적은 새 일자리로 옮길 수밖에 없는 노동자가 늘었다. 당신이 현재 대학생이거나 취업 시장에 막 뛰어든 사람이라면 팀 듀이의 이야기가 당연하게 들리고, 심지어 예상한 바일 수도 있을 것이다. 그러나 팀 듀이 가족이 겪은 경제적 불안정과 직업 이동, 임금 감소는 미국 경제에서 상대적으로 새로이 전개된 국면을 반영한다.

자본주의는 본질적으로 불안정한 경제 시스템이지만, 대다수 미국인은 거의 100년 동안 확장하는 경제에서 경제적 이득을 기대할 수 있었다. 때때로 오르락내리락하는 경기와 산발적으로 터지는 전쟁에 따른 혼란, 주기적으로 찾아오는 불황과 침체에도 기업이 성공하면 대체로 미국의 평균적인 남녀 노동자는 경제적으로 더 안정되고 더 많은 임금을 받았으며 기회도 많아졌다. 노동자는 강력한 노동조합을 조직해서 거대 기업과 힘의 균형을 맞추고, 자기 이익을 위해 목소리를 낼 수 있었다. 회사는 주로 지역사회의 리더 역할에 헌신했으며, 충실하고 꾸준한 노동력을 유지한다는 사실에 자부심을 느꼈다. 노동자 계층의 가정은 부자는 아니지만, 철강업과 목재소, 자동차 조립라인, 확대되는 산업 경제에 연료를 공급하는 광산에서 안정적인 일자리를 기대할 수 있었다. 경제적 안정은 2차 세계대전 이후 수십 년간 지속됐다. 고등학교 졸업장이 있으면 카메라, 재봉틀, 가구 혹은 어떤 제품이 됐건 늘어나는 낙관적인 소비자 계층이 요구하는 물건을 만드는 회사에 들어가서 가족을 부양할 수 있었다. 저축한 돈을 밑천 삼아 장사를 시작하는 사업가들이 작은 슈퍼마켓이나 세탁소, 패밀리 레스토랑을 열면 성공할 가능성이 높았다. 자녀가 부모보다 경제적으로 부유해질 것이라는 타당하고 그럴듯한 기대가 있었다는 점이 가장 중요한 사실일 것이다.

상대적으로 안정적이고 어느 정도 예측 가능한 자본주의는 이제 거의 사라졌다. 그 자리에 들어선 '새로운 자본주의'는 지역공동체에 덜 헌신적이고, 더 세계적인 규모와 목표가 있으며, 노동자의 정신에 잔인할 정도로 영향을 미친다. 1980년 이전에는 생산성이 증대하고 이윤이 늘면 종업원의 임금도 당연히 오른다고 생각했다. 그러나 지난 25년간 미국의 국내총생산gross domestic product, GDP은 70퍼센트 가까이 올랐음에도 제조업에 종사하는 일반 노동자의 임금은 인플레이션을 감안하면 사실상 줄었다. 즉 미국의 노동자는 여전히 회사를 위해 막대한 부를 창출하지만, 그들이 받는 몫은 전보다 훨씬 적어진 것이다. 팀 듀이처럼 고등학교를 나오고 육체노동 쪽 기술이 있는 남성의 삶은 무너지고, 그들의 직업 정체성은 기업에 의해 흔들린다. 이제 기업은 길고 꾸준하고 예측 가능한 성장보다 최근에 투자한 사업에서 빨리 수익을 올리는 일에 관심이 많다. 단기적으로 거대 다국적기업이나 부유한 투자자에게 좋을 수 있는 것이 가족과 그들이 사는 공동체의 꾸준하고 안정적이고 예측 가능한 삶을 무너뜨린다.

이런 상황은 세계경제가 대공황 이래 가장 큰 재앙이 벌어진

2008년에 충격적일 정도로 확실해졌다. 난데없이 막대한 피해를 불러오는 사건이 연달아 터지는 가운데, 미국과 유럽의 주요 은행이 붕괴했고, 수백만 명이 투자한 은퇴 자금과 주요 기업의 주가가 6주 동안 평균 20퍼센트 폭락했다. 집값은 거의 반 토막이 났으며, 수많은 집이 압류되는 바람에 미국의 몇몇 동네는 유령 도시처럼 보였다. 2008년 1월부터 2009년 6월까지 800만 개가 넘는 일자리가 사라지면서 4.8퍼센트이던 실업률이 몇 달 만에 10퍼센트로 치솟았다.

많은 요소가 모여 이 위기를 초래했지만, 노벨상을 수상한 경제학자 조셉 스티글리츠Joseph Stiglitz는 '대침체'의 본질적인 원인을 다음과 같이 요약했다. "이 위기는 우리가 게임의 규칙을 올바로 정하지 않으면 사리사욕 추구, 특히 금융권의 사리사욕 추구가 사회의 행복으로 이어지지 않을 수도 있다는 중요한 교훈을 준다. 이 '게임의 규칙'을 정하는 것이 앞으로 우리에게 주어진 커다란 과제다."[4] 안타깝게도 새로운 자본주의의 규칙은 사실상 달라진 게 없으며, 그 결과 대다수 사람이 겪는 고통도 계속된다.

오늘날 미국의 노동력에서 가장 빠르게 성장하는 부분은 임시직이다. 새로운 노동자와 실직한 노동자를 임시직과 시간제 일자리에 배치하는 맨파워 U.S., 레이버레디, 오피스팀 같은 회사가 경제에서 점점 더 지배적인 세력이 돼간다. 팀 듀이가 깨달은 바와 같이 임시직은 저임금에 의료보험이나 연금 수당이 없다. 1970년에 미국에서 직원이 가장 많은 회사는 GM인데, 이 번창

하던 자동차 제조업체에서 일하는 노동자는 30년간 근무하고 은퇴하면 온 가족이 종합 의료보험 혜택을 받을 수 있었다. GM의 숙련된 조립라인 노동자는 시급이 30달러나 됐으며, 퇴직하면 3만 달러를 연금으로 손에 쥘 수 있었다. 직원이 가장 많을 때 GM이 생산직에 고용한 미국인은 60만 명이 넘었으나, 오늘날 그 수는 10만 명으로 줄었다. GM의 미국인 노동력 감축은 노동자 계층의 다른 생산직에도 반영된다. 그 결과 대규모 제조업체는 이제 미국에서 가장 많은 일자리를 제공하는 회사가 아니다. 2017년 미국에서 가장 많은 직원을 고용한 회사는 월마트인데, 월마트 신입 사원은 시간당 9달러를 받았다. 2017년에 시간급 노동자의 평균임금은 12달러였다.

소득 감소와 계층 하락에 적응하기 위해 발버둥치는 미국 노동자는 부채의 덫에서 빠져나오지 못한 채 개인 파산으로 내몰린다. 1980년에는 파산 신청을 한 가구가 28만 5000가구에 불과했으나, 2015년에는 100만 가구 이상이 파산 신청을 했다. 35년 만에 400퍼센트가 넘는 인상률이다. 연구자들의 2007년 통계에 따르면, 모든 파산의 약 60퍼센트가 의료비를 감당하지 못해서 발생했다.[5] 팀 듀이는 수상 택시 서비스가 수익을 내지 못해 파산 신청을 할 수밖에 없는 지경에 이르자, 곧바로 건강이 나빠지더니 심장 질환으로 6일 동안 병원 신세를 졌다. 그래도 팀은 퇴역 해군이라 치료비와 병원비를 연방 정부가 지불했지만, 대다수 미국인은 그렇게 운이 좋지 못했다. 2016년에 의료보험에 가입하지 않은 미국 시민은 2900만 명이 넘었다. 트럼프 행정부가 건강보험개혁법을 폐지하면 이 수치는 더 증가할 전망이다.

새로운 자본주의의 부정적인 영향은 다방면에 걸쳐 있으며, 그 여파는 자아와 정체성이라는 핵심적인 문제까지 깊이 건드린다. 노동자가 해고당하고 임금이 삭감되고 고정적인 일자리를 찾는데 애먹을 때, 그들은 종종 자신의 경제적 어려움을 개인의 실패나 한계 탓으로 돌린다. 이것이 미국 개인주의의 특징이다. 개인의 힘과 독자적인 노력을 강조하는 문화에서 거대한 사회과정의 지배적인 영향을 알아채거나 인정하기는 쉽지 않을 것이다. 그러나 팀 듀이나 그와 같은 사연이 있는 수백만 가구의 인생 경로는 사실상 새로운 글로벌 자본주의의 강력한 요소에 따라 형성된다. 새로운 자본주의는 더 나은 일자리를 찾아 오랫동안 살던 곳을 떠나게 만든다. 새로운 자본주의는 정규직을 제한하고 여러 회사에서 단기간 일하도록 만들며, 노동자와 그 가족의 불안감을 갈수록 키운다.

사회학자 리처드 세넷Richard Sennett은 최근의 경제적 변화가 문화에 미친 충격에 대해 몇 가지 연구를 한 뒤, 모든 것을 부식시키는 새로운 자본주의의 특징을 다음과 같이 요약했다.

단기적 사회에서 어떻게 장기적 목표를 추구할 수 있을까? 지속적인 사회관계가 어떻게 유지될 수 있을까? 삽화적인 사건과 파편으로 구성된 사회에서 인간이 어떻게 정체성과 삶의 역사에 관한 서사를 발전시킬 수 있을까? 새로운 경제 환경은 시간 속에서 이곳에서 저곳으로, 이 직업에서 저 직업으로 표류하는 경험을 먹고 산다. 단기적 자본주의는 인간성, 특히 인간을 결속하고 개개인에게 지속 가능한 자의식을 부여하는 인간성의 특징을 부식시키겠다고 위협한다.[6]

우리에겐 지속 가능한 자의식, 목적의식과 의미, 아침에 잠에서 깨야 할 이유가 필요하다. 우리 인생은 중요하고, 우리는 필요한 존재이며, 우리가 세상에 조금이라도 영향을 미친다고 믿어야 할 이유가 필요하다. 2장에서 살펴봤듯이 인간은 다른 무엇보다 근본적으로 사회적인 동물이다. 우리의 정체성은 사회적 관계의 산물이며, 예측 가능한 사회적 관계가 무너질 때 우리는 소외감과 상실감이 들고 의기소침해지고 우울해진다. 우리 대다수는 사랑하는 사람이 죽어 비탄에 빠졌을 때 이런 심리 상태가 된다. 이런 심리 상태는 한결같거나 장기적이던 관계의 상실과도 관계가 있다. 예컨대 이혼이나 자녀의 출가, 친구와 절교, 동료의 퇴직이 그런 경우다. 실직이 그토록 충격적일 수 있는 건 바로 이 때문이다. 해고당하는 건 단순히 봉급을 못 받는 것 이상을 의미한다. 해고는 당사자의 사회적 정체성과 자의식에 돌이킬 수 없는 충격을 준다. 실직자는 우울증과 알코올 남용, 육체적 질병으로 고통 받을 가능성이 높다.[7] 극단적인 경우 자살로 이어지기도 한다. 연구에 따르면 실직한 사람이 자살할 가능성

은 최대 세 배 더 높다.[8]

실직과 관련된 불안정성과 불확실성이 발산하는 충격적인 여파는 다른 사회관계까지 약화하고 무너뜨린다. 누구나 예상하다시피 배우자가 해고당하면 결혼 생활에 피해가 간다. 재정적 어려움, 개인적 우울함, 실직과 관련된 전반적인 좌절감 때문에 이혼할 가능성이 상당히 높아질 것이다. 직업의 불안정성이 애초에 결혼할 가능성을 떨어뜨린다는 강력한 증거도 있다.[9] 우리 삶의 한 부분에서 꾸준하고 예측 가능한 관계는 다른 부분의 꾸준하고 예측 가능한 관계에 의존한다. 한 공동체를 정의하는 사회적 관계로 구성된 네트워크는 직물을 섞어 엮은 끈 같아서, 한 가닥을 잡아당기면 옷 전체의 끈이 풀리는 일이 벌어질 수 있다. 우리는 이와 같은 도미노의 증거를 중소 도시가 거대 기업을 잃을 때 뒤따르는 충격적인 사회적 결과에서 가장 확실히 볼 수 있다.

위기에 처한 공동체

오하이오주의 로레인은 미국 중서부 산업 지대에 있는 전형적인 소도시다. 1800년대 초반 이리호 주변에 세워진 로레인은 20세기가 끝날 무렵, 인구가 7만 명이 넘었다. 조선소, 제철소, 자동차 산업이 주민에게 대를 이어 안정적인 일자리를 제공한 덕분에 공동체는 지속적인 번영을 누렸다. 그러나 1980년대 언젠가부터 기업이 이윤 증대를 위해 '아웃소싱' '하청' '합병' '구조 조정' 등을 시작하면서 지역 경제가 삐걱거리기 시작했다. U.S.스틸은 1982년 로레인에서 노동자 1800명을 해고했다. 포드자동차는 로레인 공장에서 생산라인 몇 개를 없애더니, 자동차 조립 일자리 수백 개를 노동자의 임금과 수당이 훨씬 낮은 멕시코 공장으로 이전했다. 제조업의 일자리 탈출은 20년 동안 천천히 계속됐고, 그 여파는 다른 산업에서도 느껴졌다. 2001년 마르코니커뮤니케이션즈는 회사를 '개편'하며 로레인에서 425명을 해고했다. 통계에 따르면 마르코니의 해고로도 로레인의 연간 소득세 50만 달러가 줄었다. 2002년 U.S.스틸의 자회사인 리퍼블릭엔지니어드프로덕츠는 300명을 추가로 해고하고, 노동자의 임금을 15퍼센트 삭감했다. 2004년에 포드자동차가 로레인 공장을 폐쇄했는데, 이는 로레인에 엄청난 일격을 가했다. 공장폐쇄로 1700명이 일자리를 잃고, 소득세 수입이 약 240만 달러나 줄었다. 이듬해 센추리텔레폰은 노동자 수백 명을 해고했고, 페더레이티드백화점은 로레인 지점에서 컴퓨터 운용 관련 일자리 95개를 없앴다. 한 소도시의 경제적 토대가 흔들리면 안정적이고 보수가 좋은 일자리와 공동체의 번영이 얼마나 강력하게 연결되는지 분명해진다.

1995~2005년 로레인에서 재산세 체납은 두 배 이상 늘고, 정부 부채는 급등했다. 세수가 줄자 로레인 행정부는 인원을 감축할 수밖에 없었고, 그 결과 실업자도 늘었다. 도로의 파인 곳은

메워질 줄 몰랐고, 공원의 잔디는 제멋대로 자란 채 방치됐으며, 시내 곳곳은 사람이 떠나고 없는 폐허처럼 보였다. 한때 가구점과 양품점, 미용실, 철물점, 꽃집 등이 들어선 공간은 비었으며, 상점의 문이나 창문은 판자로 막혔다.[10]

지역 경제에서 유통되는 달러가 줄고, 영세기업과 비영리 시민단체도 고통을 겪었다. 어린이 야구 리그는 후원자를 찾지 못해 애를 먹었고, 지역의 교회는 예배를 줄여야 했으며, 가톨릭 고등학교는 문을 닫았다. 2007년 로레인에서 세 번째로 많은 직원을 고용하던 로레인 공립학교 지구가 인원을 3분의 1로 감축했고, 교사 250명이 해고 통지서를 받았다.

2016년 현재, 오하이오주 로레인 인구의 27퍼센트가 빈곤선 이하로 생활한다. 1980년에는 전체 인구가 7만 5000명이었지만, 2016년에는 6만 4000명도 안 된다. 실직, 빈곤의 증가, 공공서비스의 감소는 집값 하락으로 이어졌다. 대다수 노동자 계층과 중산층 가정에게는 집이 가장 큰 자산인데, 로레인에서는 1980년 이후 집값이 20퍼센트 떨어진 것으로 추정된다.

안타깝게도 오하이오주 로레인의 사례는 남의 이야기가 아니다. 고임금 노동자 계층의 일자리가 도시를 떠날 때, 사회에 미치는 경제적 여파는 광범위하다. 이런 현상은 특히 새로운 경제가 한 세대 이상 지속 가능한 일자리를 만들지 못하는 대도시 중심부의 저소득층 거주 지역에서 두드러진다. 그 결과 범죄행위가 유일하게 예측 가능한 수입원이 되기도 했다. 합법적인 경제가 젊은이에게 일자리나 밝은 미래를 제공하지 못할 때, 심리적 탈출과 신속한 현금 투입을 위해 암시장의 지하경제가 대안을 제공한다. 사회학자 일라이자 앤더슨Elijah Anderson은 대도시 중심부의 가난한 동네에 사는 젊은이의 인생 경험을 심층 분석한 뒤, 이 문제를 다음과 같이 요약한다.

> 너무나 많은 공동체에서 일어나는 경제적 위기는 젊은이를 벽으로 밀어붙이고, 예전 같았으면 도덕적으로 망설였을 일을 하도록 부추긴다. 정상적인 경제에서 일자리를 구할 수 없는 소년은 하루 아침에 마약상이 되고, 이런 소년은 점점 많아진다. 이 소년은 어느 정도 성공할 수 있는 일에 근거해서 많은 것을 선택하고 결정한다. 거리에서 자라며 거리의 규칙을 두루 꿴 소년은 지하경제에도 친숙하다. 자기 것으로 만들면 거리라는 세계에서 통하는 수완(사람을 침착하게 다루는 법, 움직이는 법, 보이는 법, 행동하는 법, 옷 입는 법)은 일종의 자본이다. 중산층 사람은 존경하지 않겠지만, 그럼에도 이것은 현금으로 바꿀 수 있는 자본이다.[11]

폭력도 곤두박질치는 경제의 달갑지 않은 부산물이다. 불법 마약 거래는 물리적 힘과 폭력의 위협으로 허가되고 지배된다는 점에서 특히 위험하다. 범죄 통계분석에 따르면, 공장폐쇄와 인원 감축으로 큰 고통을 겪는 도시에서는 살인 사건이 크게 늘어난다.[12] 갈수록 범죄와 폭력이 늘고 동네가 황폐해지면서 큰 기업에겐 도시를 떠날 다른 핑계가 생기고, 평소 같으면 인근의 상점을 이용했을 소비자에겐 상점을 멀리할 이유가 생긴다.

가장 가난하고 취약한 시민에게 가장 큰 타격을 주는 불평등의 악순환이다. 1975년 새로운 자본주의가 맹위를 떨치기 직전에 교도소에 수감된 미국인은 40만 명 미만이었는데, 2016년에는 그 수가 230만 명으로 대폭 늘었다. 무려 500퍼센트 이상 증가한 것이다! 오늘날 미국은 세계에서 교도소 수감률이 가장 높다. 새로운 죄수는 대부분 가난한 동네 출신에, 오랫동안 실직 상태에 있던 사람이다. 게다가 미국의 사법제도는 인종을 차별한다. 예를 들어 수 세기 동안 노예제도와 차별 대우, 인종주의 정부의 정책에 착취당한 흑인은 경제 침체에 특히 취약하다. 젊은 흑인 남성은 젊은 백인 남성보다 실업률이 2배가 높다. 형법 제도를 통한 착취는 경제적 불평등의 또 다른 결과다. 교도소에 수감된 젊은 흑인 남성은 젊은 백인 남성보다 7배 가까이 많다. 미국 남성 인구에서 흑인이 차지하는 비율은 14퍼센트에 불과한데, 교도소에서는 40퍼센트가 넘는 재소자가 흑인 남성이다.[13]

많은 소도시가 새로운 경제가 불러온 참혹한 피해에서 회복하려고 필사적으로 노력하며, 그 과정에서 시민의 안정적인 일자리를 확보하기 위해 교도소 산업의 확대에 기대를 건다. 물론 공장폐쇄와 실직에 책임이 있는 경제 세력이 범죄행위와 관계된 사회적 상황에도 기여한다는 건 슬픈 아이러니다. 결국 그들은 더 많은 교도소 건립을 지지하는 공공 정책을 독려하니까! 공동체의 지도자와 정치인은 돈을 잃을 때마다 '판돈을 2배로 올리는' 도박꾼처럼 종종 가짜 희망의 소용돌이에 휘말린다. 정부가 교도소 건립에 들어가는 세금을 줄이라고 지시하면 피해를 보는 건 다른 사회복지사업이다. 1986~2015년 교도소에 들어간 주세州稅와 지방세 부담은 141퍼센트 늘어난 반면, 고등교육에 들어간 지출 부담은 20퍼센트 줄었다. 2015년 11개 주에서는 공립대학에 들어가는 비용보다 많은 돈을 교도소에 지출한다.[14]

교정 기관에 더 많은 세금이 들어가면서 공립대학의 교육비가 올랐고, 학생은 더 많은 교육비를 부담한다. 공립대학 등록금이 많이 오른 반면, 장학금을 비롯한 학자금 지원은 줄었다. 내가 사는 오리건주가 대표적이다. 1986년에 등록금과 수강료는 연간 1500달러 정도였는데, 2017년에는 1만 달러로 올랐다. 물가 상승률을 감안하더라도 등록금만 2배가 오른 셈이다. 여기에 교재비와 생활비를 더하면 공립대학에 다니는 4년간 들어가는 학비는 연간 약 2만 5000달러가 될 것이다. 이는 많은 가정에 분명히 장벽이다. 결국 대학 교육을 받을 수 있는 기회는 25년 전보다 훨씬 줄었다.[15]

우리는 실직, 범죄, 이혼, 교육 결핍, 좋지 못한 건강 같은 문제가 단순히 개인의 한계나 약점을 반영한다고 결론 내릴 수 없다. 팀 듀이와 그의 가족이 겪은 개인적인 시련은 훨씬 더 큰 패턴을 보이는 사회문제 가운데 일부다. 사회문제에 극단적으로 개인주의적인 태도를 취하는 사람은 부정과 불평등이라는 유산을 만드는 데 기여하는 사회적 힘의 영향력을 무시한다. 팀 듀이는 롤러코스터를 탄 듯 널을 뛰는 자신의 감정과 급격히 나빠진 경제 사정이 개인적인 통제 범위를 벗어난 광범위한 경제적 요소의 변화에 따른 결과라는 사실을 이해하지 못할 수도 있다. 하지만 새로운 자본주의가 팀 듀이와 다른 미국 가정의 사회적 생활의 토대를 갉아먹는다는 것은 거의 의심할 여지가 없는 사실이다. 이제부터 살펴보겠지만, 인생을 바꿔놓을 새로운 자본주의의 힘은 미국에 국한된 것이 아니라 전 세계에 미친다.

차이나 블루

재스민은 작업대에 앉았다. 작업대를 둘러싼 삼면에는 최근에 바느질한 유명 브랜드 청바지가 산더미처럼 쌓였다. 그녀는 비단같이 검은 머리카락을 포니테일 스타일로 등 가운데까지 늘어뜨렸다. 어깨가 처진 채 구부정하게 앉은 재스민의 눈에서는 금방이라도 눈물이 터져 나올 것 같다. 인정사정없는 공장 감독관이 왼쪽 어깨 뒤에서 서성거리며 작업 속도를 더 올리라고 다그친다. 재스민은 작은 가위를 서툰 솜씨로 놀려 청바지에서 나온 실을 자른다.[16]

재스민은 최근에 열여섯 살이 됐지만, 나이보다 훨씬 어려 보인다. 자그마한 몸집에 키는 150센티미터가 겨우 넘고, 얼굴은 동그랗고 보들보들하며, 눈은 검은색이다. 그녀는 혼자가 아니다. 공장에는 700명이 넘는 노동자가 있으며, 대부분 열네 살밖에 안 된 소녀다. 공장의 작업장은 시멘트로 만든 칙칙한 방으로, 형광등이 줄지어 매달린 차고를 연상시킨다. 늘어선 작업대는 다양한 제조 단계에 있는 옷으로 어수선하다. 소녀들은 눈이 핑핑 돌 정도로 빠르게 작업하느라 여념이 없다. 바느질하고 자르고 접고 포장한다. 이야기하는 것은 금지다. 비디오카메라 여러 대가 작업장을 감시하고, 공장 벽에 붙은 커다란 포스터에는 이런 글귀가 적혔다. '오늘 열심히 일하지 않으면 내일은 열심히 일자리를 찾아야 할 것이다!'

이는 재스민이 중국 중부 쓰촨四川성에 있는 시골 마을을 떠날 때 기대한 인생이 아니다. 그녀의 집안은 대대로 염소와 오리를 키우고, 계단식 논에서 쌀을 경작하며 살아왔다. 하지만 정치와 경제가 변했다. 재스민은 가족을 위해 자신이 동부 해안에 있는 새로운 산업도시에 가서 공장에 취직해야 하는 상황을 이해했다. 같은 마을에 사는 많은 젊은이가 그랬듯이, 재스민도 이틀 동안 기차를 타고 중국 남동부 주장강珠江 삼각주에 인구 500만 명이 넘는 활기차고 분주한 산업도시 광저우廣州로 떠났다. 그녀에겐 편도 기차표와 아버지가 딸을 위해 모아둔 100위안(미화 약 12달러)이 있었다. 기차를 타는 것도, 도시로 가는 것도 그녀에겐 태어나서 처음 있는 일이었다.

재스민이 일하는 리펭 의류 회사는 중국의 이 산업 지역에 있는 많은 의류 공장과 다를 바 없다. 삭막한 4층 건물이 시멘트 벽과 철제 울타리에 둘러싸였다. 건물 입구에는 젊지만 표정이 굳은 경비원이 신분증을 확인하고, 직원이 공장을 나설 때는 가방을 검사한다. 대다수 노동자에겐 공장 밖으로 나갈 시간이 거의 없다. 그들은 장시간 일한다. 일주일에 7일 동안 일하고, 공장 안쪽에 있는 궁색한 기숙사에서 먹고 잔다. 재스민의 침대는 다른 소녀 11명과 함께 쓰는 방에 간신히 쑤셔 박혔다. 난방이 열악해서 재스민은 겨울에 옷을 입고 침대에 누워 온기를 유지해야 한다.

이 고생을 하면서 그녀가 버는 돈은 하루에 2달러가 안 된다. 회사는 식비와 방세를 공제하고, 세탁할 때 사용하는 온수 한 양동이당 추가 요금을 받는다. 재스민은 아침에 지각하면 벌금을 물어야 한다. 아프거나 임신하면 해고당한다. 그녀는 가족이 보고 싶지만 집에 갈 형편이 못 된다. 기차표는 한 달 치 월급에 맞먹고, 재스민은 그 여행을 위한 돈을 모을 만큼 긴 시간 동안 일하지 않는다. "집에 갈 수 있으면 좋겠지만 가족이 실망할 거예요." 그녀는 한숨을 내쉰다. "가족을 볼 낯이 없어요. 그들을 실망시킬 수는 없어요. 그들은 정말로 저한테 의지하거든요."

재스민의 인생은 암담해 보이지만, 리펑 공장주 람은 꽤 잘나간다. 전직 경찰서장인 그는 널찍하고 현대적인 사무실에서 관리자들을 감독한다. 그는 최신형 벤츠를 몰고 다니며 프랑스, 오스트레일리아, 영국, 캐나다, 미국에서 온 유통 업자와 고급 레스토랑에서 저녁을 먹고, 계약서를 작성한다. 그는 직원에게 눈곱만큼도 관심이 없으며, 그들이 착취당한다고 생각하지 않는다. 오히려 람은 자신이 희생자라고 생각한다. "노동자가 우리를 이용해 먹어요." 그는 투덜거린다. "그들이 야근하면 우리는 한밤중에도 공짜로 간식을 제공합니다." 람은 중국의 많은 고용주와 마찬가지로 노동자를 고용할 때 시골 출신 소녀를 선호한다. 고분고분하고 고된 작업 일정에 항의할 가능성이 적기 때문이다. 그럼에도 그는 자신이 고용한 노동자의 태도가 수상쩍고 못마땅하다. "이주 노동자는 오로지 자기 배를 채우고 싶어 합니다. 많은 노동자가 규칙을 위반해요. 다른 사람이 좋은 물건을 가진 걸 보면 질투하고요."

그러나 재스민은 물질적인 욕심이 조금도 없다. 그녀의 유일하고 간절한 바람은 집으로 돌아가는 것이다. "엄마가 여기 계신다면 엄마 품에 안겨서 펑펑 울 것 같아요. 어쩌면 이건 악몽일 수도 있어요. 잠에서 깨면 학교로 돌아가서 친구들과 놀 거예요."

글로벌 커넥션

재스민의 애달픈 이야기가 가족을 부양할 안정적인 일자리를 찾기 위한 팀 듀이의 악전고투와 무관해 보일 수도 있다. 하지만 두 사람이 경험한 격변의 삶은 '세계화globalization'의 산물이다. 재스민이 시골 마을을 떠나 도시의 공장에 취직하게 만든 경제적 요인과 팀이 캘리포니아의 가족을 떠나 인디애나와 플로리다로 갔다가 인디애나로 돌아오게 만든 경제적 요인은 똑같다. 재스민과 팀을 짓누르는 새로운 경제 상황은 전례 없는 속도와 규모로 가동되는 글로벌 자본주의의 일부다. 중국 같은 동아시아 국가는 유럽이나 북아메리카와 수백 년 전부터 무역을 해왔지만, 글로벌 자본주의가 지금처럼 많은 사람에게 광범위하고 즉각적인 영향을 미친 경우는 일찍이 없었다. 18세기 후반, 중국 상인에게 팔 동물 가죽을 싣고 뉴욕 항을 떠난 무역선은 미국의 소비자에게 팔 차※와 비단, 향신료를 싣고 돌아왔다. 여행 기간, 상인과 협상하는 데 들어가는 시간을 포함해 거래가 완결되기까지 1년 이상이 걸렸다. 오늘날은 100만 달러짜리 계약이 컴퓨터로 몇 시간 만에 성사된다. 중국 상품이 미국의 선적항에 도착하는 데 며칠이면 충분하다. 1850년대에 캘리포니아의 기업가는 광산에서 일하고 철도를 건설할 값싼 노동력이 필요하면 중국 이민자를 모집해 착취적인 환경에서 최저임금을 주고 부려먹었다. 오늘날 미국의 많은 기업가는 값싼 노동력이 필요하면 생산 시설을 아예 중국으로 이전하거나, 중국 회사와 하도급 거래를 한다. 거대 다국적기업이 더 빨리, 더 많은 이윤을 내기 위해 전 세계를 휘젓고 다닐 때 일반 노동자의 걱정거리는 관심 밖으로 밀려나고, 새로운 사업 모델을 위해 유감스럽지만 불가피한 적응 과정으로 치부된다.

'세계화'는 사회학자가 새로운 자본주의를 특징으로 하는 경제와 문화의 극적인 변화를 묘사하는 데 사용하는 용어다. 중립적인 입장에서 '세계화'를 정의하면 점점 더 많은 상품과 서비스, 자본, 사람, 정보, 문화가 국경을 넘어 경제적·정치적 상호 의존성이 더 커지는 현상이라고 말할 수 있다. 이렇게 정의하고 보니 세계화가 꽤 긍정적으로 들린다. 실제로 정치인, 경제학자, 사회평론가 중에는 세계화가 결국 세계에 경제적·사회적 진보를 가져다줄 불가피한 진화의 과정이라고 보는 사람도 있다. 이 때문에 로널드 레이건부터 버락 오바마Barack Obama까지 미국 대통령은 세계화와 세계화가 약속하는 새로운 글로벌 시장의 응원단장 역할을 맡았다. 대기업과 세계은행 같은 국제금융 기구는 국가 간 '자유무역'이 전 세계의 빈곤을 줄이고 사회를 발전시킬 거라고 주장한다. 이런 낙관적 견해의 문제는 현재의 세계화가 공개적이고 자유롭고 민주적인 과정이 아니라는 사실을 무시한다는 점이다. 소수의 강력한 기관과 부유한 개인들이 생계가 위태로운 수백만 노동자보다 세계화의 과정과 방향에 더 많은 결정권을 갖고 있다. 그 결과 '상호 의존성'은 전 세계 대다수 사람에게 평등이나 희망의 상호 의존성이 아니다. 다국적기업은 세계화를 통해 이득을 보지만, 노동자는 대체로 고통 받는다.

재스민이 청바지에서 실을 잘라내는 단조로운 작업은 엄청나게 큰 생산 사슬에서 작은 연결 고리다. 미국의 전형적인 소비자가 월마트에서 바지를 구입하거나 노드스트롬에서 새 셔츠를 구입할 때, 이 소비자는 재스민과 그 동료들이 감내한 고생을 모른다. 재스민을 비롯한 중국의 노동자가 모르는 사실도 있다. 그들이 도시의 의류 공장으로 이주할 때, 미국의 노동자는 다니던 공장이 중국으로 이전하면서 생계 수단을 잃었다는 사실이다. 1997~2009년 미국의 섬유와 의류 산업 분야에서 649개 공장이 문을 닫았고, 프루트오브더룸이나 벌링턴인더스트리스 같은 회사는 해외의 생산 시설을 엘살바도르, 베트남, 중국 등지로 옮겼다. 2002~2007년 리넨, 수건, 옷, 실, 직물을 생산하는 미국 노동자의 일자리가 30만 개 이상 사라졌다.[17] 미국의 직물은 남동부에 있는 중소 도시에서 생산되며, 이곳 의류 산업의 평균임금은 일주일에 500달러가 안 된다. 그러나 시간당 10달러가 안 되는 임금에도 미국 노동자가 수천 킬로미터 떨어진 나라에서 시간당 1달러에 훨씬 못 미치는 돈을 받으며 일하는 노동자와 경쟁하기란 불가능하다.

한창때 켄터키주 캠벨스빌에 있는 프루트오브더룸 공장은 직원이 4000명이 넘었다. 캠벨스빌 주민 거의 40퍼센트가 프루트오브더룸 공장에서 일한 셈이다. 모든 주민의 가족 중 적어도 한 사람은 그 회사와 관련있는 것처럼 보였다. 엄마, 아빠, 형제, 자매, 이모, 고모, 삼촌 모두 소도시의 같은 회사에서 티셔츠와 반바지를 만드는 일로 생계를 꾸렸다. 많은 직원이 프루트오브더룸에서 20년 이상 일했고, 더러 같은 공장에서 40년 넘게 일한 사람도 있었다. 프루트오브더룸이 없는 캠벨스빌은 상상하기 힘들었다. 그러나 1998년 6월, 회사 경영진은 캠벨스빌 공장을 폐쇄하고 엘살바도르에 새 공장을 열기로 결정했다. 공장 스피커에서 회사의 결정이 발표됐을 때 대다수 직원은 망연자실했고, 몇몇 직원은 감정을 주체하지 못하고 하염없이 눈물을 흘렸다.

프루트오브더룸은 결국 중앙아메리카의 새로운 공장에서 하루 9~10시간 근무에 5~10달러를 지급하는 조건으로 엘살바도르인 8000명을 고용했다. 마리아 퀴로아(30세)는 전형적인 종업원이다. 그녀는 생산공정 마지막에 상자를 포장하는 일을 해서 일주일에 약 50달러를 벌었다. 단순하고 지루한 일이지만, 혼자서 아이를 기르는 그녀는 새 직업이 가족에게 경제적 든든함과 안정적인 삶을 가져다주리라는 기대를 품었다. 마리아는 켄터키주 캠벨스빌의 프루트오브더룸 직원과 마찬가지로 새로운 경제의 냉담하고 계산된 속도를 예상하지 못했다. 회사가 2004년에 생산 시설을 중국으로 이전하기로 결정하면서 그녀는 다른 직원 500명과 함께 해고됐다. 일자리를 잃고 절박해진 마리아는 위험을 무릅쓰고 미국에 이주하기로 결심했다. 미국에 가면 고향에서 아들을 돌봐줄 친척에게 돈을 보낼 만큼 벌이가 좋은 일자리를 구할 수 있기를 바랐다. 그녀의 여행에는 도처에 위험이 있고 불법적으로 국경을 넘어야겠지만, 달리 선택의 여지가 없었기에 그 여행을 감행하기로 했다. 그러나 과테말라와 멕시코 국경에서 체포되어 고향으로 송환되는 바람에 마리아의 계획은 적어도 일시적으로 틀어지고 말았다.[18]

중국은 왜 이토록 빨리 거대 제조 기업이 선호하는 행선지가 됐을까? 나라 간 의사소통이 쉬워지고 현대의 운송 수단이 빨라지면서 이제 북아메리카나 유럽에 본사를 둔 회사에게 지리적 거리는 장벽이 아니다. 게다가 중국은 기업에게 더 바람직한 '사업 환경'을 제공할 수 있다. 좀 더 직설적으로 중국 정부는 매우 낮은 임금과 긴 근로시간, 아주 적은 사업 소득세를 보장하며, 건강과 안전과 환경에 관한 규제도 거의 없다. 세계에서 가장 인구가 많은 나라에 새롭게 들어선 수천 개 공장에서는 재스민 같은 노동자 수백만 명이 착취당하며 외국 회사의 이윤이 확대되기를 기다린다. 중국이 의심스러운 민주주의 전력이 있고, 독립적인 노조를 불법으로 금지한다는 사실은 대다수 기업에게 관심 밖이다. 많은 잠재적 투자자에게 이런 상황은 오히려 사업하기 좋은 환경임을 말해주는 또 다른 지표일 뿐이다. 중국이 계속 자본주의에 열성적이라는 사실이 중요하다.

외국인 투자자에게서 매주 10억 달러 이상이 쏟아져 들어오며 중국은 전례 없는 사회적 변화를 경험하고 있다. 불과 몇 년 사이에 새로운 산업도시가 속속 생기고, 종전의 도심은 기록적인 속도로 팽창하며, 이에 수반되는 공기 오염과 수질오염, 인구 과밀, 범죄 문제도 날로 심각해진다. 예를 들어 선전深圳은 1980년대에 인구가 31만 명인 중규모 도시였다. 그러나 주장강 삼각주 산업 지역에 위치한 까닭에 경제개발과 외국자본 투자의 주요 표적이 됐다. 중국 정부가 이 지역을 '특별경제구역'으로 지정한 뒤 선전 인구는 1995년에 345만 명으로 급증했으며, 이후

10년에 걸쳐 600만 명이 추가로 이 도시에 자리 잡았다. 현재 선전 인구는 1000만 명이 넘고, 계속 놀라운 속도로 늘고 있다. 중국 정부가 이 도시에 새로 자리 잡은 사람을 대부분 정식 선전 시민이 아니라 '임시 주민'으로 여긴다는 점이 특이하다. 그 결과 이들의 정치적 권한은 상당히 제한된다. 대다수 임시 주민은 재스민처럼 중국 서부의 시골 마을에 살다가 경제적 성공을 찾아 이주한 젊은 여성인데, 결국 그들이 구하는 일자리는 혹독한 환경에서 일해야 하는 공장의 임시직이다.[19]

자본과 일자리가 미국에서 아시아로 이동하는 것이 의류 산업이나 블루칼라의 제조업에 국한된 현상이 아니라는 점이 중요하다. 실제로 세계 500대 기업 가운데 450개 기업이 중국에 상당한 액수를 투자했다. 컴퓨터 산업과 그 밖에 첨단 기술 분야 회사도 다른 나라에서 노동자의 저임금과 수당 축소를 이용할 방법을 찾는다. 한 예로 세계 최대 컴퓨터 칩 제조업체인 인텔은 2006년 미국에서 일자리 1만 500개를 줄이는 대신, 베트남에 있는 칩 제조 공장과 시험 설비를 대대적으로 확장하기 위해 10억 달러를 투자한다고 발표했다. 세계 최대 정보 통신 기술 업체인 IBM은 2005년 미국과 유럽에서 노동자 1만 3000명을 해고하고, 인도에서 1만 4000명 이상을 고용하기로 했다. 미국에서 숙련된 소프트웨어 프로그래머가 받는 연봉은 10만 달러에 가깝지만, 인도에서 실력이 같은 프로그래머가 받는 연봉은 1만 5000~2만 달러다. 이런 까닭에 미국 회사 IBM이 미국보다 인도에서 많은 직원을 고용하는 건 놀랄 일이 아니다.

팀 듀이는 미국의 컴퓨터 산업이 기회가 확장되는 분야가 아니라는 것을 경험으로 배웠다. 실제로 2000년 이후 컴퓨터 하드웨어 분야 일자리는 감소하고, 같은 기간 미국에서 소프트웨어 분야 일자리는 증가세가 꺾였다. 팀 듀이가 처음에 시작한 콜 센터 일은 특히 이직률이 높으며, 외국에 아웃소싱 하기 쉬운 표적이기도 하다. 인도에서 콜 센터 직원은 대학 졸업장이 있고 영어 실력이 유창한데, 이들이 받는 월급은 200달러가 안 된다. 이런 글로벌 경쟁이 펼쳐지니 팀 듀이가 벨테크에서 대폭적인 임금 상승을 기대하기 힘든 것도 어찌 보면 당연한 일이다.

누가 이득을 보는가?

글로벌 자본주의가 새로운 부의 원천을 만들고, 그 부의 원천이 확대된다는 점에는 이론의 여지가 없다. 2016년에 전 세계에는 억만장자가 1810명 정도 있었다. 그중 540명은 미국에, 251명은 중국에, 111명은 인도에 살았다. 세계 최고 부자는 마이크로소프트Microsoft Corporation, MS 공동 창업자 빌 게이츠Bill Gates 로, 그의 순자산은 750억 달러가 넘는다고 추정된다.[20] 그렇게 어마어마한 재산은 보통 사람이 상상하기조차 힘들지만, 시급으로 쪼개면 우리가 이야기하는 돈이 얼마나 큰돈인지 어느 정도 감이 잡힌다. 예를 들어 나이키 창업자 필 나이트를 보자. 그의 재산은 2014년 212억 달러에서 2015년 247억 달러로 급격히 늘었다. 한 해 동안 매일 900만 달러 이상 번 셈이다. 시급으로 따지면 거의 40만 달러에 이른다.

세계의 부자가 기록적인 속도로 더 부자가 되는 게 분명한 반면, 가난한 사람은 여전히 가난에서 벗어나지 못한다. 10억 명이 넘는 사람들이 하루에 1달러도 안 되는 돈으로 살아남기 위해 발버둥치고, 12억 명은 하루에 1~2달러로 살아간다. 현재 전 세계 인구의 40퍼센트 이상이 극빈층보다 못한 조건에서 사는 것으로 추정된다. 우리는 역사상 이토록 극심한 불균형을 목격한 적이 없다. UN《인간개발보고서Human Development Report》에 따르면, 세계 최고 부자 50명의 수입이 가장 가난한 4억 1600만 명의 수입을 합친 것보다 많다.[21] 부유한 나라와 가난한 나라의 불균형이 지속될 뿐만 아니라, 같은 나라에서도 불균형이 두드러진다. 예컨대 미국인은 탄자니아의 시민보다 평균 61배 부유하지만, 미국에서 상위 1퍼센트 가구가 1년에 100만 달러 이상 버는 데 비해 하위 90퍼센트는 평균 3만 3000달러를 번다.

기업은 갈수록 많은 부를 축적하면서 더 많은 이윤을 남겨 최고경영자CEO의 주머니를 집중적으로 불려준다. 1978~2014년 미국의 CEO 임금 인상률은 평균 997퍼센트인 반면, 노동자 임금 인상률은 평균 10.9퍼센트에 불과했다. 대기업의 경영진이 직원보다 많이 버는 것은 어제오늘 일이 아니지만, 사무실의 소수 정예와 현장 노동자를 가르는 소득 격차가 무서울 정도로 빠르게 벌어진다. 예를 들어 1965년 평균적인 CEO의 수입은 평균적인 노동자의 수입보다 24배 많았지만, 2014년 평균적인 CEO의 수입은 평균적인 노동자의 수입보다 300배 많다.

CEO는 거의 예외 없이 자신이 축적한 재산에서 동전 한 푼까지 받을 자격이 있다고 생각한다. 한 예로 억만장자 은행가 샌퍼드 웨일Sanford I. Weil은 소득과 재산이 기업 리더의 수중에 지나치게 집중되는 현상을 이렇게 변호한다. "지금 우리가 이룬 것은 다른 누구에게 의존하지 않고 이룬 것입니다." 이는 자신의 노동으로 새로운 글로벌 경제의 토대를 제공한 전 세계 노동자의 땀과 노력을 무시하는 발언이다. 한술 더 떠 새로운 자본주의에서 일하는 많은 CEO는 사실상 일자리를 줄이고 임금을 삭감한 공로에 대한 보상을 받는다. 존 트라니John Trani가 전형적인 경우다. 1997년 트라니는 계약금 100만 달러에 연봉 100만 달러를 받기로 하고 스탠리코퍼레이션에 채용됐다. 그는 이후 6년 동안 43개 공장의 문을 닫고, 5500개가 넘는 일자리를 줄였다. 그는 이런 노력의 대가로 보너스 800만 달러와 연간 130만 달러의 퇴직연금을 받았다. 2001년 휴렛패커드의 CEO 칼리 피오리나Carly Fiorina도 이와 비슷하게 비정한 탐욕을 보여준다. 그녀는 회사의 급료 지불 명부에서 2만 5000여 명을 해고한 뒤, 연봉이 120만 달러에서 410만 달러로 껑충 뛰었다.

세계의 갑부와 극빈자는 접촉할 기회가 거의 없다. 그렇다고 그들의 삶이 연결되지 않았다는 뜻은 아니다. 필 나이트 같은 사람이 내리는 경제적 결정은 의류 산업에서 고생스럽게 일하는 재스민 같은 소녀의 삶에 엄청난 영향을 미친다. 이제 곧 살펴보겠지만, 때때로 부자와 빈자의 관계는 매우 친밀하고 사적인 성격을 띤다.

로웨나

로웨나 바티스타는 워싱턴 D.C.의 부유한 동네에 있는 큰 벽돌집에 산다.[22] 그녀는 두 살배기 노아를 돌보기 위해 매일 아침 7시에 일어나는 애정이 가득한 엄마다. 로웨나와 노아는 아침을 먹은 뒤 공원을 산책하고, 지역 도서관에서 책을 읽거나 놀이 친구들과 어울리며 시간을 보낸다. 오후에는 둘이 몸을 동그랗게 말고 낮잠을 잔다. 노아는 로웨나가 부드럽게 속삭이는 자장가에 몸과 마음이 편안해질 것이다. 로웨나와 노아를 보면 전형적인 엄마와 딸의 다정한 사랑이 떠오르지만, 노아는 로웨나의 딸이 아니다.

로웨나는 숙식을 제공받으며 노아의 입주 유모로 일하는 대가로 매달 750달러를 받는다. 이 일은 로웨나가 애정과 슬픔을 느끼며 하는 직업이다. 로웨나의 자녀인 아홉 살 클린턴과 열 살 프린셀라는 1만 6000킬로미터 떨어진 필리핀 카밀링에 산다. 로웨나는 7년 전에 그들을 필리핀에 두고 미국으로 왔다. 클린턴이 노아 나이일 때다. 최근에 두 아이가 아팠다는 소식을 듣고, 그녀는 눈물이 그렁그렁했다. "내 새끼들이 아플 때 옆에 있어 줘야 하잖아요. 그게 엄마가 할 일이잖아요." 그러나 로웨나는 자기 아이 대신 다른 사람의 아이에게 사랑을 준다. "내 아이에게 줄 수 없는 것을 노아에게 줘요. 노아를 돌보면 엄마가 된 기분이 드니까요."

노아의 엄마인 마이라는 딸을 믿음직하게 돌보는 로웨나에게 고마워한다. 그녀는 국제적인 홍보 회사의 임원으로, 정신없이 바빠 주중에는 노아를 돌볼 시간이 없다. 시간이 없기는 대사관에서 일하는 노아의 아빠도 마찬가지다. 야망이 큰 이 젊은 부부는 하나뿐인 아이 양육을 로웨나에게 의지한다. 마이라는 로웨나의 도움에 고마워하면서도 그들의 관계에 얄궂은 점이 있다는 사실을 안다. "로웨나가 자기 아이들을 위해 어마어마하게 희생하는 걸 압니다. 하지만 제 딸한테도 그런 희생을 한다고는 상상이 되지 않네요."

로웨나는 2년이 넘도록 필리핀에 가지 못했다. 로웨나와 아이들은 물리적으로 멀리 있다 보니 감정적인 거리도 멀어졌다. 클린턴과 프린셀라는 엄마가 우편으로 보낸 선물이 배달되거나 이따금 전화가 오길 기대하지만, 그 외에 별다른 기대는 하지 않는다. 카밀링에 있는 클린턴과 프린셀라는 대부분 안나 드 라 크루스의 보살핌을 받는다. 안나는 매일 아침부터 와서 요리와 청소를 하고, 로웨나의 아이들을 돌본다. 클린턴과 프린셀라를 향한 안나의 애정은 노아를 향한 로웨나의 애정을 거울처럼 보여준다. 슬프고 얄궂은 반전이랄까, 로웨나는 필리핀에서 자신의 아이들을 봐주는 안나에게 매달 50달러를 보낸다. 그러나 안나도 엄마다. 안나가 로웨나의 아이들을 봐주는 동안 그녀의 아들을 돌봐주는 사람은 시어머니다. 이처럼 꼬리에 꼬리를 무는 대리 관계를 통해 마이라와 로웨나, 안나와 시어머니는 전 세계 엄마와 아이를 떼어놓는 '엄마 역할의 사슬'로 연결된다. 엄마 역할의 사슬은 대다수 엄마와 아이들에게 불만을 주는 가슴 아픈 트렌드다. 슬픈 결말에도 국제적인 엄마 역할의 사슬은 점점 더 보편화되고, 전례 없는 속도로 증가한다. 이는 글로벌 자본주의의 기이한 논리에 따라 권장되고 지탱되는 새로운 가족 형태다.

이상하게 들릴 수도 있지만, 로웨나가 아이들을 두고 떠난 건 아이들을 보살피고 싶었기 때문이다. 그녀는 3년 동안 대학에 다녔으나, 최저생활비를 벌 일자리를 구할 수 없었다. 로웨나는 미국에서 유모로 일하며 다달이 400달러를 집으로 보내는데, 이는 고향 마을에서 의사의 수입보다 많은 액수다. 로웨나의 남편은 가정에 기여하지 못한다. 그는 일하기 위해 한국으로 이주했지만, 로웨나와 아이들이 출입국관리 당국에 의해 강제로 추방당한 뒤 연락이 두절됐다.

필리핀의 많은 시골 마을이 그렇듯이 카밀링도 경제 침체기다. 범죄와 마약, 노숙이 만연하다. 많은 집이 전기와 수도가 끊겼다. 필리핀 아이의 30퍼센트는 부모 중 한쪽이 외국에 일하러 나간 것으로 추정된다. 로웨나에게 미국 이주는 비인간적이고 전 세계적인 문제를 해결할 개인적이고 가슴 아픈 방법이다.

돌봄을 팝니다

로웨나의 이야기는 세계화가 생산과 무역, 이윤에 국한된 것이 아님을 상기시킨다. 새로운 글로벌 자본주의는 전 세계 가정에서 근본적인 인간관계까지 바꿔놓는다. 글로벌 경제의 한 분야에서 노동자는 옷이나 식품, 컴퓨터, 자동차를 만드는 일을 하지만, 다른 분야에서는 집 안 청소와 요리, 아이 돌봄, 대화, 위로, 심지어 사랑까지 제공하는 노동자가 고용된다. 이주 노동자는 어린이집과 실버타운, 교외의 목장 주인집과 고층 아파트에서 어린아이를 돌보고, 늙은 부모를 수발하고, 침실을 청소하고, 음식을 만들어주는 대가로 보수를 받는다. 이들은 대부분 가난한 나라 출신이며, 열에 아홉은 감정과 임금을 교환하는 일종의 감정 노동에 종사하는 여성이다. 많은 중산층 가정은 아시아와 라틴아메리카에 생산과 노동을 '아웃소싱' 하는 다국적기업과 마찬가지로 과거에 친척이 해주던 서비스를 받기 위해 '하청 계약'을 맺는다.

사회학자 앨리 러셀 혹실드는 로웨나 바티스타의 이야기를 바탕으로 자신이 '돌봄 유출care drain'이라 이름 붙인 현상을 설명한다. 돌봄 유출은 돌봄 노동자가 가난한 나라에서 부유한 나라로 이주하는 현상을 일컫는다. 자발적으로 이주한 경우도 있겠지만, 부유한 나라로 이주하는 것은 대부분 압박감과 절박함 속에 내린 무서운 선택이다. 2015년에 미국에 사는 이민자는 합법적인 이민자와 불법 체류자를 합해 4200만 명에 이르며, 그중 절반이 여성으로 추정된다. 로웨나처럼 가난한 젊은 엄마가 부유한 미국인의 아이를 돌보기 위해 떠날 때, 가장 큰 곤경에 빠지는 건 엄마와 헤어지는 아이들이다. 이 아이들은 보살핌과 물리적 접촉의 상실을 겪고, 한 가족에게서 추출한 보살핌과 물리적 접촉이 다른 가족에게로 옮겨진다. 혹실드의 표현을 빌리면, 이는 "세계적인 심장이식"이며 "궁극적으로 제1세계와 제3세계 여성은 모두 규모가 더 큰 경제 게임에서 뛰는 별 볼 일 없는 선수다. 이 게임에서 적용되는 규칙은 그들이 만들지 않았다."[23]

로웨나처럼 자기가 태어난 나라에서 일자리를 찾아 다른 나라로 이주하는 사람이 2015년 1억 5000만 명이 넘었다.[24] 여기에 팀과 재스민처럼 더 나은 삶을 찾아 고향을 떠나는 사람이 수억 명이다. 당연히 일반적인 출발지는 가난한 나라이고, 가장 흔한 목적지는 부유한 나라다. 예를 들어 멕시코에서는 해마다 다른 나라로 이주하는 사람이 100만 명에 이른다. 유럽에서는 스페인이 50만 명이 넘는 이민자를 받는 반면, 모로코와 이집트 같은 북아프리카 나라에서는 해마다 10만 명 이상이 빠져나간다.

우리가 극심한 이주의 시대에 사는 건 의심할 여지가 없다. 국경을 넘거나, 국경 안에서 벌어지는 이주는 인류 역사상 어느 때보다 규모가 커졌다. 동기가 무엇일까? 왜 사람들은 이토록 보기 드문 속도로 고향과 가족을 떠날까? 다른 나라로 이주하는 이유는 많지만, 경제적 압박 때문에 이주를 선택할 수밖에 없는 사람이 대부분이다. 로웨나의 동기가 대표적이다. 그녀는 가난에서 벗어나고, 아이들에게 더 밝은 경제적 미래를 보장해주고 싶었다. 로웨나가 다달이 필리핀에 보내는 400달러가 많지 않아 보일 수 있지만, 바티스타 가족에게는 그 돈으로 가난과 안전, 질병과 건강, 체념과 희망이 결정된다.

전체적으로 볼 때, 외국으로 이주한 사람이 개발도상국에 사는 가족에게 보내는 돈은 글로벌 경제에서 핵심 요소가 된다. 이런 식으로 외화를 수혈하지 않으면 많은 나라의 경제가 흔들릴 것이다. 2015년에 이와 같은 송금액은 총 4300억 달러가 넘었고, 멕시코와 중국과 인도는 각각 외국에 사는 자국민에게서 600억 달러 이상을 받았다. 이는 전통적인 대외 원조를 뛰어넘는 엄청난 현금 수혈이다. 필리핀은 3분의 2가 여성인 이주 노동자가 보내주는 돈에 의지해 살아가는 국민이 전체 인구의 34~54퍼센트로 추정된다. 필리핀 출신 여성 이주자는 양로원 간병인이나 가정부, 보모 같은 돌봄 산업에 종사하는 경우가 대부분이기 때문에 사회학자는 "돌봄은 현재 필리핀의 주요 수출품"이라는 결론을 내린다.[25]

새로운 글로벌 경제의 아이러니 중 하나는 기업이 이 나라에서 저 나라로 옮기는 건 쉬워지는 반면, 개인의 이동은 어려워진다는 점이다. 자유무역협정free trade agreement, FTA은 보잉, 인텔, 리바이스트라우스, 나이키 같은 기업에게 사실상 국경을 열어준다. 이런 기업은 자본의 이동을 쉽게 만들어주는 새로운 법안이 통과되도록 로비해서 뜻을 이뤘다. 동시에 많은 정부는 로웨나 바티스타나 마리아 퀴로아 같은 노동자의 이주를 제한하려고 애쓴다. 지난 수 세기 동안 사람들은 별다른 법적 규제를 받지 않고 이 나라에서 저 나라로 이동했다. 그러나 현재의 정치적 환경에서 이동은 엄격히 통제되고 제한적으로 허용된다. 예를 들어 미국은 이민자 할당제를 통해 가난한 사람의 입국을 엄격히 제한하고, '과학, 예술, 교육, 사업, 운동에 남다른 능력'이 있는 노동자나 '뛰어난 교수나 연구원' 혹은 '미국으로 발령받은 외국의 관리자나 간부'에게 압도적인 우선권을 준다.[26] 이런 엘리트의 범주에서 벗어난 노동자는 미국 입국이 허용될 가능성이 희박하다. 그 결과 미국 거주자 중 약 1100만 명이 불법 이민자다. 이들은 불법적으로 국경을 넘었거나, 기한이 만료된 비자를 가지고 미국에서 살기로 결심한 사람이다.[27]

그러나 현재 미국에 거주하는 사람은 대부분(87퍼센트) 미국에서 태어났으며, 다른 나라에서 온 대다수 이민자(71퍼센트)는 문서상 합법적인 거주자다. 경제학자는 전체적인 부의 생산이라는 측면에서 이주 노동(합법과 불법 모두)이 경제에 미치는 영향이 대단히 긍정적이라는 데 동의한다. 그런데도 미국을 비롯한 몇몇 부유한 나라에는 이민을 강력히 제한하자는 주장에 찬성하는 정치인과 시민운동가들이 있다. 개중에는 보안을 위해 수천 킬로미터에 이르는 장벽을 세우는 것이 해결책이라고 믿는 사람도 있다. '불법 노동자'를 엄중 단속하면서 더 높은 울타리를 세우는 것은 감정적 측면에서든, 경제적 측면에서든 사회적 접촉의 복잡성을 이해하지 못하는 접근법이다. 사회적 접촉의 복잡성은 위험과 고통이 따르는 이주 행위를 지속하고, 그 행위에 동기를 부여하는 역할을 한다. 더 크고 성능이 좋은 장벽이 새로운 글로벌 경제의 성격을 바꾸지는 못할 것이다. 빈곤을 줄이지도, 경제적 착취를 축소하지도 못할 것이다. 이는 쉽게 울타리를 칠 수 없는 경제적 요소다.

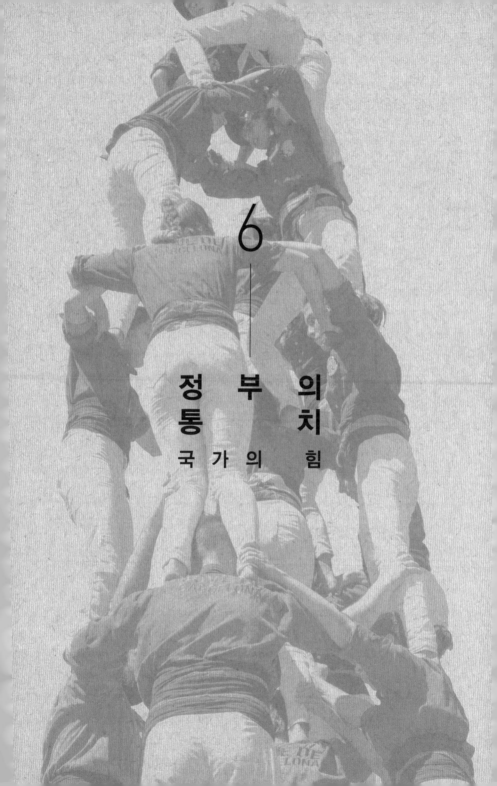

6
—

정 부 의
통 치
국 가 의 힘

정부의 목적은 국민이 안전하고 행복하게 살 수 있도록
하는 것이다. 정부는 통치자가 아니라 피통치자의
이익을 위해 존재한다.
토머스 제퍼슨Thomas Jefferson

많은 사람이 의회가 월가를 규제한다고 생각합니다.
사실을 말하자면 그렇지 않습니다.
실제로는 월가가 의회를 규제합니다.[1]
버니 샌더스Bernie Sanders

당신이 태어난 사실을 입증할 수 없다면 당신의 삶은 어떻게 될까? 다시 말해 당신의 출생증명서가 없고, 당신의 부모가 당신을 대신해서 그 사실을 증언하길 거부하거나 증언할 수 없는 상황이라면 어떻게 될까? 정부의 관점에서 당신은 '존재하는' 사람일까?

알레시아 페이스 페닝턴은 실제로 이 기막힌 딜레마에 맞닥뜨렸다. 텍사스에 사는 열아홉 살 알레시아는 법적으로 눈에 보이지 않고, 사회적으로 마비된 상태에 처해 있었다. 정부의 관점에서 그녀는 존재하지 않는 사람이었기 때문이다. 물론 알레시아는 살아 있는 인간이지만, 그녀의 출생과 어린 시절을 둘러싼 환경이 텍사스주 해리스카운티와 미국에서 그녀의 정체성을 감추고 말았다.

알레시아는 9남매 중 넷째로, 집에서 태어났다. 부모는 보수적인 근본주의 기독교인이다. 알레시아가 갓난아이일 때 가족은 텍사스주 커빌의 작은 농장으로 이사했다. 2만 제곱미터가 넘는 농장에서 그녀는 학교에 가지 않고 부모(제임스 페닝턴과 리사 페닝턴)에게 교육을 받았다. 알레시아는 엄격한 종교적 규범 아래

자랐다. 예컨대 얌전한 원피스를 입어야 했고, 소녀에게 어울리는 긴 머리를 해야 했으며, 집에 텔레비전이나 인터넷도 없었고, 부모의 권위에 철저히 복종해야 했다. 또래와 어울리는 것이 차단된 알레시아는 청소년이 됐을 때 자신이 덫에 걸렸다고 느꼈으며, 가정의 속박에서 탈출하기로 결심했다. 2014년 9월 24일, 그녀는 부모의 거센 반대에도 할아버지와 할머니의 도움을 받아 세속에서 격리된 삶을 뒤로한 채 현대 세계의 독립과 자율을 찾아 나섰다. 그러나 알레시아가 맛본 자유는 오래가지 못했다. 그녀는 자신의 출생을 증명하지 못하면 자유를 얻을 수 없다는 사실을 금세 깨달았다.

출생증명서가 없는 알레시아는 자신이 미국 시민이라는 사실을 정부에 증명할 길이 없었다. 이 말은 그녀가 사회보장 카드와 여권, 운전 면허증을 만들 수 없다는 뜻이었다. 정부가 발급한 신분증명서 없이는 은행에 계좌를 개설할 수도, 아파트를 임대할 수도, 구직 활동에 나설 수도, 대학에 등록할 수도 없다. 이게 전부가 아니다. 비행기를 타고 여행할 수도, 다른 나라로 이주할 수도, 선거에서 투표할 수도 없고, 시민이라는 증거 없이는 법정에서 배심원을 맡을 수도 없다. 텍사스주에서는 신원을 확인할 수 없으면 출생증명서가 발급되지 않는데, 알레시아에게는 신원을 확인해줄 것이 전혀 없었다. 그녀는 학교나 병원에 다닌 기록이 전혀 없고, 출생을 증명하는 부모의 선서 진술서도 없다. 정부의 관점에서 알레시아 페이스 페닝턴이라는 사람은 존재하지 않았다.

알레시아는 심각한 곤경 앞에서 어쩔 줄 몰랐다. 그녀는 현대 세계에 대한 경험이 거의 없었고, 정부 기관의 복잡한 미로는 알레시아가 처리하기에 너무 버거웠다. 그녀는 암울한 기분이 들어 자살까지 생각했다. "내가 누군지 알 수 없었어요. 마치 내가 존재하지 않는 사람처럼 느껴졌어요."

알레시아가 경험한 짧은 자유의 맛은 날이 갈수록 견딜 수 없이 썼다. 그녀는 도움을 바라는 필사적인 몸부림으로 유튜브에 짧은 동영상을 올렸다. 알레시아는 진심이 가득하지만 불안한 표정으로 카메라를 보며 자신이 처한 곤경을 설명하고, 마지막에 이렇게 호소했다. "이런 상황을 만든 건 제가 아니에요. 저는 이 상황을 해결해야 하지만, 어떻게 해야 할지 모르겠어요. 어떻게 해야 이 상황에서 벗어날 수 있을지 모르겠어요. 혹시 당신이 저와 비슷한 상황에 처한 분이라면, 제게 도움이 될 분을 아신다면 연락 주세요."

알레시아가 인터넷을 사용한 건 그때가 처음이다. 그녀는 답장을 기대하지 않았고, 앞으로 일어날 일에도 전혀 준비가 되지 않았다. 일주일 동안 120만 명이 그녀가 올린 동영상을 봤고, 그녀는 며칠 사이에 전 세계 사람에게서 1초당 두 통씩 이메일을 받았다. 이것은 양날의 검이었다. 처음으로 자신의 존재를 인정받는 기분을 느꼈다는 점은 힘과 용기를 주는 경험이지만, 그때부터 그녀는 정체 없는 여자로 유명해졌기 때문이다.

그러나 예상치 못하게 화제의 인물이 된 덕에 해결의 실마리가 풀렸다. 알레시아의 동영상이 입소문 나면서 텍사스주 국회의원의 관심과 동정심을 산 것이다. 텍사스주 하원에는 곧바로 '연기된 출생증명서'를 위한 신청에서 인정되는 서류의 숫자와 종류를 확대하자는 법안이 상정되었다. 텍사스 주지사가 새 법안에 서명한 뒤에 알레시아는 마침내 공식적인 출생증명서와 운전면허증을 받았고, 결국 사회보장 카드까지 손에 넣었다. 알레시아 페이스 페닝턴은 2년간 엄청나게 노력한 끝에 법적으로 인정받는 사람이 되었다.

알레시아의 이야기는 공식적인 정부의 규정과 규제, 문서가 현대 시민의 삶을 얼마나 통제하는지 잘 보여준다. 알레시아의 경험은 오늘날 국가권력이 감지하기 어렵지만 심대한 방법으로 행사됨을 우리 대다수가 모르고 있다는 것도 말해준다. 나는 이 장에서 국가(민주국가와 독재국가 모두)의 힘이란 무엇인지 간략히 소개하고, 이런 사회적 힘이 얼마나 체계적인지 보여줄 것이다. 국가는 정부의 부당하고 독재적인 무기로 사용될 때도 있지만, 공공선을 보호하는 중요하고 필요한 기관으로 환영받을 때도 있다. 이 모순되는 측면을 살펴보기 전에 국가란 무엇이고, 어떤 일을 하는지 더 공식적인 정의와 설명이 필요하다.

국가란 무엇인가?

간단히 말하면 국가란 정부의 개념과 거의 같다고 할 수 있다. 즉 국가란 정치와 권력을 운영하기 위해 조직화된 체계다. 현대 세계에서 국가는 중화인민공화국People's Republic of China, 대영제국United Kingdom of Great Britain and Northern Ireland, 아프가니스탄이슬람공화국Islamic Republic of Afghanistan, 오스트레일리아연방Commonwealth of Australia 같은 공식 명칭이 붙은 국가의 정부 체제와 관계있는 경우가 가장 흔하다. 지리적 경계에 따라 규정되는 이들 국민국가nation-state는 일반적으로 정부 기관, 관료 기구, 예산, 규칙, 다양한 권한이 있는 하위 지역을 포함한다. 예컨대 미국은 50개(하위) 주가 있는 국민국가로, 주마다 카운티와 다양한 지방자치단체(시 정부와 읍 정부)가 있다. 이 모든 국가를 체계화하는 것은 쉬운 일이 아니며, 서로 다른 국가는 물론이고 한 국가에도 다른 점이 많다. 국경선은 어디에 그어야 하는지, 누구에게 국가의 권력을 장악할 합법적 권한이 있는지도 논쟁이 끊이지 않는다. 지난 200년 동안 가장 파괴적인 두 전쟁은 지리적 국경의 위치와 귀중한 자원의 장악, 정치 이데올로기를 둘러싼 경쟁 때문에 벌어진 국민국가들의 충돌이었다.

그러나 현대의 국민국가가 등장하기 전에도 대다수 사회에는 어떤 형태로든 중앙에 집중된 정치권력이 있었으며, 이 권력이 지배권을 쥐고 권한을 행사하고 법을 집행했다. 예를 들어 아라비아의 고대 부족, 아메리카 원주민의 추장 사회, 유럽의 봉건 군주국을 국가권력의 역사적 선배라고 생각해보라. 초기 인류 역사에는 국가나 그에 상응하는 것이 존재하지 않은 시절이 있을 수도 있지만, 이는 아득히 먼 이야기일 뿐이고 실제로 이런 사회는 보기 드물다.

오늘날 산 사람은 누구나, 어떤 식으로든 국가의 권력과 접촉한다. 예를 들어 대다수 미국인은 국가가 제공하는 다음과 같은 서비스의 혜택을 받는다. 공교육(유치원부터 초등교육, 고등교육), 법 집행(경찰, 주 순찰대, FBI, 국경 순찰대), 사법제도(법원, 판사, 국선변호인, 구치소, 교도소), 긴급 구조 체계(소방, 구급차), 군(육해공군, 해병대, 주 방위군), 여가(시립·주립·국립공원), 사회복지(사회보장제도, 노인 의료보험, 저소득층 의료보장 제도, 식품 구매권, 실업급여), 공공사업(인터넷, 전기, 전화, 상하수도), 대중교통(공항, 버스, 기차, 도로, 고속도로), 공적 자금이 들어간 과학과 기술 연구(미국항공우주국NASA, 미국질병통제예방센터CDC, 미국국립보건원NIH), 안전과 건강 보호(일터에서, 오염 방지, 음식과 물 단속), 공공 도서관, 우편 서비스 등이다. 게다가 약 2200만 명이 국가와 주, 지역 정부에, 300만 명이 미군에 고용됐다. 이는 하도급이나 보조금을 통한 정부의 재정 지원에 의존하는 일자리가 있는 민간 부문에 고용된 수백만 명은 포함하지 않은 숫자다.

시간과 공간을 가로지르며 이토록 오래되고 광범위한 국가권력의 효과에 관한 한, 다양한 생각이 눈에 띄는 것은 놀라운 일이 아니다. 예를 들어 국가를 본질적으로 억압적이고 지배적이며 경제적 엘리트가 덜 부유하고 힘이 약한 자를 지배하는 수단이라고 보는 이가 있는 반면, 부유층과 이해관계에서 비교적 자유로운 정부 관료와 관리자의 이익에 기여하는 것이 국가라고 보는 이도 있다. 국가가 사회의 다양한 집단에게 권력을 분배하는 일에서 필수적이고 대체로 중립적인 역할을 한다고 보는 이도 있다. 이 자리에서 국가권력에 대한 이와 같이 다양한 가설에 왈가왈부할 생각은 없다. 내가 이 장에서 강조하고자 하는 점은 국가란 사람에게 전제적인(독재적인) 영향과 민주적인(공정한) 영향을 미친 기나긴 역사가 있는 강력한 사회적 힘이라는 사실이다. 국가의 권력이 전제적일 때, 그 권력은 사회 대다수 사람의 이득이나 그들이 선호하는 것과 무관하게 작동한다. 우리는 그 예를 군주에게서 본다. 군주는 자신이 신의 허가를 받았으므로 협의나 국민의 찬성 없이도 원하는 일을 할 권한이 있다고 주장한다. 반면에 국가와 국가기관이 좀 더 민주적인 지향성을 보일 때, 권력은 국가의 구성원에게 더 많이 골고루 분산되고, 지도자는 세습이나 폭력의 위협이 아니라 국민투표로 결정된다. 오늘날 대다수 국가는 완전히 전제적인 국가와 완전히 민주적인 국가 사이 어디쯤에 있다. 하지만 가장 평등한 사회에서도 국가는 여전히 강력한 사회적 힘으로 남아 있다. 우리 삶에서 국가의 힘을 인식하는 것은 개인주의 신화를 깨뜨리는 데 도움이 되고, 우리의 독립성과 힘에 대한 부풀려진 생각을 의심하는 계기가 된다. 나는 이제부터 국가권력이 행사되는 다양한 방법을 더 자세히 알아보려고 한다.

국가권력의 유형

일반적으로 현대 국가의 권력이 발휘되는 영역은 크게 세 가지로 볼 수 있다. 나는 이 세 가지 영역을 (1) 경찰력과 군사력 (2) 경제력 (3) 이데올로기의 힘으로 분류할 것이다.[2] 각 영역을 하나씩 살펴보기 전에 반드시 짚고 넘어가야 할 점은 세 가지 국가권력이 완전히 분리되거나 독립된 것은 아니라는 사실이다. 세 가지 국가권력은 어느 정도 차이가 있을지 몰라도 중복되는 정부 기관에 의해 지속된다. 관료, 과학적이고 전문적인 지식을 갖춘 전문가, 공무원은 이런 정부 기관에서 규칙과 정책, 관례가 뒤얽힌 복잡한 체계를 해석하고 원활히 움직이도록 한다. 세 가지 국가권력은 연결된 셈이며, 셋 다 어느 정도는 정부 관료제에 의존한다.

경찰력과 군사력

대다수 사람이 가장 쉽고 분명하게 알아볼 수 있는 국가권력의 예는 경찰력과 군사력이다. 합법성을 인정받은 경찰과 군대는 평화 유지자와 보호자로 간주된다. 경찰과 군대의 힘이 체포, 구금, 고문, 죽음 같은 형태로 신체에 위해를 가할 능력에서 나온다는 사실은 문제가 되지 않는다. 대체로 국경 안쪽의 국민을 통치할 때 더 일반적으로 사용되는 것은 경찰력이다. 반면에 군사력은 국가 간 충돌과 더 관계있다. 이런 구분이 항상 들어맞는 것은 아니다. 특히 군대는 국내에 지배력을 행사하기 위해 국경 안쪽의 일에 개입하는 경우도 종종 있다. 전제적이고 독재적인 권력을 행사하는 국가에서는 경찰과 군대가 두려움과 조롱의 대상이다. 그런 국가의 국민은 경찰과 군대가 사용하는 힘이 부당하고 차별적이라고 생각하기 때문이다. 이는 더 평등하고 민주적인 국가의 일부 집단에도 해당하는 이야기다. 이 점은 이 장 후반부에서 더 자세히 얘기해보자.

경제력

국가의 이상적인 기능 가운데 하나는 시민에게 경제적 복지를 제공하고, 일자리와 부를 창출하고 소득을 증대하기 위한 기업 환경을 조성하는 것이다. 국가는 이 목표를 위해 개인과 기업에게 세금을 걷어 더 큰 공익을 도모할 힘이 있다. 이 말은 대다수 국가가 대중의 의료 서비스와 공교육을 지원하고, 경찰과 군대를 지원하며, 연령과 부상 혹은 불경기 때문에 고용에서 제외된 시민에게 안전망을 제공한다는 의미다. 도로, 고속도로, 다리, 대량 수송 수단 같은 공용 인프라 건설과 전기, 수도, 하수처리, 통신 같은 필수적인 공익사업도 공익에 포함된다. 우리는 역사에서 국가의 경제력이 항상 공정하고 정의로운 방식으로 쓰이는 것은 아니라는 사실을 배웠다. 경제력이 정치 엘리트의 이득에 기여하고 특정 계층의 재산을 늘리기 위해 사용될 때, 개인과 집단은 심하게 차별받는다. 게다가 일부 국가는 다른 국가보다 막강한 경제력을 갖췄으며, 이런 이점을 활용해 다른 국가를 지배하고 착취할 수도 있다.

이데올로기의 힘

이데올로기의 힘은 알아채고 인식하기 가장 어렵다. 이데올로기의 힘은 사상과 신념, 가치관, 사회적 규범을 형성하고 통제하는 과정에서 표현되기 때문이다. 국가가 이데올로기의 힘을 행사하는 가장 보편적인 방법은 법률을 제정하고, 교육기관을 통제하고, 미디어를 지배하는 것이다. 이런 방법을 통해 '진실'과 '상식'에 대한 대중의 이해를 조종할 수도 있다. 국가는 무엇이 합법이고 불법인지 결정함으로써 옳고 그름, 선과 악, 정상과 일탈에 대한 우리의 이해에 영향을 미친다. 민주적인 국가라면 법이 국민의 의지를 반영하겠지만, 대중의 관점이 똑같은 경우가 드물기 때문에 일부 집단이 다른 집단보다 많은 권력을 행사할 때 민주주의는 전복된다. 예를 들어 경제력이 큰 집단은 미디어를 장악할 가능성이 높은데, 이는 그들이 뉴스를 해석하고 검열하며 책과 텔레비전, 영화에 담긴 특정한 문화적·정치적 가치관에 특권을 줄 수 있음을 의미한다. 이데올로기의 힘이 시작되는 근원은 아마도 젊은이에게 무엇이 진실이고 선인지 가르쳐야 할 교육제도에서 찾을 수 있을 것이다. 국가가 교사 연수를 통제하고 교육과정을 수립하고 교재를 선택할 때, 신념과 선호도를 형성할 수 있다. 국가는 신념과 선호도를 형성하기 위해 특정 학문의 연구 분야를 장려하고, 특정 이론과 세계관을 지지한다. 이보다 훨씬 감지하기 힘든 것은 국가권력에 위협적이거나 비판적인 주제와 분석을 무시하거나 묵살하는 힘이다.

개념적으로 봐서는 국가권력의 복잡성을 제대로 이해하기 어려울 수 있다. 나는 경찰력과 경제력, 이데올로기의 힘이 어떻게 중복되고 어떻게 협력하는지, 이를 통해 개인에게 차별적인 지배력을 어떻게 행사하는지 보여주는 구체적인 사례를 몇 가지 살펴보려고 한다. 이제 우리는 일부 집단과 개인은 다른 집단과 개인보다 국가의 통제를 받을 가능성이 많다는 것, 어떤 집단에 속한 사람은 정부의 통제를 덜 받는다는 사실을 볼 것이다.

총격

2014년 8월 9일, 미주리주 세인트루이스 외곽에 위치한 인구 2만 명의 소도시 퍼거슨의 날씨는 무덥고 습했다. 정오가 다 됐을 무렵, 마이클 브라운(18세)과 그의 단짝 도리안 존슨(19세)이 한 편의점에 들어섰다. 감시 카메라에는 브라운이 시가 몇 개를 훔치고 종업원을 밀친 뒤 편의점을 빠져나가는 모습이 찍혔다. 얼마 뒤 사건 신고를 받은 경찰관 대런 윌슨(28세)이 일대를 순찰하며 범인을 찾기 시작한다. 그는 몇 분 뒤 편의점에서 멀지 않은 거리를 걷는 두 청년을 발견한다. 윌슨 경찰관은 차창을 열고 두 청년에게 인도로 붙으라고 한 다음, 경찰차로 그들의 앞을 가로막는다.

이후에 벌어진 일은 목격자들의 증언이 일치하지 않는다. 우리가 아는 사실은 윌슨 경찰관과 브라운 사이에 언쟁이 있었다는 것이다. 목격자는 브라운이 경찰차 옆에 서 있었다고 증언했다. 윌슨 경찰관은 브라운이 경찰차 안으로 손을 뻗어 총을 빼앗으려 했다고 주장했다. 적어도 목격자 한 명은 브라운이 경찰차 안으로 손을 넣지 않았다고 말했다. 어느 쪽 말이 맞든 윌슨 경찰관은 근거리에서 총을 두 발 쐈고, 그중 한 발이 브라운의 엄지손가락을 스쳤다.

총에 맞은 브라운은 몸을 돌려 동쪽 캔필드 드라이브 쪽으로 달아났다. 윌슨 경찰관은 차에서 내려 브라운에게 멈추라고 외치며 그를 쫓았다. 브라운은 45미터쯤 달리다가 그 자리에 멈추더니 돌아서서 윌슨 경찰관을 향해 다가가기 시작했다. 몇몇 목격자는 브라운이 공격적인 태도로 윌슨 경찰관에게 다가갔다고 주장한 반면, 다른 목격자는 그 주장에 동의하지 않았다. 한 가지 분명한 사실은 윌슨 경찰관이 리볼버로 열 발을 쐈고, 그중 머리에 두 발을 포함하여 여섯 발이 브라운의 몸에 박혔다는 것이다. 마이클 브라운은 거리 한복판에 엎드린 채 숨이 끊어졌다.

경찰은 범죄 현장 출입을 통제했고, 분노하고 겁에 질린 주민들이 경찰이 친 바리케이드를 에워쌌다. 돌이켜 생각해보면 우리는 이 순간에 집단 반란이 시작됐다는 사실을 알 수 있다. 마이클 브라운의 죽음은 곧 국제적인 뉴스거리가 됐고, 몇 주간 이어진 대중 시위와 대규모 시민 불복종 운동의 도화선으로 작용했다. 왜냐고? 유감스럽지만 그 충격이 뉴스로서 유례없는 가치가 있기 때문이 아니다. 그보다 무기를 소지하지 않은 흑인 남성을 향한 총격이 너무나 일상적인 일이 됐기 때문이다. 미국에서는 해마다 평균 약 1000명이 경찰에 의해 목숨을 잃는다.[3] 이중 대다수 사건을 지역 뉴스에서 다루지만, 전국적인 매스컴의 주목을 받는 경우는 드물다. 마이클 브라운 살해 사건은 지역사회의 분노를 불러일으켰다. 퍼거슨 시민은 전에도 그런 사건을 봤고, 빈번하게 되풀이되는 경찰의 총격 사건에 진저리를 내며 분노했기 때문이다.

마이클 브라운은 무기를 소지하지 않은 흑인 젊은이이고, 그의 죽음은 국가가 치명적인 무기를 부당하고 불공평하고 차별적으로 사용한 또 다른 사례로 받아들여졌다. 퍼거슨 인구의 약 70퍼센트는 흑인이며, 퍼거슨 시민 대다수는 법 집행에 부정적인 시각이 있었다. 마이클 브라운 살해에 항의하는 지역사회의 시위에 맞서 국가가 보여준 자세는 이런 부정적 시각을 오히려 강화했다.

시위

총격 사건이 터진 다음 날, 지역 주민 800여 명이 참가한 평화로운 추모 행렬이 밤까지 이어지자 경찰의 진압이 시작됐다. 군중 속에 있던 몇몇 사람은 험악한 말을 쏟아내며 법 집행에 맞섰고, 몇몇 사람은 이 긴박한 상황을 틈타 지역 상점을 약탈했다. 퍼거슨 경찰서는 지원을 요청했고, 머지않아 세인트루이스경찰서와 미주리주고속도로순찰대가 합류했다. 이중엔 특별 기동대 SWAT 팀원도 있었고, 150명이 넘는 경찰관은 진압 장비(헬멧, 방독면, 방패, 경찰봉, 총기)를 갖춘 상태였다. 처음에는 군중을 통제하기 위해 경찰견을 사용했으나, 시위대가 해산하지 않자 경찰은 최루가스와 연막탄을 쏘기 시작했다. 그날 낮에 벌어진 대규모 비폭력 시위는 몇 주간 이어지며 세인트루이스 전 지역에서 시위에 동조하는 지지자를 끌어들였지만, 그날 저녁의 시위는 덜 평화적이고 과격한 물리적 충돌도 있었다. 에워싼 경찰을 향해 물건을 집어던지고 총소리가 들렸다는 보도가 나왔고, 많은 사람이 검거됐다.

경찰은 그와 동시에 물리력 사용을 확대했다. 장갑차가 거리로 이동하고, 고무탄이 발사됐으며, 사정거리가 긴 소총으로 무장한 저격수가 건물 꼭대기마다 자리 잡았다. 군대식 장비와 무기, 작전은 많은 시위 지도자에게 군대식 진압으로 받아들여졌고, 경찰의 물리력 사용을 향한 그들의 분노에 기름을 끼얹은 격이었다. 설상가상으로 미국연방항공국은 일대의 상공을 비행 금지 구역으로 설정하고, 취재용 헬리콥터가 시위 상황을 촬영하거나 보도하지 못하도록 했다. 기자 11명은 사건 취재 도중 체포됐다. 시위 사흘째, 미주리 주지사는 '비상사태'를 선포하고 자정 이후 통행금지령을 내렸다. 이런 조치에도 마이클 브라운이 사망한 8월 9일부터 그의 장례식이 열린 8월 25일까지 거리에서는 매일 밤낮으로 행진과 집회가 열렸다.

사회적 맥락

이 시위에 대중의 폭발적인 관심이 쏠리자, 미 법무부는 조사에 착수했다. 조사 보고서에는 160명이 넘는 지역 주민과 경찰관을 상대로 실시한 인터뷰가 포함됐다. 보고서의 결론은 다음과 같다. (1) 법률이 정한 시위자의 권리가 침해됐다. (2) 경찰이 과잉 대응했고, 군대식 물리력과 무기를 사용해 사태가 악화됐다. (3) "공동체의 고질적인 문제를 제대로 이해하지 못했다." 제대로 이해하지 못한 이유 가운데 하나는 "퍼거슨 경찰서가 브라운이 살해당한 캔필드그린아파트 주민이나 퍼거슨의 대다수 흑인 공동체와 사실상 어떤 공동체 관계도 맺지 않았다"는 것이다.[4]

윌슨 경찰관은 어떻게 됐을까? 대배심은 그를 기소하지 않았고, 미 법무부 조사는 그가 마이클 브라운의 민권을 침해했다는 혐의를 인정하지 않았다. 최종적으로 그는 퍼거슨경찰서에서 퇴직했고, 이제 법을 집행하는 일을 하지 않는다.

앞에서 언급했듯이 마이클 브라운의 죽음은 대중의 엄청난 분노와 우려를 불러일으켰다. 경찰이 아프리카계 미국인에게 사용한 무력이 불공평하고 차별적인 행위로 보였기 때문이다. 휴대전화 카메라를 사용하는 사람이 늘면서 경찰이 폭력을 휘두른 사례는 소셜 미디어로 쉽게 공유되고, 그런 사건을 은폐하기는 더 어려워졌다. 퍼거슨에서 일어난 충돌은 세간의 이목을 끈 아프리카계 미국인 남성 살해 사건 중 하나일 뿐이다. 마이클 브라운 사건이 일어난 때와 거의 비슷한 시기에 많은 사람을 충격과 분노로 몰아넣은 사건이 터졌다. 프레디 그레이(25세)는 볼티모어 호송차 뒷좌석에서 목이 부러진 채 죽었다. 월터 스콧(50세)은 사우스캐롤라이나주 노스찰스턴에서 차량 검문을 피해 달아나다가 총에 맞아 사망했다. 라칸 맥도널드(17세)는 한 시카고 경찰관이 쏜 총알 16발을 맞고 숨졌다. 에릭 가너(43세)는 뉴욕 시 경찰관에게 체포되는 과정에서 불법적인 목 조르기로 사망했다. 타미어 라이스(12세)는 클리블랜드의 한 공원에서 그가 든 장난감 권총을 진짜 권총이라고 생각한 경찰에게 목숨을 잃었다. 희생자는 모두 흑인이었고, 무기를 소지하지 않았다.

아프리카계 미국인 남성은 백인 남성과 비교하면 경찰의 행동 때문에 목숨을 잃을 가능성이 거의 세 배나 높다.[5] 흑인 남성과 여성은 경찰관에게 밀쳐지고, 수갑이 채워지고, 후추 스프레이를 맞고, 총구가 겨눠질 가능성이 더 높다는 연구 결과도 있다.[6] 국가권력의 남용을 경험한 시민은 법 집행에 대한 신뢰를 잃고, 공권력의 합법성에 의구심을 품기 시작한다. 우리는 이를 법 집행에 대한 공동체의 태도에서 볼 수 있다. 2014년 12월에 실시한 여론조사에서 백인 응답자 60퍼센트는 직권남용의 책임이 경찰에 있음을 확신한다고 말했다. 반면 경찰에 책임이 있다고 확신한 흑인 응답자는 25퍼센트에 불과했다. 마찬가지로 경찰이 치명적인 무기를 성급하게 사용한다고 대답한 흑인 응답자는 74퍼센트지만, 백인 응답자는 28퍼센트가 그렇게 생각한다고 답했을 뿐이다. 2013년에 실시한 조사에서도 흑인 응답자 68퍼센트는 형사 사법 체계가 흑인에게 편견이 있다고 대답한 반면, 이 의견에 동의하는 백인 응답자는 25퍼센트에 불과했다.[7]

태도와 인식에서 드러나는 이런 차이는 백인과 흑인의 경험이 서로 다르다는 사실과 분명히 관계가 있다. 하지만 편향적인 언론 보도야말로 대다수 백인 시민이 문제를 제대로 인식하기 더 어렵게 만든다. 마이클 브라운 사건의 경우, 언론 비평가는 기사에서 윌슨 경찰관을 묘사할 때와 달리 마이클 브라운은 부정적으로 묘사한다. 예를 들어 〈뉴욕타임스〉는 브라운의 배경 기사를 장황하게 실었는데, 말썽 많은 학교생활에 초점을 맞추고 그를 '천사 같은 사람과 거리가 먼' 인물로 묘사했다. 그 옆에는 윌슨 경찰관을 좀 더 긍정적으로 소개한 기사가 실렸고, 이는 독자에게 말 그대로 흑인 남성과 백인 남성을 나란히 놓고 비교할 기회를 제공했다. 결국 〈뉴욕타임스〉 편집자는 인종에 대한 편견을 불러일으킨 점에 사과하면서 '실수'였다고 얼버무렸다. 브라운이 학사모와 고등학교 졸업식 가운을 걸치고 웃는 사진이 실린 기사가 있는가 하면, 그가 운동경기용 셔츠를 입고 좀 더 진지한 표정으로 손가락 두 개를 펼쳐 보이는 사진이 실린 기사도 있었다. 그가 펼쳐 보이는 손가락 두 개는 어떤 사람에겐 평화를 나타내는 V 사인으로 보이지만, 어떤 사람에겐 범죄 조직의 사인으로 보이기도 한다.

언론에서 흑인의 삶을 편견에 치우친 관점으로 묘사한다면, 아프리카계 미국인에 대한 대중의 인식에 부정적인 영향을 줄 것이다. 한 예로 뉴욕 시 텔레비전 방송국의 범죄 보도 방식에 대한 최근의 조사를 보자. 2014년에 4대 주요 방송국 모두 흑인이 용의자인 살인과 절도, 폭행 사건을 보도한 경우가 더 많았다. 뉴욕 지역에서 범죄 용의자 56퍼센트가 흑인이었지만, 언론에 보도된 사건은 84퍼센트가 흑인이 용의자였다. 이 말은 대중이 아프리카계 미국인이 저지르는 범죄에 대해 과장되거나 편견에 치우친 묘사를 보고 있음을 뜻한다. 흑인 용의자를 과잉 묘사하는 경우는 다른 도시의 언론 보도에서도 볼 수 있다.[8]

언론의 편향된 보도가 걱정스러운 것은 유색인종이 저지르는 범죄 건수를 백인이 실제보다 많다고 생각하는 경향이 있기 때문이다. 예를 들면 한 조사에서 백인 응답자에게 아프리카계 미국인이 저지르는 절도, 불법 마약 거래, 청소년 범죄의 비율을 추정해보라고 했더니, 실제로 흑인이 관여한 범죄 비율보다 7~10퍼센트 높게 나왔다. 뉴스 보도가 인종과 범죄에 대한 대중의 태도에 영향을 미쳤다는 얘기다. 이 상관관계가 특히 문제가 되는 것은 이런 대중의 인식이 공공 정책에도 중대한 영향을 미치기 때문이다.[9]

흑인 범죄 발생 건수를 실제보다 높게 잡는 개인은 국가가 시행하는 징벌적 정책을 지지할 가능성이 훨씬 많다. 예를 들어 사형 제도, 최소 의무 형량법, 어른과 청소년에게 적용되는 더 가혹한 처벌을 지지하는 사람은 아프리카계 미국인이 저지르는 범죄율을 부풀려 얘기하는 사람 사이에서 더 많다. 국민 다수가 잘못된 신념과 편향된 억측에 사로잡혔을 때, 반동적인 법과 해로운 정책이 탄생한다.[10]

예컨대 우리는 국민을 감옥에 넣는 국가의 힘에서 이런 현상을 볼 수 있다. 범죄 용의자에 대한 편향적인 인식과 경찰의 편파적인 행위, 언론의 편향된 보도는 법정이 지나치게 많은 아프리카계 미국인에게 징역형을 선고하는 결과로 이어진다. 미국은 민주주의국가로 알려졌지만, 세계에서 가장 높은 수감률을 기록 중이다. 교도소에 갇힌 미국 시민의 비율이 어느 나라보다 높다는 얘기다.[11] 더 놀라운 사실은 흑인 남성 수감률이 백인 남성 수감률보다 6배나 높다는 것이다.[12] 고등학교를 중퇴한 아프리카계 미국인 남성이 교도소에 갈 확률은 약 70퍼센트다.[13] 역사적으로 미국 정부는 노예제도를 권장하고 후원했는데, 당시 대다수 백인은 노예제도가 국가권력을 합법적으로 사용하는 것이라고 생각했다. 미국 정부가 비정상적으로 많은 아프리카계 미국인을 교도소에 수감하는 사실은 인종 편견이라는 심란한 역사적 유산이 국가권력의 사용에 여전히 남았음을 보여준다.[14]

국경과 국가의 권력

마이라 펠리시아노는 언론의 주목을 받고 있다. 전국 뉴스 프로그램의 눈부신 조명과 텔레비전 카메라들이 그녀의 대답을 듣기 위해 애리조나주 투손에 있는 마이라의 부모 집을 찾는다. 기자 맞은편에 앉은 그녀는 검은색 티셔츠와 청바지 차림이고, 어깨까지 내려오는 검은 머리 때문에 어려 보인다. 마이라는 최근에 고등학교를 졸업한 열아홉 살 소녀지만, 기자가 퍼붓는 질문에도 당황한 기색을 보이지 않는다. "왜 학교수업을 빼먹고 다녔나요?" "성적표를 공개해줄 수 있나요?" 마이라는 인터뷰가 사적이고 비호의적인 방향으로 흘러가도 동요하지 않고 미소를 띠면서 자신 있게 대답한다. "학교는 제 목표가 아닌 것 같았기 때문입니다. 우선 저는 학교에 다닐 만큼 똑똑한 사람이 아니라고 생각했습니다."

마이라는 애리조나주에서 논란이 된 인물이지만, 그것은 그녀가 공부를 못하는 고등학생이기 때문이 아니다. 실제로 마이라의 성적과 출석률은 고등학교 2학년과 3학년 동안 몰라보게 좋아졌고, 인터뷰할 당시에는 지역의 전문대학에 등록한 상태였다. 마이라를 둘러싼 논란은 공부를 잘하기 위해 그녀가 따라온 특별한 길과 관계있었다. 그것은 학교 성적이 나쁘고 '위기에 처한' 많은 학생이 걸은 길과 똑같았다. 바로 멕시코계 미국인학Mexican American studies이다.

1997년 투손통합교육구Tucson Unified School District는 멕시코계 미국인학에 중점을 둔 대안 교과과정을 도입했다. 이는 60퍼센트가 넘는 학생이 라틴계인 지역에서 학생들의 성적 향상을 도모하기 위한 시도였다. 결과는 성공적이었다. 이후 13년 동안 시험 성적이 올랐고, 라틴 문화와 정치, 역사에서 보충 교육을 받은 마이라 같은 학생의 졸업률도 상승했다. 하지만 모두 행복하진 않았다. 애리조나주 의회는 2010년, 인종학에 중점을 둔 강좌를 전면 금지하는 새 법안을 통과시켰다. 당시 새 법안을 강력히 지지한 애리조나주 교육감 톰 혼은 말했다. "자신이 선출한 지도자를 통해 인종학 강좌를 금지하고, 세금으로 운영되는 공립학교에서 반드시 학생에게 그들이 속한 인종을 근거로 하지 않고 한 개인으로 대하도록 가르치게 만드는 것은 애리조나 주민의 의무다." 혼은 마이라가 다니는 학교의 '멕시코계 미국인학' 교과과정이 인종주의적이고, 백인에 대한 편견을 조장한다고 주장했다. 그는 라틴계 학생을 언급하면서 이렇게 말했다. "그들은 자신의 정체성에서 인종을 중요시한다. 그들은 그런 생각을 자녀에게 주입하고 싶어 한다. 나는 미국이 그와 정반대 나라라고 생각한다. 우리에게 중요한 것은 우리가 개인이라는 사실이다. 우리가 무엇을 알고 무엇을 할 수 있으며 어떤 인격을 갖춘 사람인지가 중요하지, 우리가 어느 인종에 속하는지는 중요하지 않다."[15]

이 대목에서 마이라의 이야기가 시작된다. 그녀는 멕시코계 미국인학 교과과정의 가치를 믿었고, 자신이 다니는 학교에서 그 교과과정이 폐지되지 않도록 지키는 일에 헌신적으로 매달렸다. 마이라는 멕시코계 미국인학 프로그램이 주 정부에 의해 불법으로 간주된다는 사실을 알고 뜻을 같이하는 학생들과 함께 정보를 제공할 목적으로 이벤트와 항의 집회를 조직하고, 언론과 접촉했다. 감정적인 논쟁이 이어진 끝에 학교 이사회에서 멕시코계 미국인학 강좌를 중단하고 학교에 있는 책을 없애기로 결정하자, 마이라는 사람들이 들어찬 이사회실에서 지지자를 향해 자신의 생각을 분명히 밝혔다. "그들이 어떤 결정을 하든, 그들이 우리 강의에 어떤 조치를 취하기로 선택하든, 우리는 공동체로서 그런 일이 일어나도록 보고 있지 않을 겁니다!" 그녀는 '멕시코계 미국인학' 프로그램을 언급하면서 도전적으로 선포했다. "우리는 그 강의를 살릴 것입니다! 우리 문화와 역사, 정체성, 언어, 교육을 살릴 겁니다! 그들이 우리 것을 빼앗도록 내버려두지 않을 겁니다!"[16]

대다수 멕시코계 미국인은 메스티소mestizo다. 이는 그들이 원주민과 유럽인의 혈통이 섞인 가문을 물려받았다는 의미다. 원주민은 적어도 1000년 동안 오늘날 투손에 해당하는 지역에서 살았고, 1533년에 노예를 찾아 스페인에서 온 식민지 개척자들이 이곳에 처음 도착했다. 이후 300년 동안 스페인이 오늘날 (네바다, 애리조나, 뉴멕시코, 텍사스를 포함하여) 캘리포니아부터 남쪽까지 뻗은 방대한 지역을 지배하다가, 1821년에 멕시코 혁명이 일어나면서 새로운 독립 정부가 세워졌다. 그러나 멕시코가 이 지역을 통치한 기간은 길지 않았다. 영토를 확장할 기회를 포착한 미국 군대가 멕시코 북부 지역을 침략해 점령하고, 1848년에 오늘날의 국경선을 그었다. 식민지 정복과 국가의 권력에 대한 이 같은 역사를 이해하면 오늘날 애리조나주에서 교과과정을 놓고 벌어진 논란의 배경을 이해할 수 있다.

선교사와 미국의 정치 지도자는 미국 정부가 애리조나를 손에 넣자마자 '야생의 원주민을 길들이고', 기독교로 개종시키고, 그들의 문화적 신념과 관습을 지배자인 유럽계 미국인의 문화적 신념과 관습으로 대체하는 일에 착수했다. 이런 '동화' 과정은 1888년에 장로교회 여성국내선교부가 설립한 투손원주민훈련학교Tucson Indian Training School에서 뚜렷이 드러난다. 1937년에 작성된 이 학교 문서에 따르면, "투손원주민훈련학교에서 교육받은 2000명에 가까운 학생 중에서 3년간 학교에 다닌 뒤 자신은 기독교인이 아니라고 말한 졸업생이나 학생은 한 명도 없다". 이른바 훈련학교는 전통적인 신념과 관습을 의도적으로 비하하고, 유럽의 역사와 종교, 생활 방식을 찬양하는 교과과정으로 원주민 자녀를 '문명화'하는 운동의 일환이었다.

이런 사실을 염두에 두고 보면 원주민과 메스티소 학생이 멕시코계 미국인의 역사와 문화를 배울 권리를 옹호하는 것은 놀랄일이 아니며, 그런 강의가 백인에 대한 편견을 조장한다는 주장에 분노를 터뜨리는 것도 당연하다. 애리조나주 교육감이 "우리는 개인"이고 "우리가 무엇을 알고 무엇을 할 수 있으며 어떤 인격을 갖춘 사람인지가 중요하지, 우리가 어느 인종에 속하는지는 중요하지 않다"고 주장할 때, 그는 개인의 삶이 강력한 사회적 힘에 따라 형성된다는 사실을 무시한다. 많은 투손 학생의 원주민 선조는 1533년부터 식민지 권력에 저항하기 시작했다. 이후 400년 동안 원주민 수천 명이 스페인 정복자에게 학살당하고, 그들의 노예가 됐으며, 멕시코와 미국 정부에 의해 죽음과 학대를 당했다. 낯선 언어와 종교, 문화도 받아들여야 했다. 애리조나주가 멕시코계 미국인학을 금지함으로써 학생들의 신념과 가치관을 형성하려는 시도는 파스쿠아야키족Pascua Yaqui*과 토호노 오드햄족Tohono O'odham,** 오늘날 애리조나 투손의 메스티소를 지배하고 착취해온 기나긴 역사의 일부다. 급진적 개인주의라는 순진한 신화를 고수하면 과거의 물리적·상징적 폭력을 정당화하고, 영구히 존속시키는 결과를 초래할 뿐이다.

---

* 멕시코 야키족의 후손으로, 대부분 멕시코 북서부와 애리조나주에 산다.

** 아메리카 원주민으로, 대부분 애리조나주와 멕시코 소노라주에 산다.

국경은 모든 사람을 위한 것이 아니다

내가 처음으로 지리 수업을 받은 건 3학년 때다. 우리 교실에는 끌어당겨서 펼쳤다 접었다 하는 커다란 지도가 여러 개 있었고, 선생님은 그 지도로 세계 여러 지역을 보여줬다. 알록달록한 색깔로 아름답게 표시된 여러 나라와 대륙을 경외감과 호기심을 품고 빤히 쳐다본 기억이 난다. 종종 한 나라에서 다른 나라로 이동하며 세계를 여행하는 건 어떤 기분일까 궁금했다. 당시 나는 지도를 있는 그대로 이해했다. 내가 세계 여행을 하면 우리 교실의 지도에 표시된 다양한 색깔을 경험할 수 있으리라고 순진하게 생각했다. 나라마다 다양한 색조나 특색이 있을 것이라고 말이다. 예를 들어 프랑스의 건물이나 경치는 주로 노란색이고, 옆에 있는 스페인은 더 붉은색일 거라고 생각했다. 한 나라와 이웃 나라를 구분한 거대한 검은 선이 지구에 새겨진 모습도 상상했다. 우리 교실에 있는 지도 위의 삽화가 현실 세계를 정확히 반영하지 않는다는 사실, 민족국가의 국경이 대부분 눈으로 볼 수 없고 인위적이며 일시적인 것이라는 사실을 알았을 때 실망감은 이만저만이 아니었다.

오늘날 우리는 시민권, 국경, 여권, 사람의 자유로운 이동을 제한하는 법을 강조하지만, 이런 법은 상대적으로 최근에 생긴 것들이다. 예를 들어 유럽에서는 1684년 베스트팔렌조약을 통해 그나마 민족국가를 별개로 취급하는 공식적인 제도 비슷한 것을 인정하기 시작했다. 심지어 그때도 이동을 통제하는 규정은 흔치 않았고, 거의 모든 사람과 무관한 문제였다.

미국 연방 정부가 이민법을 시행한 것은 1882년 중국인 배제법Chinese Exclusion Act이 통과되면서다. 이 법으로 누구라도 취업을 목적으로 중국에서 미국으로 들어오는 건 불법이 되었다. 부분적으로 경제적 경쟁에 대한 두려움에서 비롯된 이 법은 중국인이 선천적으로 열등하다고 생각하는 사람들의 지지를 받았다. 예를 들어 당시 샌프란시스코 시장 제임스 펠란James D. Phelan의 연설에서 이 사실을 확인할 수 있다. 그는 중국인 배제법이 백인의 인종적 우월성을 유지하는 데 필요하다며 다음과 같이 주장했다.

> 배제법은 거듭 강조돼야 합니다. 우리는 과거에 그랬듯이 우리의 산업과 사회, 정치의 구조를 발전시키기 위해 백인에게 기대를 걸어야 합니다. 중국인은 노동은 잘할지 몰라도 훌륭한 시민은 아닙니다. 그들은 개별 고용주에게 조금이나마 이득을 줄지 몰라도 전국적으로 질병의 씨를 뿌릴 것입니다. 이 질병은 그들이 퍼지는 만큼 퍼지고, 그들이 자라는 만큼 자랄 것입니다. 그들의 정신 구조로 보건대 (중국인에게) 자유가 주는 축복을 누릴 능력이나 그 축복에 감사할 능력이 없다는 것도 명백한 사실입니다.[17]

중국인 배제법은 1943년에 폐지됐지만, 이후에도 많은 이민법이 통과됐다. 그중 대다수는 '바람직하지 않은' 특정 계층 사람이 미국 국경을 통과하거나 미국 시민이 되는 것을 막기 위한 법이다. 예를 들어 '아랍인' '무정부주의자' '거지들', 간질이 있는 사람, '문맹자'는 입국이 금지됐다. 유대인과 가톨릭교도, 유럽과 아시아 국가 중에서 특정 국가 출신 이민자는 공식적으로 허용되는 한도가 있었다. 이런 규제를 만들게 한 건 대부분 중국인 배제법을 부채질한 두려움과 선입관이다. 지금도 미국의 정치 지도자는 '외국인'의 입국을 허용하면 위험하다는 공포심을 부추기고, 미국 이민법은 미국으로 이민하려는 사람의 재산과 출신 국가, 가족 관계에 따라 입국을 제한하는 기준을 정한다.

문제는 대다수 국경 법이 가난하고 상대적으로 힘없는 사람을 통치하는 수단으로 이용된다는 점이다. 이 같은 성향은 한도 예외와 '예술, 과학, 교육, 사업, 운동에서 남다른 재능이 있는 사람, 즉 뛰어난 교수와 연구자, 특정한 다국적기업의 임원이나 경영자'인 이민자에게 우선권을 허용하는 미국 법에서 여실히 드러난다. 당신이 미국 기업에 최소한 100만 달러를 투자할 여력이 있는 부자라면, 미국 정부는 당신에게 이민법을 적용하지 않을 것이다. 우리는 5장에서 봤듯이 거대 기업과 부자는 국경을 자유롭게 넘나들지만, 가난한 사람과 육체노동자, 혜택 받지 못하는 사람은 갈수록 감시와 규제를 받는 세상에 산다.

국가권력과 관련해 불평등과 차별을 극단적으로 보여주는 사례는 아마도 세계의 백만장자와 억만장자의 삶에서 찾아볼 수 있을 것이다. 엄청난 재산이 있으면 막강한 권력이 생기고, 막강한 권력이 있으면 국제법을 거부하고 세금을 회피하고 국경을 무시할 능력이 생긴다. 이는 사회학자 브룩 해링턴Brooke Harrington이 세계 최고 부자들을 위해 일하는 자산 관리 전문가와 광범위한 인터뷰를 실시한 끝에 발견한 사실이다. 그녀의 연구는 일반 부자를 능가하는 최고 부자들이 외견상 법 위에 있고, 체포와 기소를 면제받는 듯한 세상을 보여준다.

예를 들어 어느 자산 관리 회사의 직원이 들려준 이야기를 생각해보자.

저는 고객을 만나기 위해 우리 회사 CEO와 함께 비행기를 타고 유럽을 벗어나야 했어요. 제가 핸드백을 바꾸는 바람에 여권이 든 핸드백을 집에 두고 왔지 뭐예요. 고객은 우리를 취리히에 있는 공항으로 데려다줄 리무진과 자신에게 데려다줄 개인 전용기를 보냈어요. 저는 공항에 도착해서야 여권을 두고 온 걸 알았고, CEO에게 집에 가서 여권을 가져와야겠다고 말씀드렸죠. 그런데 걱정 안 해도 된다는 거예요. 제가 "우리는 유럽을 벗어나잖아요. 전 여권이 있어야 해요"라고 하니 CEO가 그러더군요. "진짜야. 여권 없어도 돼. 그러니까 집에 다녀올 필요 없어." 그래서 더 생각하지 않기로 했어요. CEO가 두 번이나 저한테 여권이 필요 없다고 말하면 저는 그 문제를 다시 꺼내지 않을 거예요. 공항에서 비행기를 타지 못하고 억류된다면 어쩔 수 없죠. 우리는 취리히에서 비행기를 탔는데, 아무도 우리 서류를 확인하지 않았어요. 고객이 머무는 곳에 내렸을 때, 우리를 고객에게 곧바로 데려다줄 리무진이 있었어요. 우리 여권에 대해 묻는 사람은 아무도 없었죠. 심지어 고객의 전용기를 타고 스위스로 돌아왔을 때도 말이죠. CEO 말이 맞았어요. 이 사람들, 우리 고객인 세계 최고의 부자들은 법 위에 있어요. 잠재적으로 아주 위험한 상황이죠.[18]

국가는 시민의 건강과 안전, 경제적 번영에 위협으로 여겨지는 '외부인'에게서 국경을 안전히 지키기 위해 여권과 그와 유사한 정부 문서를 사용한다. 그러나 해링턴의 연구 결과를 보면, 국경이 강력한 '큰손' 엘리트가 정부의 세법을 교묘히 피하면서 제기하는 경제적 위협은 막지 못함을 알 수 있다.

당신이 억만장자(혹은 세계 최대 기업 중 하나를 이끄는 경영자)라면 연안 조세 도피처에 재산을 숨기려고 애쓸 가능성이 크다. 이런 비밀 계좌는 소규모 국영 은행(예를 들어 버뮤다제도, 케이맨제도, 저지 섬, 싱가포르, 홍콩, 룩셈부르크, 파나마)에 있으며, 이런 은행은 억만장자의 필요에 부응하기 위해 은밀한 탈세 시스템을 만든다. 이들이 비밀 계좌에 숨긴 재산은 8조 달러에 이를 것으로 추산되며, 이는 세금이 전혀 부과되지 않은 돈이다.[19] 공용 인프라와 학교, 건강보험, 일자리에 쓰일 수 있는 돈이 가족 왕조를 위해 전용되고, 그 바람에 조세 부담은 재산이 훨씬 적은 사람에게 돌아간다. 전문가의 추산에 따르면, 미국에서 탈세로 납부되지 않는 세금은 해마다 약 1000억 달러에 이른다.[20] 억만장자의 조세 회피는 특히 그들보다 재산이 훨씬 적은 개발도상국 사람에게 해를 끼친다. 한 전문가의 추산에 따르면, 개발도상국의 세입 손실은 거의 1조 달러에 이른다. 인구의 64퍼센트가 빈곤에 시달리는 나이지리아는 초부유층 엘리트에게 거둬들이는 세수에서 적어도 3000억 달러가 국외 조세 도피처에 있다.[21] 여기서 핵심은 어떤 개인이 국가의 통제와 세금을 회피하고 자기 이익을 위해 경제를 조종할 수 있을 정도로 막대한 재산이 있을 때, 일반 대중에게 기여해야 할 국가의 권력이 위태로워진다는 사실이다.

보이지 않는 것을 드러내기

국가의 권력은 마치 보이지 않는 벽처럼 그 힘의 장場이 누군가의 움직임과 자유를 제한하거나 해를 끼치기 전에는 보이거나 자각되지 않을 때가 많다. 한 예로 알레시아 페닝턴은 인간으로서 자신의 정체성이 국가에 의존한다는 사실을 몰랐다. 그녀는 가족이라는 고립된 공간에서 탈출하고야 비로소 공식적인 정부의 규칙과 규제, 문서가 현대 시민의 삶에 엄청난 지배력을 행사하는 것을 깨달았다.

마찬가지로 마이클 브라운 총격 사건, 뒤이어 미주리주 퍼거슨에서 벌어진 시위와 저항은 경찰의 차별과 직권남용을 드러내는 데 기여했다. 백인은 경찰의 힘에 대해 잘 모르거나, 관심을 덜 보이는 경향이 있다. 이는 어떤 면에서 미디어의 편향된 시각 때문이기도 하지만, 미국에 사는 아프리카계 미국인이 경찰력의 남용에 대해서 더 잘 아는 이유는 그들에게 경찰력과 대치해야 하는 상황이 더 자주 일어나기 때문이기도 하다. 게다가 아프리카계 미국인은 노예제도부터 지금까지 기나긴 세월 동안 정부의 통제와 학대를 받아온 역사를 공유한다. 이와 같이 폭넓은 사회적 맥락을 이해하지 못하면 정부 기관이 자행하는 제도적 차별을 알아채기 어렵다.

멕시코계 미국인학을 금지한 애리조나주 정부의 지도자도 유럽인의 원주민 정복과 착취라는 폭넓은 역사적 맥락을 이해하지 못하는 것 같았다. 정부의 교육을 통해 사상과 종교, 규범을 통제하는 것은 오래전부터 예속과 강제적인 동화의 수단으로 쓰였다. 마이라 펠리시아노와 동료들이 자신의 역사를 존중하는 교과과정을 지키기 위한 싸움에 나섰을 때, 그들은 국가권력에 저항한 이전 세대의 많은 사람과 팔짱을 끼고 있었다. 역사적 관점에서 보면 우리는 정부의 통치가 미치는 경계를 규정하는 국경이 중립적이거나 영구하지 않다는 사실을 알 수 있다. 국경은 협상과 식민지화, 군사적 위협, 전쟁에 따른 결과이며, 대개 가난하고 힘없는 사람을 통제하는 수단으로 쓰인다. 실제로 이 장에서 살펴본 증거는 최고 부자들이 종종 국가의 통제에서 자유롭다는 사실을 보여준다. 세금 납부 문제에서 특히 그렇다.

현대의 국민국가는 강력한 사회적 힘이다. 정부의 통치가 민주적일 때 경찰과 군대, 미디어와 교육기관은 공공의 이익에 기여하게 조직될 것이고, 개인은 국가를 자기 삶에서 합법적인 힘으로 볼 것이다. 이런 이상적인 조건에서는 세금이 사회의 공익을 위한 공정하고 필수적인 기여로 받아들여질 것이고, 정부가 제공하는 서비스는 모든 국민의 건강과 안전, 번영과 행복에 기여하는 가치 있는 것으로 여겨질 것이다. 그러나 정부의 통치가 비민주적일 때나 부유한 엘리트의 권력을 제한할 수 없을 때 경찰과 군대는 두려운 대상이 될 것이고, 미디어는 권력자의 시녀가 될 것이며, 교육기관은 신뢰받지 못할 것이고, 과세는 불공정하고 부당하다고 여겨질 것이다. 당연히 대다수 국가는 두 극단적인 통치 유형 사이 어디쯤에 있고, 정부의 권력을 합법적인 것으로 받아들이느냐 그렇지 않느냐는 개인에 따라 다르다. 한 가지 부인할 수 없는 사실은, 우리가 사는 사회적 세계에서 국가는 거대한 권력의 원천이라는 점이다. 그것이 좋은 권력이든 나쁜 권력이든.

7

폭력,
섹스,
정치

대중매체의 힘

다양성과 차이에도, 우리가 아무리 그렇지 않다고
선언한다 해도 미디어가 만들어내는 것은 저절로 일어나지 않고,
완전히 '자유롭지' 않다. 다시 말해 '뉴스'는 그냥 생기지 않으며,
그림과 생각은 단순히 현실에서 튀어나와
우리의 눈과 머릿속으로 들어오는 것이 아니다.
진실은 곧장 구할 수 없으며, 우리에겐 마음대로 사용할
제어되지 않은 다양성이 없다.

에드워드 사이드Edward W. Said[1]

2012년 여름, 왕족의 스캔들이 영국 왕실을 집어삼켰다. 인터넷 타블로이드 웹 사이트 TMZ에 해리 왕자(찰스 왕세자와 다이애나 비의 아들이자 엘리자베스 2세 여왕의 손자)의 낯 뜨거운 사진이 실렸고, 곧바로 100여 개 웹 사이트와 CNN, CBS 등 세계적인 뉴스 매체에도 이 사진이 대문짝만하게 실렸기 때문이다. 이 사진은 휴대전화로 찍어 선명하지 않지만, 라스베이거스의 한 호텔 객실에서 광란의 파티가 벌어지는 장면이다. 이 파티에서 스물일곱 살 왕자는 홀딱 벗고 '나체 당구'를 친다. 한 사진에서 얼굴을 텔레비전 쪽으로 돌린 그는 어느 타블로이드판 신문이 '왕가의 보석'이라고 이름 붙인 가랑이 사이의 물건을 두 손으로 가리고 섰다. 두 번째 사진은 더 음란하다. 흥을 주체하지 못한 왕자가 젊은 여성(둘 다 실오라기 하나 걸치지 않은 알몸)을 뒤에서 장난스럽게 껴안았다. 전 세계 유명한 타블로이드판 신문은 젊은 왕자를 까발리면서 재미를 봤지만, 영국 왕실은 웃을 수 없었다. 찰스 왕세자의 보좌관은 영국에서 그 사진을 싣는 신문사에 소송하겠다고 으름장을 놨다.

자유롭고 독립적인 언론의 보도 때문에 영국 왕실이 위협을 느낀 건 이때가 처음이 아니다. 근대의 저널리즘이 탄생한 바로 그 순간부터 왕과 황제, 군주는 왕좌의 위엄과 권위, 권력에 위협이 될 만한 정보에 대중이 접근할 권한을 통제하고 제한하기 위해 안간힘을 썼다. 1680년 영국 법원은 다음과 같은 판결을 내렸다. "국왕 폐하는 뚜렷이 평화를 침해하거나 왕국에 불안을 초래할 수 있다고 판단되어 국왕 폐하가 재가하지 않은 뉴스가 실린 모든 뉴스북*과 소식지의 인쇄를 법에 따라 금할 수 있다."[2] 민주적인 정부가 등장하고 자유 언론의 가치를 인식하면서 공공의 정보를 통제하려는 시도가 사라졌다고 생각할 수 있지만, 지나온 역사를 보면 신문을 비롯해 다양한 커뮤니케이션과 오락, 예술적 표현 등을 반대한 경우가 흔하다. 다음 사례를 보자.[3]

- 19세기 초반에 엘리트 교육자와 성직자들은 '소설'의 인기가 높아지자 걱정스러웠다. 당시에 소설은 새로운 문학적 표현 방식이었다. 소설은 "인간의 삶을 비현실적으로 묘사"할 뿐만 아니라 "발랄한 정신을 무기력하게 만들고, 다독과 유익한 독서를 싫어지게 한다"고 여겨졌기 때문에 위험한 것으로 간주됐다.[4]

- 영화 업계는 1915년부터 영화가 젊은이들을 정서적으로 불안하게 만들고, 지능을 떨어뜨리고, 무식을 조장하고, 범죄와 비행에 기여한다고 미국 의회가 씌운 혐의를 부인했다. 당시에 악평이 자자한 영화는 오늘날 기준에 따르면 얌전하고 심지

---

* 초창기의 신문은 책의 형태로 발행됐다.

어 익살맞아 보이지만, 저속한 내용을 찾아 걸러내는 공식적인 검열 위원회가 미국 전역에서 구성됐다.

- 1954년에 청소년 범죄를 다루는 미국 상원 소위원회는 만화책 산업을 조사했다. 이 조사는 사실상 범죄와 성적 비유, 폭력이 포함된 내용과 이미지에 반대하는 대중의 항의에 응답한 것이다. 만화책 검열을 위한 전국적인 운동이 일어났고, 미국 전역에 있는 검열 기관은 《슈퍼맨》《배트맨》 같은 만화책을 수집한 다음 사람들이 보는 앞에서 불태웠다. 각 지역의 사법권은 반反만화책 법령을 통과시켰으며, 이후 몇 년 사이에 범죄 만화 출판사 24곳이 폐업 조치됐다.

- 1969년에 미국 공중위생국장 산하에 텔레비전과 사회적 행동에 관한 과학자문위원회가 꾸려진 동기는 젊은이들의 정신 건강을 우려했기 때문이다. 이 위원회의 임무는 텔레비전의 폭력적인 장면이 미치는 영향을 조사하는 것이다. 2년 동안 의회 공청회가 열렸고, 5권짜리 과학 보고서가 작성됐으며, 신뢰할 만한 조사 결과가 나왔다. 특정 조건 아래 있는 어떤 사람은 폭력적인 장면에 노출되면 공격적 행동이 증가한다는 것이 전반적인 결론이다.

- 더 최근에는 비디오게임이 대중의 우려와 정부 규제의 표적이 됐다. 2012년 3월, '비디오게임의 폭력성 표기 법안'이 미국 하원에 제출됐다. 상정된 법안은 모든 포장에 '경고 : 폭력적인 비디오게임에 노출되면 공격적인 행동으로 이어질 수 있습니

다'라는 문구를 표기하도록 했다. 법안 발의자 중 한 사람이 다음과 같이 말했다. "비디오게임 산업은 잠재적인 위험성이 있는 내용이 제품에서 종종 발견된다는 사실을 부모와 가족, 소비자에게 고지할 책임이 있습니다. 그들은 거듭 이 책임을 다하지 않고 있습니다."[5]

신문, 책, 잡지, 만화, 텔레비전, 라디오, 영화, 음반, 비디오게임, 인터넷, MP3 플레이어, 스마트폰은 사회학자가 대중매체(많은 청중에게 다가가는 의사소통의 형태)라고 부르는 것이다. 위의 사례를 보면 대중매체가 어떻게 대중의 우려와 불안, 두려움을 자아내는지 알 수 있다. 인쇄기의 발명에서 전파의 발견, 월드와이드웹 개발까지 새로운 커뮤니케이션과 표현 방식이 등장할 때마다 그것의 규제되지 않은 힘을 우려하는 사람들이 있었다. 종교 지도자와 독실한 공동체 구성원이 주도하는 도덕성 회복 운동도 부정적 반응 가운데 하나다. 어떤 부정적 반응은 공익을 수호해야 한다고 주장하는 보수적인 정치인의 지지를 받는다. 과학적 연구를 통해 좀 더 합리적인 해석을 반영하는 부정적 반응도 있다. 하지만 모든 부정적 반응의 저변에 깔린 전제는 똑같다. 대중매체는 사회에서 강력한 힘을 발휘하며, 사회에 해를 끼칠 잠재력이 있다는 사실이다.

이 장에서 우리는 대중매체의 힘을 사회학적 관점으로 살펴보려고 한다. 현대사회에서 대중매체는 어디까지 영향력을 미칠까?

대중매체는 우리 삶을 어떻게 형성하는가? 누가 대중매체를 통제하는가? 이런 질문을 다룬 다음에 폭력, 섹스, 정치와 대중매체의 관계를 간략히 알아볼 것이다. 폭력, 섹스, 정치는 신문이 처음 인쇄된 날부터 대중의 관심과 우려를 낳아온 주제이기 때문이다.

대중매체의 범위

역사적으로 볼 때 해리 왕자는 벌거벗고 친구들과 장난을 좀 친 것으로 추문에 휘말린 첫 영국 왕족이 아니다. 전해 내려오는 이야기에 따르면 제임스 1세(1566~1625)는 양성애자로, 남자 애인도 여러 명 있었다고 한다. 찰스 2세(1630~1685)는 정부情婦가 12명 이상이었으며, 그 사이에서 낳은 사생아가 적어도 14명은 됐다. 브런즈윅의 캐롤라인 여왕(1768~1821)은 유럽 곳곳에서 여러 차례 성관계했으며, 어떤 왕실 파티에서는 해리 왕자처럼 발가벗었다고 전해진다. 그러나 해리 왕자와 선조 왕족 사이에는 다른 점이 있다. 영국 왕권은 통치를 시작하고 1000년 동안 휴대전화나 인터넷 걱정을 할 필요가 없었다.

해리 왕자와 나머지 영국 왕족은 영국 시민의 보조금 덕분에 계속 특권을 누리며 부유하게 살지만, 엘리자베스 여왕과 그 가족은 명목상 영국 대표에 불과하다. 그들의 권력은 제한적이며, 신분은 유명 영화배우에 가깝다. 18세기의 전능한 국왕이 무너지기 시작한 시기는 대중매체가 등장한 시기와 거의 일치한다. 대중의 정보 전달이 몇몇 지역에 배포되던 작은 책자에서 엄청나게 복잡한 네트워크로 확대됨에 따라 일반인은 부패한 권력을 폭로하고 불만을 토로하고 민주주의를 부르짖는 데 사용할 새로운 수단을 발견했다. 대중매체는 동등한 사람이 토론과 논쟁을 벌일 수 있는 새로운 공간을 마련해 사회의 긍정적인 변화를 촉진했다. 사회학자는 이런 경향을 공공권public sphere, 公共圈의 발전이라고 부른다.

공공권은 오늘날에도 정치적 대화를 위한 공간이지만, 가정용 오락 비디오나 가족사진, 온라인 게임, 수십억 달러에 이르는 광고, 유명 인사의 소문, 포르노, 쇼핑, 가상 사회, 데이트 주선 사업, 음악, 그 밖에 다양한 표현을 위한 공간이기도 하다. 이런 것은 정치적 권력과 거의 관계가 없다. 공론의 장에서 벌어지는 커뮤니케이션에는 항상 음악과 오락, 가십, 운동경기와 정치적 대화가 포함됐지만, 오늘날 우리가 보는 범위와 속도는 아니었다. 실제로 오늘날 대중매체의 범위가 어찌나 폭넓고 다양하고 한결같은지, 날마다 대중매체에 정기적으로 노출되지 않는 장소나 사람을 세계 어디서도 찾아보기 어려울 정도다. 대중매체는 말 그대로 우리가 살아가는 환경의 일부가 됐다. 미국에서는 특히 그렇다.

예를 들어 2009년에 전국적으로 실시한 조사에 따르면, 미국에서 고등학교에 다니는 연령대 청소년은 하루에 평균 11시간 이상 대중매체에 노출된다. 이는 학교 과제물과 관계있는 대중매체에 노출되는 시간은 포함하지 않은 시간이다. 우리가 하루에 16시간 정도 깨어 있다는 점을 생각하면, 대중매체가 젊은이의 삶에서 두드러진 특징임은 분명하다. 더 놀라운 사실은 2004년에는 대중매체에 노출된 시간이 평균 9시간이었다는 점이다. 불과 5년 새 대중매체에 노출되는 시간이 2시간이나 늘었다. 2009년에 전형적인 15~18세 청소년은 텔레비전을 5시간 동안 시청했고, 음악을 2~3시간 들었으며, 인터넷 검색이나 비디오게임을 2시간 정도 했다. 문자메시지를 보내거나 휴대전화로 통화한 시간은 포함되지 않았다. 게다가 대중매체에 노출된 동안 다른 일을 하는 경우가 많다. 한 번에 대중매체를 한 가지 이상 사용한다는 얘기다. 예컨대 라디오를 들으면서 문자메시지를 보내고, 음악을 들으면서 비디오게임을 하고, 텔레비전을 보면서 인터넷을 검색하는 식이다.[6]

다음 수치는 현대사회에서 대중매체의 위력이 어느 정도인지 보여주는 또 다른 증거다.

- 625,951_ 2015년 〈뉴욕타임스〉 종이 신문의 하루 평균 발행 부수.[7]
- 1,552,723_ 2015년 〈뉴욕타임스〉 디지털 신문의 하루 평균 구독 수.[8]
- 96_ 2016년 미국에서 텔레비전이 있는 가구의 비율(퍼센트).[9]
- 55_ 2010년 미국에서 텔레비전이 3대 이상 있는 가구의 비율

(퍼센트).[10]

- 71_ 2009년 미국의 8~18세 청소년 가운데 자기 방에 텔레비전이 있는 사람의 비율(퍼센트).[11]

- 6,000,000_ 수업 시간에 (광고를 포함해서) 채널 원Channel One의 뉴스 프로그램을 의무적으로 시청하는 미국 중·고등학생의 수.[12]

- 63_ 2016년 미국에서 비디오게임을 자주 하는 사람이 있는 가구의 비율(퍼센트).[13]

- 10,100,000_ 2016년 온라인 비디오게임 〈월드 오브 워크래프트〉의 이용자 수.[14]

- 35_ 2016년 비디오게임 구매자의 평균연령.[15]

- 6.5_ 2016년 미국에서 온라인 게이머들이 매주 비디오게임을 하며 보낸 평균 시간.[16]

- 216,500,000_ 2015년에 잡지를 읽은 미국 성인.[17]

- 5,000,000,000_ 하루 평균 유튜브 시청 횟수.[18]

- 2,800,000,000_ '강남 스타일' 유튜브 뮤직비디오 시청 횟수.[19]

- 1,900,000,000_ 2016년 현재 페이스북 이용자.[20]

- 128_ 2013년 18~24세 사람이 하루 평균 주고받는 문자메시지 개수.[21]

- 14,528_ 2009년 캘리포니아에 사는 13세 소녀가 한 달 동안 주고받은 문자메시지 개수.[22]

- 80_ 화장실에서 볼일을 보는 동안 문자메시지를 보내는 대학

생의 비율(퍼센트).[23]

- 7_ 섹스하면서 문자메시지를 보내봤다고 인정한 대학생의
  비율(퍼센트).[24]

대중매체는 우리를 지배할 힘이 있는가?

우리가 일상에서 대중매체에 노출된다는 사실을 고려하면, 대중매체가 현대사회에 사는 사람의 태도와 행동에 영향을 미친다는 생각은 타당한 추측이다. 생각해보라. 대중매체의 광고가 나이키 제품을 구매하도록 사람들을 끌어들이지 못한다면 나이키가 연간 20억 달러가 넘는 비용을 마케팅에 쏟아붓겠는가? 대중매체가 더 많은 표를 만들거나 당선될 가능성을 높이지 못한다면 미국 대통령 후보가 텔레비전 광고에 4억 달러가 넘는 돈을 쓰겠는가? 우리 대다수는 대중매체에서 나오는 이미지나 메시지가 다른 사람의 태도와 행동에 영향을 미친다는 사실을 기꺼이 인정한다. 하지만 자신의 행동이 조종당한다는 생각은 별로 하지 않을 것이다. 예를 들어 텔레비전에서 묘사되는 성적 행동이 젊은이의 성적 행동에 영향을 준다고 생각하는지 자신에게 물어보라. 이제 텔레비전에서 묘사되는 성적 행동이 당신의 성적 행동에 영향을 준다고 생각하는지 자신에게 물어보라. 2002년에 실시한 연구에서 이와 똑같은 두 가지 질문을 청소년에게

한 결과, 응답자 72퍼센트가 텔레비전이 다른 젊은이의 성적 행동에 영향을 미쳤다고 대답했다. 그러나 텔레비전이 자신의 행동에 영향을 미쳤다고 대답한 응답자는 22퍼센트에 불과했다.[25] 우리는 대중매체가 다른 사람을 지배할 때 그 힘을 인식하지만, 자신의 삶을 지배한다는 사실은 인정하기 꺼리거나 인식하지 못한다.

나는 몇 년 전에 사회학 개론 강좌를 위한 필수과목인 토론 수업을 진행했다. 한 학생이 연달아 세 번 토론 수업에 빠졌을 때, 러셀(가명)에게 무슨 일이 있는지 아는 사람이 없느냐고 물었다. 가을 학기였고, 수업에 참여한 학생은 모두 1학년으로 대부분 학교 기숙사에서 함께 지냈다. 내 질문에 몇몇 학생은 킥킥거렸고, 몇몇은 서로 힐끗 쳐다봤으며, 몇몇은 눈알을 굴리기만 할 뿐 아무도 러셀의 행방에 대해 뭔가 안다는 사실을 인정하지 않았다. 수업이 끝나고 학생들이 강의실을 거의 다 빠져나갔을 때쯤, 기숙사에서 러셀과 같은 방을 쓴다는 학생이 걱정스러운 얼굴로 다가왔다. 그 역시 내 수업을 듣는 학생이다. 그는 말을 하다가 멈칫거리기도 하고, 힐끗 돌아보기도 하면서 러셀이 처한 상황을 설명했다. "러셀이 곤란한 상황에 빠졌습니다. 개가 저한테 조용히 얘기했어요. 제 생각엔⋯ 러셀이 심각한 중독에 빠진 것 같아요." 여러 해 동안 학생을 가르치며 통제 불능의 마약 문제가 있는 학생을 꽤 봐왔기에 나는 그다지 놀라지 않았다. 하지만 러셀의 친구는 믿기 어려운 말을 했다. "마약은 아니에요. 러셀은

〈월드 오브 워크래프트〉에서 빠져나오지 못하고 있어요. 이제 수업에 들어가지 않고, 끼니도 거르다시피 하면서 밤새도록 그 게임만 해요." 순간 나는 그 학생이 농담을 한다고 생각했다. 심각한 표정을 보고야 그가 러셀을 진심으로 걱정한다는 걸 알았다. 나는 그 비디오게임을 잘 몰랐지만, 온라인에서 여러 명이 동시에 참가하여 롤플레잉 하는 여행이라는 걸 알게 되었다. 참가자는 개인의 아바타를 이끌고 모험에 나서는 동안 다른 참가자와 동맹을 결성하기도 한다. 나는 비디오게임에 중독된다는 것이 가능한지 의심스러웠다. 그 주가 끝나갈 즈음, 러셀이 나를 찾아와서 정말로 자신에게 도움이 필요한 것 같다고 털어놓았다. 결국 그는 상담을 받았고, 나중에 학교도 그만뒀다. 그가 학업을 포기하도록 만든 게 〈월드 오브 워크래프트〉인지 알기 어렵지만, 러셀의 생각은 분명히 그랬다.

몇 년 뒤에 어느 영문학 교수가 쓴 책을 우연히 읽었다. 그는 일주일에 60시간씩 〈월드 오브 워크래프트〉를 하는 습관을 버리기 위해 몸부림친 날을 적었다. 그는 성공한 대학교수이자 남편이자 아버지에서 자살 충동에 시달리는 실직자로, 가족을 잃기 일보 직전인 남자로 추락하는 과정을 자세히 묘사한다. 서른여덟 살 남자는 게임의 유혹을 설명하면서, 〈월드 오브 워크래프트〉를 하면 어떻게 신이 된 것 같은 기분이 드는지 묘사한다. "궁극적으로 내가 모든 것을 통제하고, 실제적인 영향력은 별로 없지만 내가 원하는 것을 할 수 있다. 현실 세계에서 나는 무력한 남자처럼 느껴진다. 컴퓨터는 말썽이고, 애는 울며 보채고, 휴대전화 배터리는 갑자기 나가버리고… 일상에서 부딪히는 이런 사소한 문제에 영향력을 빼앗긴 듯한 기분이다."[26] 그의 말에는 역설이 존재한다. 비디오게임을 하는 동안 권력을 위임받은 기분이 들 수도 있지만, 현실 세계에서는 그 게임이 실제로 이 젊은 남자의 기분을 바꿔놓고, 사회적 관계에 지장을 주며, 일상의 습관을 바꿔놓기 때문이다.

사회학자는 일반적으로 중독이라는 단어를 사용하지 않는다. 중독이라는 개념은 거의 한 개인에 초점을 맞추고, 행동을 생리적 측면에서 설명하는 경향이 있기 때문이다. 중독이라는 개념은 어떤 사람의 극단적인 행동을 이해하는 데 유용할 수 있지만, 중독에 빠지는 환경을 설명해주는 더 큰 사회적 패턴과 요인을 포착하지 못한다. 사회적 맥락을 고려하지 않고는 인간의 행동을 제대로 이해할 수 없다는 것이 사회학자의 생각이다. 예를 들어 담배를 생각해보라. 담배라는 마약은 의심할 여지없이 습관성이다. 담배를 피우면 생리적인 변화가 일어나고, 몸의 화학반응이 바뀌면서 담배를 갈망한다. 오랫동안 담배를 피운 사람이 금연을 시도하면 금단증상을 경험한다. 짜증이 많아지고 몸이 아프고 우울해진다. 즉 니코틴은 중독성이 있다. 이것은 전체 이야기의 일부일 뿐이다. 그 뒤에는 1년에 6조 개비가 넘는 담배를 생산하는 막강한 글로벌 산업에 대한 이야기가 있다. 한 사람이 담배에 중독되려면 그 전에 농장 주인에게 담배를 재배한 비용을 지급해야 한다. 노동자에게는 담배를 수확한 비용을 지급해야 한다. 담배를 생산할 공장도 지어야 한다. 기업은 담배 포장지를 매력적으로 디자인해야 한다. 소매상이 제품을 갖춰놓고 팔겠다고 동의해야 하고, 유통 업자는 제품을 전 세계로 실어 날라야 하며, 소비자를 유혹하기 위해 마케팅 전략을 짜야 한다. 비평가에게서 담배 산업을 보호하기 위해 정치적 영향력이 동원돼야 하고, 제품을 홍보하기 위해 대중매체를 활용해야 한다. 2014년에 담배 회사는 광고에 거의 매일 2500만 달러를 썼고, 2012년에는 미국에서 법안 제정에 영향을 미치기 위해 약 2600만 달러를 써서 200명에 가까운 로비스트를 고용했다.[27]

우리는 비디오게임 중독과 텔레비전 금단증상, 페이스북 중독에 대해서 이야기할 수 있다. 하지만 사회학자에게는 이런 것보다 훨씬 복잡한 문제가 대중매체의 영향력이다. 대중매체의 힘은 다른 여러 장소에서 나타나 이른 새벽의 안개처럼 희미하게 우리를 감싼다. 대중매체의 영향력은 종종 미묘하고 은밀하며, 다른 통제와 얽혀 있다. 이 때문에 대중매체의 힘은 구분하고 측정하고 연구하기 어렵다. 만화책을 읽는 대다수 청소년은 미성년 범죄자가 되지 않을 것이다. 텔레비전을 보는 아이 중에서 변태성욕자가 되는 아이는 극소수일 것이다. 비디오게임을 하는 대다수 학생은 학교를 그만두지 않을 것이다. 그렇다고 대중매체가 영향력이 없다는 뜻은 아니다. 이제 우리는 대중매체의 힘을 폭력, 섹스, 정치라는 세 가지 분야에서 살펴볼 것이다.

폭력

내가 아홉 살이나 열 살 때, 형들과 나는 토요일이면 일찍 일어나 시리얼을 게 눈 감추듯 먹어 치우고 텔레비전 앞으로 달려갔다. 우리는 잠옷 바람으로 마루에 우르르 모여 앉아 가장 좋아하는 프로그램이 시작하길 애타게 기다렸다. 1960년대 초반에는 텔레비전 프로그램 편성이 지금처럼 폭넓지 않았다. 방송국은 고작 세 군데였고, 만화영화는 손에 꼽을 정도로 적었으며, 모든 프로그램이 흑백이었다. 하지만 토요일은 특별했다. 아프리카의 정글에서 활약하는 영웅이 등장하는 1940년대 영화 시리즈를 재방송했기 때문이다. 형겊 쪼가리로 아랫도리만 가린 채 문명의 관습에서 해방된 영웅, 바로 〈타잔〉을 하는 시간이다! 매 회 '타잔, 탈출하다!' '타잔의 비밀 보물' '타잔과 그의 친구' 같은 제목이 붙은 시리즈는 엄청난 모험을 약속했다. 우리는 타잔이 정글의 덩굴식물 줄기를 잡고 이 나무에서 저 나무로 옮겨 다니고, 호랑이나 비단뱀과 몸싸움을 벌여 죽이고, 정글에서 그의 트레이드마크인 외침으로 모든 동물과 의사소통하는 걸 입을 떡 벌린 채 바라봤다. 우리는 매주 한 시간 남짓 주변에서 일어나는 일은 의식하지 못한 채, 마치 좀비처럼 텔레비전에 시선을 고정하고 말없이 앉아 있었다. 그러나 엔딩 크레디트가 올라가기 시작하자마자 대중매체가 유발한 명한 상태에서 깨어나 집 안을 아수라장으로 만들었다. 우리는 곧바로 잠옷 윗도리를 벗어 던지고 유인원처럼 요란한 소리를 지르며 가슴을 두드리고, 타잔의 외침을 흉내 내며 의자에서 의자로 뛰어다녔다. 날씨가 허락하면 밖에 나가서 역할 놀이를 했다. 우리는 맨발로 나무에 기어오르고, 막대기를 깎아서 칼을 만들었다. 우리의 장난은 번번이 감당할 수 없는 상태로 치달았다. 레슬링은 싸움으로 번졌고, 형은 동생을 괴롭혔으며, 결국 누군가 울음을 터뜨리고야 말았다. 참다못한 부모님은 생각하기도 싫을 만큼 가혹한 처벌로 우리를 협박하셨다. 앞으로 〈타잔〉은 시청 금지다!

내 이야기를 하는 데는 몇 가지 이유가 있다. 첫째, 내 이야기는 대중매체에서 접하는 이미지와 허구의 이야기가 젊은이들에게 공격적인 놀이를 부추기는 사례를 제공한다. 이런 사례는 우리가 어느 정도 경험하거나 목격한다. 둘째, 내 이야기는 과장하거나 과잉 반응 하지 말라는 경고 역할을 한다. 〈타잔〉은 우리를 비행소년으로 만들지 않았고, 우리 중에서 나중에 한 번이라도 심각한 폭력 범죄를 저지른 사람은 아무도 없었다. 셋째, 내 이야기는 대중매체의 내용과 시청자 반응의 복잡한 관계를 암시한다. 약간 폭력적인 프로그램을 시청하는 것이 공격적인 놀이를 부추길 수 있다면 일생 동안 접하는 그 많은 텔레비전 프로그램과 영화, 비디오게임의 영향은 어떻게 설명할까?

사회심리학자는 〈타잔〉과 관계된 내 어린 시절의 경험을 점화효과priming effect라고 부른다. 점화 효과란 대중매체의 이미지가 생각과 아이디어에 도화선이 되어 똑같은 이미지를 본뜬 행동을 준비시키는 것이다. 예컨대 타잔의 공격적이고 운동선수 같은 행동이 내 머릿속에서 공격적인 생각을 촉발해, 내가 공격적인 놀이를 하도록 만들었다는 것이다. 내 형제도 정확히 똑같은 방식으로 점화 준비를 마쳤고, 그 점화는 공격의 불길에 기름을 끼얹는 역할을 했다는 것이다. 이는 영화와 비디오게임, 텔레비전이 폭력을 어떻게 부추기는지 간단히 설명한다. 실제로 이런 설명을 뒷받침하는 연구가 있다. 예를 들어 〈파워 레인저스〉가 아이들에게 가장 인기 있는 텔레비전 프로그램이던 1995년, 연구원은 방과 후 프로그램에 참가한 5~11세 아이들을 대상으로 한가지 실험을 했다. 실험 첫날, 연구원은 노는 아이들이 공격적인 말이나 행동을 할 때마다 그 횟수를 셌다. 다음 날 연구원은 아이들을 두 그룹으로 나눠 26명에게는 〈파워 레인저스〉를 보여주고, 다른 26명에게는 보여주지 않았다. 실험할 당시 〈파워 레인저스〉는 텔레비전에서 방영하는 아이들 대상 프로그램 가운데 가장 폭력적이라고 평가받았기에 연구원은 점화 효과가 나타날 것이라고 기대했다. 〈파워 레인저스〉가 끝나고 약 20분 뒤, 두 그룹 아이들은 다시 만나서 놀았다. 연구원은 이번에도 공격적인 행동의 횟수를 셌다. 〈파워 레인저스〉를 시청한 아이들이 그렇지 않은 아이들보다 공격적인 행동을 많이 했을까? 그렇다. 실제로 두 그룹의 차이는 꽤 컸다. 〈파워 레인저스〉를 시청한 아이들이 공격적인 행동을 일곱 번 할 때, 〈파워 레인저스〉를 시청하지 않은 아이들은 공격적인 행동을 한 번 했다. 점화 효과는 여자아이

보다 남자아이에게서 두드러지게 나타났다.[28]

다른 실험도 있다. 무작위로 뽑은 16~20세 젊은이들을 대상으로 실시한 인터뷰에서 연구원은 건강, 위험한 행동, 생활 방식, 가정환경, 대중매체 소비에 관해 몇 가지 질문을 하고, 특히 텔레비전에서 방영하는 레슬링 경기를 얼마나 자주 보는지 물었다. 실험 결과 정기적으로 레슬링을 시청하는 젊은이(주 6회)는 데이트 폭력을 저지를 확률이 144퍼센트 더 많았고, 무기로 누군가를 위협할 확률이 119퍼센트 더 많았으며, 무기로 누군가를 다치게 하려 할 가능성이 184퍼센트 더 많았다. 그리고 여자보다 남자가 자주 레슬링을 보지만, 레슬링을 보는 여자는 남자와 거의 비슷하게 폭력적인 행위를 한다는 결과가 나왔다. 이런 결과는 가족의 소득, 지역, 인종 같은 배경의 변수에서 나타나는 차이를 감안한 뒤에도 발견됐다.[29]

폭력적인 텔레비전 프로그램과 비디오게임, 영화가 공격적인 행동을 부추긴다는 연구 사례는 더 있다.[30] 그러나 한두 연구에서 얻은 결과를 지나치게 일반화하지 않도록 신중해야 한다. 특정 매체나 프로그램이 특정한 사람에게 실제로 어떤 영향을 미치는지 예측하기는 매우 어렵다. 그럼에도 우리가 매일 노출되는 대중매체의 범위와 그것이 묘사하는 폭력적인 행위의 놀라운 숫자(평균적인 아이는 18세가 되기 전에 20만 번이 넘는 폭력 행위와 1만 6000번의 살인을 목격하는 것으로 추정된다[31])를 고려할 때, 현대사회의 매체 환경이 사회 전반에서 공격적인 행동을 할 가능성을 실제로 늘리는 것은 확실해 보인다. 많은 사람이 이런 결론을 당연하게 받아들일 수도 있지만, 대중매체의 폭력이 미치는 또 다른 영향은 덜 인식된다. 이것이야말로 훨씬 강력한 영향인지 모른다. 나는 지금 대중매체가 단골 소비자 사이에서 폭력의 광범위한 두려움과 우려를 낳는 증거에 대해 이야기하는 것이다.

앨프레드 히치콕Alfred Hitchcock 감독의 영화 〈사이코〉에는 한 여자가 샤워하다가 칼에 찔려 죽는 아주 유명한 장면이 나온다. 오늘날의 영화 기준에서 이 장면은 그다지 무서운 편이라고 할 수 없지만, 열한두 살 무렵에 처음 그 장면을 본 나는 두려움에 벌벌 떨었다. 나는 며칠이 지나고야 밤에 불안과 초조를 느끼지 않으며 샤워할 수 있었다. 대학 1학년 때는 〈엑소시스트〉를 보고 비슷한 경험을 했다. 룸메이트와 나는 악령이 깃든 것과 여주인공의 분출성 구토에 대해 농담을 주고받으며 극장을 나섰지만, 둘 다 밤새 한숨도 못 잤다. 나는 지금까지 이 영화 재방송을 보기 꺼려진다. 재방송이 심야에 하면 더욱 그렇다. 내가 평균적인 남자보다 겁이 많은 걸 인정한다. 하지만 사회학적 증거에 따르면 그런 사람은 나뿐만 아니다.

대중매체 연구에서 도출된 좀 더 일관성 있는 결론은 매체에 자주 노출되는 것과 세상이 비열하고 무섭고 폭력적인 곳이라는 믿음에 관계가 있다는 것이다. 텔레비전을 많이 시청하는 사람에게는 특히 맞는 말인 듯하다. 예컨대 범죄 드라마 시청과 범죄의 피해자가 될지 모른다는 두려움이 커지는 것에 관계가 있다는 몇몇 연구 결과가 있다. 최근의 연구에 따르면, 미국의 대학생 중에서 지역 텔레비전 뉴스를 많이 시청하는 사람일수록 범죄의 피해자가 될지 모른다는 두려움이 크다고 한다.[32] 언젠가부터 범죄율이 감소한다는 증거가 뚜렷한데도 미국인이 범죄 문제가 점점 심각해진다고 믿는 이유가 여기에 있는지도 모르겠다. 예를 들어 최근에 미국인을 대상으로 한 전국 표본조사에서 '미국의 범죄가 1년 전보다 줄었을까요, 늘었을까요?'라는 질문에 응답자 70퍼센트가 늘었다고 답한 반면, 범죄가 줄었다고 답한 응답자는 18퍼센트에 불과했다. 대다수 응답자가 틀렸다. 전국적으로 강력 범죄 발생률은 1990년의 절반 수준이고, 같은 기간 동안 재산 범죄는 약 40퍼센트 줄었다. 국립형사재판기록보관소 NACJD에 따르면, 이런 범죄 발생률은 지난 20년에 걸쳐 꾸준히 낮아지는 추세다. 그런데도 1989년 이후 미국인은 해마다 여론조사에서 범죄 문제가 갈수록 심각해진다고 답했다.[33]

대중매체 환경은 여러모로 우리가 사는 물리적인 환경보다 영향력이 크다. 우리는 소신을 결정할 때 자신의 경험보다 텔레비전에 의지하는 듯 보인다. 우리는 마치 자신에게 "뉴스에서 범죄 사례를 계속 선정적으로 보도하고, 범죄 드라마가 점점 강도 높은 폭력을 보여준다면 범죄가 느는 건 당연하잖아. 안 그래?"라고 말하는 것 같다. 이런 연구 결과를 가공의 세계에 사는 사람의 순진한 착각으로 치부할 수도 있지만, 이 같은 비논리적인 신념은 중요한 결과를 초래할 수 있다. 예를 들어 우리는 범죄에 대한 두려움이 많은 어른일수록 경찰과 교도소의 예산 확대를 적극적으로 지지하고, 사형 같은 엄벌에 찬성할 가능성이 높다는 사실을 안다. 대중매체가 현실을 그릇되게 묘사할 힘이 있을 때, 대중을 이용하고 조종하는 일은 그리 멀지 않은 곳에 있다.

섹스

앞에서 이야기한 대로, 내가 자랄 때 토요일 아침마다 방영한 〈타잔〉은 우리 가족의 인기 프로그램이었다. 이 말은 절반만 진실이다. 내 여동생들은 〈타잔〉에 우리와 똑같은 열정을 보이지 않았다. 이제 와서 돌아보면 놀랄 일도 아니다. 〈타잔〉은 남자들이 각본과 제작을 맡았고, 강력한 남자 주인공이 주연이며, 많은 이야기에 타잔이 입양한 아들(이름도 마침 '보이Boy'다)이 등장했다. 보이는 기본적으로 타잔의 어린 버전이다. 여자와 소녀는 줄거리에서 중요한 역할이 아니다. 타잔의 '친구'로 제인이라는 영국 여자가 등장하기는 한다. 타잔은 제인을 사랑하고, 그녀를 위험에서 보호하며, 도움의 손길이 필요할 때 그녀를 구해준다. 제인은 대체로 복종적이고 연약한 모습이며, 남자에게 의존하는 장면이 대부분이다. 요컨대 〈타잔〉은 성차별적 고정관념을 보여준 당시 대다수 매체와 별반 다르지 않았다.

내 여동생들은 모두 전문적인 직업에 종사하며, 강하고 독립적이다. 나와 형들이 타잔이 아니었듯이, 여동생들은 제인이 아니었다. 누군가 이렇게 물을지 모르겠다. 그래서 어쨌다는 거지? 여성은 성차별적인 대중매체를 무시할 수 없다는 거야? 영화와 텔레비전 제작자들이 판에 박힌 이미지가 흥행에 도움이 되지 않는다는 것을 깨달으면 여성을 긍정적으로 묘사하지 않겠어? 여하튼 역대 최고의 수익을 거둔 영화 시리즈 중 하나는 〈헝거 게임Hunger Games〉*이잖아? 전부 일리 있는 지적이다. 현대 매체에 여성의 긍정적인 이미지가 많다는 사실은 의심할 여지가 없다. 〈헝거 게임〉의 캣니스 에버딘 같은 캐릭터나 오프라 윈프리 같은 대중매체 거물을 보면 이를 알 수 있다. 그럼에도 우리는 신중해야 한다. 대중매체 환경은 복잡하고 다면적이며, 대중매체의 힘은 종종 교묘하고 감지하기 힘들다. 하지만 분석적인 관점으로 들여다보면 대중매체의 영향력을 찾아낼 수 있다. 다음 사례가 이런 사실을 잘 보여준다.

2011년 여름 《롤링스톤Rolling Stone》에는 전직 부통령이며 노벨 평화상과 아카데미상을 수상한 앨 고어Al Gore가 쓴 에세이가 실렸다. 〈Climate of Denial: Can Science and the Truth Withstand the Merchants of Poison?부정의 기후 : 과학과 진실은 독약을 파는 상인을 견뎌낼 수 있는가〉는 뉴스 매체와 정치적 이데올로기, 기업의 에너지산업을 도발적이고 설득력 있게 비판한 동시에, 이 세 영역이 지구온난화라는 쟁점의 진실을 제대로 알리지 못한 점을 비판한다. 에세이는 잘 썼고, 정보가 풍부하며, 설득력도 있다.

---

* 16세 소녀가 주인공으로 등장하는 공상과학영화.

나는 이 에세이가 기후변화의 정치학에 대한 독자의 태도에 긍정적인 영향을 미쳤다는 점을 의심하지 않는다. 그러나 이 잡지의 표지를 장식한 케이티 페리Katy Perry의 사진이 앨 고어의 에세이보다 대중의 관심을 끌었다는 점도 확신한다. 팝 가수이자 뮤직비디오의 디바는 상반신을 옆으로 틀고 서서 얼굴을 살짝 젖힌 채 카메라를 본다. 길고 검은 머리는 등 뒤로 자연스럽게 흘러내리고, 빨간 립스틱을 바른 입술은 반쯤 벌렸다. 이 섹시한 포즈는 의도적인 것이며, 그녀가 입은 옷도 섹시함을 강조하는 디자인이다. 젊은 스타는 목선이 깊이 파인 은색 홀터넥 비키니를 입었다. 이 비키니는 평범한 비키니와 다르다. 가슴을 가린 천은 키세스초콜릿의 은박 포장지처럼 구겨졌다. 의도를 분명히 전달하기 위해 양쪽 가슴에 리본을 한 개씩 매달고, 키세스초콜릿 포장지에 있는 것과 똑같은 글자를 썼다. 다만 이 리본에는 '케이티의 키세스'라고 적혔다.

당신이 《롤링스톤》 독자라면 이 잡지 표지에 도발적이고 젊은 유명 연예인의 성적 매력을 부각한 사진이 종종 실린다는 사실을 알 것이다. 당신이 내 또래이고 30~40년 전부터 이 잡지를 읽기 시작했다면, 세월이 흐름에 따라 표지 사진이 점점 더 선정적이면서 음란해진다고 느낄 수도 있을 것이다. 사회학자 에린 해튼Erin Hatton과 메리 넬 트라우트너Mary Nell Trautner는 2011년에 발표한 연구에서 이 질문을 검토했다.[34] 이들은 대중매체의 성애화 혹은 '포르노화'가 심해지는 것을 암시하는 다른 연구를 참고하면서

《롤링스톤》의 표지 사진이 점점 더 선정적으로 변하는지, 남녀를 드러내는 방식에 차이가 있는지 알고 싶었다. 먼저 표지 사진의 선정성 정도에 등급을 매기기 위해 채점 기준을 세웠다. 말하자면 알몸을 노출한 횟수, 옷의 스타일, 접촉의 유형, 얼굴 사진인가 전신사진인가 등 11가지 항목으로 나눠 점수를 매기는 방식이다. 두 사람은 이 기준을 토대로 1967~2009년에 발행된《롤링스톤》1006권의 표지에 점수를 매겼고, 다음과 같은 결과가 나왔다.

- 1960년대에《롤링스톤》의 표지에 등장한 남성 11퍼센트와 여성 44퍼센트가 어느 정도 선정적으로 묘사됐다.
- 2000년대에는 남성 17퍼센트(55퍼센트 증가)와 여성 83퍼센트 (89퍼센트 증가)가 어느 정도 선정적으로 묘사됐다.
- 남성 2퍼센트가 '지나치게 선정적으로' 묘사됐다(상위권 절반에서 선정성 점수).
- 여성 61퍼센트가 '지나치게 선정적으로' 묘사됐다.

이 결과는 무엇을 의미하는가? 선정적 묘사는 남녀 모두 증가했지만, 여성의 선정적 묘사가 더 많고 더 빠른 속도로 증가했으며 더 극단적이라는 것이다. 두 사람에 따르면 그 결과 남성은 '섹시'하게 묘사될 가능성이 더 많은 반면, 여성은 갈수록 '섹스를 위한 준비가 되었고 섹스에 이용 가능한' 존재로 묘사된다.

대중매체 광고에서 나타나는 젠더의 역할을 분석한 다른 연구자도 비슷한 결론을 내린다. 특히 진 킬번Jean Kilbourne은 우리가 젠더를 이해하는 데 광고가 미치는 영향을 잘 보여주는 통찰력 있는 분석가다.[35] 그녀는 지난 30년 동안 수많은 광고를 '해체'해서 대기업이 만든 교묘한 조종과 착취의 일관된 패턴을 폭로했다. 그녀의 연구에서 나온 핵심적인 내용은 다음과 같다.

- 광고에서 모델로 등장하는 여성은 대다수 여성을 대표하지 않는다(불과 5퍼센트가 그들과 체형이 비슷하다). 그들의 몸과 얼굴은 도달할 수 없는 이상을 표현하기 위해 종종 인위적으로 조작되고, 디지털 기술로 강화됐다. 소비자가 모델과 비교해서 부족하다면 광고하는 제품이 그 문제의 해결책으로 제시된다.
- 여성을 찍은 사진은 종종 신체의 각 부분에 초점을 맞추거나, 여성을 동물과 동일시한다(예를 들어 새장에 들어가거나 네 발로 기어가는 여성). 이는 여성을 대상화하거나 비인간적으로 만드는 효과를 불러올 수 있으며, 이런 효과는 여성에 대한 폭력적인 태도와 행동을 부추기고 정당화할 수 있다.
- 여성은 남성과 관계에서 종종 순종적이고 수동적인 자세를 취한다. 그 결과 여성은 조용하고 유순해야 한다는 기대 심리를 불러일으킬 수 있다. 특히 남성과 관계에서 그렇다.
- 우리 문화에서 젠더를 이해하는 데 누적된 결과는 부정적이다. 광고는 남자다운 것과 여자다운 것에 대해 해로운 이상을 강화한다. 그런 이상은 남성과 여성에게 섹스와 인간관계의

하찮음, 신체 이미지와 자존감의 왜곡, 정서적 · 물리적 폭력의 증가를 의미할 수 있다.

　킬번 박사는 책과 비디오, 대중 강연에서 자신이 연구한 결과를 토대로 두 가지 메시지를 전한다. 첫째, 광고는 종종 사회에서 우리가 사고하고 느끼는 방식을 바꾸는 강력하고 유해한 요소다. 둘째, 우리는 광고 앞에 속수무책인 얼간이가 아니다. 관심을 갖고 의도된 조작을 알아차리면 비판적 태도로 광고의 부정적인 효과에 저항하고, 그 효과를 제한할 수 있다.

　그럼에도 당신은 이렇게 자문할 수 있다. 광고가 사람의 신념과 행동을 바꾸는 데 어떤 식으로 영향을 미칠까? 이는 복잡한 문제이고 현재 모든 해답을 아는 것은 아니지만, 광고가 사진의 힘에 의존하는 것은 분명하다. "사진 한 장이 천 마디 말을 대신한다"는 말을 들어봤을 것이다. 정보를 전달하는 데는 글이나 말보다 사진이 효과적이라는 뜻이다. 우리는 사진을 보면 즉시 우리가 보는 것을 '이해'할 수 있다. 그러나 이 격언은 말과 이미지의 더 중요한 차이를 놓친다. 통찰력 있는 현대 매체 비평가 닐 포스트먼Neil Postman(1931~2003)의 설명을 들어보자.

　언어는 연속적인 제안으로 제시될 때 의미가 통한다. 단어나 문장을 문맥에서 분리하면, 다시 말해 독자나 청자에게 그 단어나 문장의 앞뒤에 무슨 말이 있는지 알려주지 않으면 의미가 왜곡된다. 그러나 문맥에서 분리된 사진은 없다. 사진은 문맥이 필요하지 않기 때문이다. 사진의 핵심은 이미지를 문맥에서 분리해, 다양한 관점에서 볼 수 있게 만드는 것이다.[36]

사진과 말은 기능이 다르고, 유형이 다른 의미를 전송하며, 용도 역시 다르다. 문자언어는 논리적인 주장을 하거나 증거를 제시할 때, 독자를 이성적인 분석에 끌어들일 때 사용된다. 이성적인 분석을 위해서는 시간과 인내가 필요하며, 대개 집중하는 데 방해받지 않을 공간이 필요하다. 반면에 사진은 짧고 순간적이며, 감정과 자극에 기댄 즉각적인 반응을 유발하기 위해 사용된다. 사진을 보기 위해서는 순간적으로 힐끗 시선을 던지면 되고, 시간도 몇 초밖에 걸리지 않으며, 노력할 일이 전혀 없다. 《롤링스톤》의 케이티 페리 표지 사진이 앨 고어의 에세이보다 대중에게 큰 영향을 미친 이유가 이것이다. 광고가 사진이나 도발적인 이미지에 좌우되며, 제품을 홍보할 때 몇 마디만 사용하는 이유도 이것이다. 끝으로 이와 같은 사진의 특성은 주로 보이지 않는 곳에 있는 요소가 젠더의 관계에 대한 우리의 생각과 기대에 어떻게 영향을 미치는지 더 잘 이해할 수 있도록 도와준다. 대중매체가 우리 삶에서, 광고의 이미지가 대중매체에서 그토록 압도적일 때, 광고의 이미지는 우리 문화 환경의 일부가 된다.

광고주의 첫째 목표는 우리 문화를 바꾸거나 오락을 제공하는 것이 아니다. 그것은 부차적인 결과물이다. 그들의 가장 중요한 목표는 제품을 팔아 이윤을 남기는 것이다. 광고주는 소비자의 선호를 의도적으로 조종하기 위해 1년에 2500억 달러가 넘는 돈을 지출한다. 이 말은 대중매체의 힘이 큰 사업을 일으키고 통제하는 소수의 수중에 상당 부분 있다는 뜻이다. 그러나 이 정도로 소수 엘리트가 대중매체의 힘을 장악하는 것은 불가피한 일이 아니다. 이제부터 살펴보겠지만 대중매체는 저항과 정치의 긍정적인 변화를 위한 도구로도 사용될 수 있다.

정치

2010년 12월 17일, 북아프리카 튀니지의 작은 도시에서 노점상을 하는 모하메드 부아지지(26세)는 여느 때와 다름없이 하루를 시작했다. 그는 아침 일찍 일어나 작은 손수레에 과일과 채소를 싣고, 집에서 가까운 도시 중심부로 가서 8시쯤부터 장사를 했다. 목격자들에 따르면, 한두 시간 지났을 때 지역 경찰이 모하메드에게 다가와서 그가 물건의 무게를 달 때 사용하는 저울을 압수하고 손수레를 뒤집어엎더니 소액의 벌금을 부과했다. 경찰이 모하메드의 노점에 들이닥친 건 이번이 처음이 아니며, 가족은 경찰의 행동이 정기적인 강탈이나 다름없다고 주장한다. 이날 모하메드는 순순히 물러서지 않았다. 그는 벌금 낼 돈이 없었고, 경찰에게 저울을 돌려달라고 호소했다. 그러자 경찰은 그를 구타했다. 모하메드는 그 길로 지방정부 청사를 찾아갔으나 거기서도 퇴짜를 맞았고, 경비원에게 또다시 폭행을 당했다. 사람들이 보는 데서 굴욕적인 일을 당하고, 정부 관리의 작태에 분노한 모하메드는 휘발유 통을 들고 정부 청사 앞에서 외쳤다. "도대체 나더러 어떻게 먹고살라는 겁니까?" 그런 다음 휘발유를 머리에 붓고 성냥을 그어 자기 몸에 불을 붙였다. 모하메드는 온몸에 심각한 화상을 당하고, 몇 주 뒤 병원에서 숨졌다.

뒤이어 일어난 사건들이 없었다면, 모하메드의 자살은 그가 살던 지역사회 밖에서는 주목을 끌지 못한 채 묻혔을 것이다. 그는 튀니지 정치혁명의 기폭제가 된 인물이며, 2011~2012년 중동 전역에서 일어난 봉기와 혁명에 영감을 준 인물로도 유명하다. 이 중대한 역사적 시기는 '아랍의 봄'으로 알려진다. 아랍의 봄은 민주주의에 고취된 반란이 잇따라 수십 년간 그 지역을 지배한 독재자와 군사정권을 무너뜨린 일을 가리킨다. 표 7-1은 그 역사적 순간의 규모를 요약해서 보여준다.

게다가 이 시기에 모로코, 사우디아라비아, 바레인, 요르단,

표 7-1

일자	국가	쫓겨난 통치자	통치 기간
2011년 1월 14일	튀니지	지네 엘 아비디네 벤 알리	23년
2011년 2월 11일	이집트	호스니 무바라크	29년
2011년 8월 28일	리비아	무아마르 알 카다피	32년
2012년 2월 27일	예멘	알리 압둘라 살레	22년

레바논, 시리아에서는 중요한 반란이 일어났다. 이중 일부 지역에서는 대대적인 정치 개혁이 있었고, 나머지 지역은 이 글을 쓰는 2017년까지 정치적 분쟁 지역으로 남았다.

그렇다면 자기 목숨을 바친 한 남자의 절박한 행동이 어떻게 아랍 전역에서 저항과 개혁, 혁명을 촉발했을까? 가난한 노점상이 어떻게 4800킬로미터 이상 떨어진 도시의 거리에서 일어난 반란에 영감을 제공할 수 있었을까? 이 질문에 답하기 위해서는 여러 복잡한 요소를 고려해야 한다. 그러나 우리는 세계에서 가장 비민주적인 정부 가운데 일부가 아랍 지역에 있으며, 이 지역이 사회 변화를 위한 티핑 포인트*에 다다랐다는 것은 안다. 모하메드는 사회운동가도, 정치적 반군도 아니다. 그는 순교자나 영감을 주는 상징적 존재가 될 의도가 없었다. 그러나 모하메드처럼 좌절하고 분노한 다른 시민이 그의 비극적인 죽음을 알았을 때, 불에 탄 시신을 사진으로 보고 그가 겪은 박탈과 굴욕에 공감했을 때, 봇물처럼 터진 정보가 공론의 장에 물밀듯이 밀려들었다. 말을 퍼뜨리고, 불만을 확인하고, 반란을 조직하는 일에서 대중매체가 중요한 역할을 한 것이다.

역사가와 사회과학자는 독재자와 군주, 정치적 폭군이 권력을 유지하려면 대중매체를 장악해야 한다는 사실을 오래전부터 알았다. 독재 정부가 텔레비전과 신문, 라디오 방송을 엄격히 감시하고 철저하게 검열하는 이유도, 저항 세력이 대중매체 통제권을 독재자의 수중에서 빼앗으려고 하는 이유도 이것이다. 대중매체

---

* 작은 변화가 하나만 더 일어나도 큰 변화가 일어날 수 있는 상태.

가 중앙에 없거나 중앙에서 통제되지 않는다면 어떤 일이 벌어질까? 대중이 인터넷과 휴대전화에 접근할 수 있다면 비민주적인 정권은 대중의 저항을 어떻게 억누를까? 아랍의 봄에서 얻은 교훈 중 하나는 갈수록 현대의 통신 기술을 감독하기 힘들어진다는 점이다. 많은 사회과학자는 우리가 현재 중동과 북아프리카에서 혁명의 시기를 경험하는 것은 상당 부분 독재에 맞서는 조직을 만들고 더 공개적이고 민주적인 공론의 장을 마련하는 도구로서 인터넷과 휴대전화의 효율성 덕분이라고 본다.

모하메드 부아지지의 이야기로 돌아가서, 이런 도구가 혁명을 잇따라 일으키는 데 어떻게 사용됐는지 살펴보자. 모하메드의 친구들과 모하메드가 자기 몸에 불을 붙이는 광경을 보고 안타까워한 행인들은 곧바로 거리로 뛰쳐나갔다. 한 목격자가 말했다. "구급차가 그를 싣고 간 뒤에 사람들이 모여들었어요. 오후가 되자 시위가 벌어졌고, 경찰이 곤봉을 휘두르고 최루가스를 쏘며 시위를 진압했어요."[37] 얼마 지나지 않아 병원에서 휴대전화로 찍은 사진이 페이스북에 올라오기 시작했다. 새까맣게 탄 모하메드가 머리부터 발끝까지 붕대로 감긴 사진이다. 이 사진과 함께 평범한 노점상이 보여준 비범한 행동에 대한 이야기가 친구와 가족 사이에서 빠르게 퍼져 나갔고, 온라인에서는 시위를 지지해 달라고 호소하는 캠페인이 벌어졌다. 시위 행렬을 맨 앞에서 이끌며 가장 많은 수가 참여한 집단은 학생이었고, 그들이 찍은 경찰의 진압 동영상과 사진도 소셜 네트워크를 통해 퍼져 나갔다.

소셜 네트워크가 문제라는 사실을 깨달은 정부 당국은 저항 시위를 공유하고 조직하는 페이스북, 트위터, 유튜브와 다른 온라인 사이트를 금지했다. 그러나 튀니지에서는 소셜 미디어를 정기적으로 사용하는 사람이 전체 인구의 20퍼센트에 불과했기 때문에 인터넷을 차단하는 것으로 충분하지 않았다. 시위를 조직하는 가장 강력한 도구는 휴대전화 문자메시지로 밝혀졌다. 정부는 몇 주 만에 거리를 통제하는 힘을 상실한 듯 보였다. 시위는 튀니지의 수도로 빠르게 확산됐고, 다른 주요 도시에서도 시민과 군대 사이에 폭력적인 충돌이 일어났다. 1월 4일, 모하메드가 사망했다. 그가 자기 몸에 불을 지른 지 18일 만이다. 장례 행렬은 혁명을 위한 대규모 행진이자, 또 다른 대중 시위의 현장이 됐다. 모하메드의 육신은 갔지만 그의 이야기는 저항의 상징으로 남았다. 열흘 뒤 튀니지의 독재자 지네 엘 아비디네 벤 알리 Zine El Abidine Ben Ali는 생명의 위협을 느끼고 사우디아라비아로 달아났다. 그의 축출은 민주적인 선거로 이어졌고, 튀니지에는 새로운 정부가 들어섰다.

튀니지의 봉기가 성공했다는 소식은 전제 정부가 정권을 쥔 아랍 지역의 다른 나라로 순식간에 퍼졌다. 이번에도 정보와 사진과 토론은 텔레비전과 라디오, 신문을 우회했다. 전통적인 대중매체는 국가의 엄격한 통제와 검열을 받았기 때문이다. 예를 들어 이집트에서 시위가 빠른 속도로 확산되기 시작한 건 인터넷이 널리 이용되고, 대다수 시민이 휴대전화를 사용했기 때문이다. 모하메드 부아지지는 이집트에 영감을 준 인물이지만, 이집트인에게는 영웅과 순교자가 따로 있었으며, 그들의 이야기와 이미지가 이집트인에게 더 큰 의미로 다가왔다. 튀니지와 마찬가지로 불만과 더 나은 세상을 기대하는 희망, 급진적이고 민주적인 개혁을 위한 전략을 공유하는 사람들을 이어주는 일에 트위터와 페이스북, 문자메시지가 사용되었다. 2011년 1월 25일, 수도 카이로의 가장 큰 광장에서 대규모 시위가 열릴 예정이었다. 이 행사는 위험을 감수해야 했다. 군인이 시위대보다 수적으로 우세하면 무기가 없는 시민은 체포될 가능성이 많기 때문이다. 그러나 수천 명이 참가하여 광장이 시위대로 가득 차면 수적으로 우위를 차지하니 안전할 것이고, 당국도 시위대를 체포하는 데 애먹을 것이다. 5만 명이 넘는 시위대가 광장에 집결하자 전 세계에서 지켜보던 사람들이 깜짝 놀랐고, 이집트의 독재 정부는 충격을 받았다. 시위의 규모는 날이 갈수록 커졌다. 한 주가 지났을 때, 독립적인 매체들은 시위 군중이 30만 명이 넘는다고 보도했다. 이집트의 독재자 호스니 무바라크Hosni Mubarak는 인터넷이 위협적인 존재임을 깨닫고 통신망을 차단하려고 안간힘을 썼지만, 그 노력은 역효과를 불렀다. 기업과 정부 기관은 마비됐고, 지도자의 필사적인 몸부림을 향한 분노가 확대됐으며, 최신 기술에 능통한 저항 세력은 통제와 탄압을 피할 새로운 길을 찾았다. 보안 요원이 블로그와 페이스북에 정부를 비판하는 글을 올리는 사람을 찾아 협박하고 구금에 고문까지 시도했으나, 그들도 성공하지 못했다. 세계의 다른 지역에서 문자메시지와 트위터로 대규모 시위를 조직하는 방법에 관해 전자 매체를 통한 조언이 밀려들었다. 무바라크는 곧 자신이 이집트를 통제할 수 없다는 사실을 깨달았으며, 2011년 2월 11일에 29년간 이어온 독재 통치를 끝내고 대통령직에서 사임했다. 그는 곧바로 새 임시정부에 체포됐고, 평화적인 시위자들을 살해한 죄로 기소됐다.

여기서 주목할 사실은 모하메드 부아지지의 극단적인 자살이 대중 시위의 물결을 촉발했지만, 시위에 뒤이은 혁명을 낳은 것은 그의 단독적인 행동이 아니라는 점이다. 사회의 급진적인 변화를 위해서는 공통의 좌절과 불만을 조직화할 방법을 찾는 수많은 사람의 협력이 필요하다. 지금까지 살펴봤듯이 대중매체는 도발적인 이미지를 공유하고 폭력을 조장하는 강력한 도구가 될 수 있지만, 정치적 탄압의 시기에는 행동을 조직화하고 전략을 주고받는 원동력이 될 수도 있다. 우리는 다음 장에서 개인과 긍정적이고 민주적인 변화를 야기하는 사회운동의 관계를 탐구하고, 집단행동의 힘에 대해 더 살펴볼 것이다.

8

—

'나'에서
'우리'로
집단행동의 힘

투쟁 없이 진보 없다. 자유에 찬성한다고 말하면서
시위에 반대하는 사람은 경작하지 않으면서
수확을 바라는 사람이다. 그들은 천둥과 번개 없이
비가 오길 바란다. 그들은 거대한 파도의 무시무시한
포효가 없는 바다를 원한다. 권력은 요구하지 않으면
아무것도 양보하지 않는다. 지금까지 그랬고,
앞으로도 그럴 것이다.

프레더릭 더글러스Frederick Douglass[1]

1861년 겨울, 퇴역 군인이자 미국의 전 하원 의원인 제퍼슨 데이비스(53세)는 앨라배마주 몽고메리에 있는 주 의사당 건물 계단에서 남부 연합 대통령으로서 첫 연설을 했다. 그는 미국 정부를 향한 호전적인 태도로 '주州의 권리'를 지키기 위해 남북전쟁에 뛰어든 남부의 투사들이 모인 새로운 연합에 충성을 선언했다. 백인의 농장 경제를 지탱하고, 미국 남부의 절반에 해당하는 지역에서 권력의 사회적 관계를 구조화하는 노예제도가 존폐의 기로에 있었다. 남북전쟁의 첫 번째 총성이 울리려면 아직 몇 달이나 남았지만, 몽고메리는 노예제도를 옹호하는 내란의 상징적 구심점이 되었다.

　거의 4년간 63만 명이 목숨을 잃은 뒤, 제퍼슨 데이비스가 조지아주에 있는 은신처에서 체포됐다. 이는 남북전쟁이 끝났음을 의미했다. 노예제도의 합법성을 놓고 벌어진 무력 충돌은 끝났지만, 남부의 대다수 백인은 여전히 노예제도 폐지에 저항했다. 백인의 권력 구조는 KKK를 비롯한 인종주의적 친목 단체의 도움에 힘입어 또 다른 세기에도 흑인 시민을 지배하고 착취하고 모욕했다. 백인의 권력과 엄격한 인종차별 제도를 지지하기 위한 테러의 무기로 협박과 구타, 살인이 자주 동원됐다. 미국 수정 헌법 13조가 노예제도를 폐지하고 100년이 지난 뒤에도 남부의 흑인은 법적으로 백인이 다니는 학교에 입학을 거부당했고, 정치제도에서 배제됐으며, 경제에서 덜 중요한 일을 떠맡았다. 흑인은 정기적으로 맞서 싸웠지만, 차별주의적인 규범에 맞선 개인의 행동은 신속하면서도 강경한 비난에 부딪혔다. 개인이 인종 평등을 지지하는 입장을 취한다는 것은 일자리를 잃거나, 오랫동안 징역살이하거나, 신체적 폭력을 당하거나, 고통스럽게 죽는다는 의미가 될 수도 있었다.

이처럼 냉혹한 사회적 맥락에서 1955년, 로자 파크스Rosa Parks의 인생을 결정지은 사건이 일어났다. 그녀는 흑인으로서 앨라배마주 몽고메리의 인종주의적 권력 구조에 저항하기로 한 결정 때문에 자신이 맞닥뜨린 위험을 잘 알았다. 그것은 평화적인 저항이라는 단순한 행위지만, 그 단순한 행위가 조용하고 용기 있는 여인을 대단히 위험한 시민 평등권 운동의 최전선으로 내몰았다. 그 사건으로 몽고메리는 '주의 권리'를 위한 전국적인 투쟁의 상징적 구심점이 됐다. 다만 이번에는 저항적인 태도를 취한 사람이 흑인이었다.

한 여성과 역사적인 운동

1955년 12월 1일, 새벽녘에 잠에서 깬 로자 파크스(42세)는 앞으로 펼쳐질 중대한 사건을 예상할 수 없었다.[2] 이 재봉사에겐 여느 날과 다를 바 없는 날이었다. 그녀는 몽고메리페어백화점 지하에서 재봉질과 다림질로 하루를 보내고, 퇴근해서 집에 갈 때 가까운 버스 정류장까지 걸었다. 로자 파크스는 싸움을 원하지 않았다. 발이 피곤하고, 온종일 고된 일을 해서 어깨도 아팠기 때문이다. 코트 광장으로 가던 그녀는 축제 분위기가 물씬 풍기는 도시의 상점에 둘러싸였다. 가게는 벌써 크리스마스 조명과 휴일의 밝게 빛나는 장식품으로 단장했다. 하지만 네 블록 떨어진 덱스터 가 동쪽 끝에 있는 주 의사당 건물 꼭대기에서는 남부 연합의 전투 깃발이 백인의 권력과 노예제도의 유산을 떠올리게 만드는 냉혹한 상징물처럼 펄럭였다.

코트 스트리트행 버스가 도로 경계석 앞에 서자, 로자는 버스에 올라 요금함에 동전을 넣고 무의식적으로 '유색인'이라고 적힌 팻말 아래 좌석을 향해 걸어갔다. 그녀는 통로 쪽 좌석에 자리 잡았다. 맞은편에는 흑인 여성 두 명이, 로자 옆의 창가 쪽 좌석에는 흑인 남성 한 명이 앉았다. 다음 정류장에서 승객이 탔을 때 버스의 앞쪽 좌석이 전부 찼고, 백인 남성 한 명이 서 있었다. 유색인 구역의 앞쪽에 앉아 있던 파크스 여사와 흑인 승객 세 명은 처음에 자리에서 일어나지 않았다. 그러자 눈에 띄게 동요한 버스 기사가 몸을 돌려 그들에게 일어서라고 명령했다. "당신들, 험한 꼴 당하기 싫으면 자리를 양보하는 게 좋을 거야." 로자 맞은편에 앉은 두 여성이 마지못해 자리에서 일어났고, 그녀의 옆자리에 있던 남성도 일어났다. 그러나 로자는 계속 자리에 앉아 있었다. 버스 안이 조용해졌다. 말썽이 일어날 것이라고 예상한 일부 승객이 내리는 문 쪽으로 향했다. 화가 치민 버스 기사가 재차 로자에게 자리에서 일어나라고 소리 질렀지만, 로자는 슬며시 창가 쪽 자리로 옮겨 앉아 길 건너 영화관 입구의 차양에 시선을 고정했다. 불현듯 KKK의 폭력에 관한 몸서리쳐지는 기억이 떠올랐다. '나는 밤새 잠 못 들고 앉아 있던 그 시절, 할아버지가 벽난로 옆에 총을 놓아둔 그 시절이 떠올랐다.' 로자는 자리에 앉아 버티기로 마음먹었다. 얼굴이 벌겋게 달아오른 버스 기사가 소리쳤다. "일어나라고!" 로자의 대답은 간단하지만 단호했다. "싫어요."

몇 분 뒤 몽고메리의 경찰 두 명이 도착했다. 예상대로 파크스 여사는 체포됐고, 몽고메리의 인종 분리법을 위반한 혐의로 시 교도소에 수감됐다. 100년 전에 아프리카에서 온 노예는 쇠사슬에 묶인 채 몸에 이상이 없는지 검사받은 다음, 파크스가 버스를 탄 시내의 바로 그 장소에서 가축과 함께 경매를 통해 팔려 나갔다. 로자 파크스는 200년도 전에 선조들이 시작한 자유와 정의를 위한 싸움을 계속했다.

로자 파크스는 그날 밤, 보석금을 내고 풀려났다. 그녀가 재판을 받기 위해 남편과 친구들과 함께 법정에 도착한 월요일 아침, 법정 앞에는 그녀를 지지하는 500명이 모여 있었다. 로자 파크스가 재판에서 이기리라고 예상한 사람은 한 명도 없었지만, 유죄 판결이 났을 때 수많은 흑인 방청객이 불만과 분노가 섞인 탄식을 내뱉었다. 몽고메리에서는 조직적인 버스 보이콧 운동이 논의되고, 그날 밤 홀트스트리트침례교회에서 대규모 집회가 열릴 예정이었다. 그 집회에서 카리스마 넘치는 스물여섯 살 마틴 루서 킹 목사가 몽고메리 교통 서비스의 변화를 요구하는 시민 조직을 이끌 지도자로 뽑혔다. 그들의 요구 사항은 다음과 같았다. (1) 흑인을 더 정중히 대하라. (2) 유색인 구역에 앉은 흑인은 자리를 양보할 필요가 없다. (3) 흑인이 사는 동네를 지나는 노선을 운전할 흑인 버스 기사를 고용하라.

훌륭한 흑인 여성을 체포한 이 작은 사건이 미국 역사에서 시민 평등권 옹호에 가장 역사적인 시기를 낳는다. 버스 보이콧 운동이 1년 이상 지속되자, 전 세계 대중매체의 관심이 앨라배마주 몽고메리로 쏠렸다. 인종 분리에 반대하는 비슷한 보이콧 운동과 연좌 농성이 남부 전역으로 번졌다. 킹 목사와 보이콧 운동가들은 전국적인 시민 평등권 운동을 이끌고, 인종차별 폐지와 선거권, 가난 종식을 위한 거리 투쟁과 법정투쟁에 나섰다.

로자 파크스가 2005년 아흔둘의 나이로 눈감았을 때, 장례식에는 전 세계 고위 관리들이 참석했다. 그녀는 '행동으로 미국의 얼굴을 변화시킨' 위대한 여성 영웅으로 묘사됐다.[3] 그녀의 관은 워싱턴 D.C.로 옮겨져 국회의사당 원형 건물에 안치됐고, 5만 명에 이르는 조문 행렬이 이어졌다. 사망하기 전에 그녀에게 대통령자유훈장과 의회명예황금훈장이 수여됐고, 앨라배마주는 그녀의 업적을 인정하여 특별한 용기를 치하하는 주지사명예훈장을 수여했다. 로자 파크스가 타고 인종차별에 맞서 단호한 태도를 보인 노란색 버스는 현재 미시간주 디트로이트의 헨리포드박물관에 있다. 몽고메리의 클리블랜드 가는 로자파크스대로로 이름이 바뀌었고, 파크스가 1955년 버스에 올라탄 몽고메리 시내 모퉁이에는 로자파크스도서관과 박물관이 들어섰다.

로자 파크스는 의심할 여지없이 미국 역사에서 상징적인 개인 가운데 한 명이다. 그녀는 '시민 평등권 운동의 어머니'라 불리며, 충분히 그렇게 불릴 만하다. 오늘날 역사책에서 로자 파크스의 이야기를 읽은 젊은이들이 그녀의 이야기에 고무되고 자극을 받아 정의와 평등을 지지한다. 그녀보다 훌륭한 본보기를 찾기도 어렵다. 그럼에도 로자 파크스 이야기가 전달되는 방식에는 문제가 있다. 일반적으로 그녀에 대한 묘사는 내가 앞에서 간추려 설명한 사건과 개인에 대한 묘사(로자의 의지력, 버스 기사와 대치, 그녀가 공동체에 준 영감)를 그대로 따라간다. 문제는 이 익숙한 묘사가 불완전하다는 점에 있다. 이런 묘사는 개인의 단일한 행위를 강조하는 제한된 전달 방식이다. 대다수 유명한 역사적 이야기가 그렇듯이 대중매체와 교과서에서 묘사되는 로자 파크스 이야기는 집단행동을 덜 강조하고, 그녀의 행동 이전에 있던 계획과 조직, 훈련의 세월은 무시한다. 로자 파크스라면 결코 한 개인이 시민 평등권 운동을 촉발할 수 없음을 가장 먼저 인정했을 것이다.

미국에서 인종차별은 경제적 착취의 부산물이자 노예다. 인종차별은 세월이 흐르면서 필요 이상으로 엄격한 전통에 따라 지탱된다. 이런 전통은 법으로 제도화되고, 신체적·언어적 폭력과 조직적인 협박으로 강화됐다. 아무리 강하고 카리스마 넘치고 똑똑하고 끈질긴 사람이 있어도 한 개인에게 전통을 깨부수는 일을 도맡아달라고 할 수는 없다. 몽고메리 버스 보이콧 운동은 흔히 로자 파크스를 체포한 사건으로 불붙은 감정적 대응으로 묘사된다. 이런 설명은 정치적 맥락과 조직의 전략, 버스 보이콧 운동을 준비하고 추진한 집단행동을 외면한다. 우리가 1장에서 살펴봤듯이 미국의 개인주의 문화는 개인의 힘은 찬양하고, 사회적 힘의 영향력은 덜 강조한다. 로자 파크스 이야기가 더 큰 사회적 맥락과 동떨어졌을 때, 우리는 긍정적인 사회적 변화가 영웅적인 개인에게 달렸다고 믿는다. 이는 사실이 아니다. 진정한 변화를 위해서는 집단의 연대, 같은 생각, 함께 행동하면서 억압당하는 사람들의 조직적인 노력이 필요하다.

한 발 물러서 로자 파크스의 삶을 폭넓은 관점에서 보면 이 말을 이해할 수 있다. 그녀의 개인적 저항 행위를 둘러싼 사회적 환경을 들여다볼 때, 우리의 관점은 더 폭넓어지고 편견이 덜 개입된다. 예를 들어 우리는 로자 파크스와 그녀의 남편 레이먼드가 미국흑인지위향상협회National Association for the Advancement of Colored People, NAACP에서 오랫동안 활동한 사실을 안다. 당시 NAACP는 미국에서 흑인의 시민 평등권을 위해 싸우는 가장 강력한 조직으로, 로자 파크스는 1943년부터 몽고메리지부의 총무로 활동했다. 우리는 로자 파크스가 백인 승객에게 자리를 양보하지 않아 체포된 첫 번째 흑인 여성이 아니라는 사실도 안다. 몽고메리에서 같은 해 초반에 비슷한 체포 사건이 세 건이나 있었다. 그중한 명은 고등학생 클로뎃 콜빈Claudette Colvin으로, 그녀는 로자 파크스가 이끄는 NAACP 청소년협의회 회원이다. 우리는 로자 파크스가 테네시주 하이랜더포크스쿨Highlander Folk School에서 리더십 훈련을 받은 사실을 안다. 그녀는 NAACP에서 장학금을 받아 1955년 여름에 2주 동안 전국에서 온 좌파 정치 운동가들과 함께 '급진적 인종차별 폐지'에 대해 배웠다. 우리는 로자 파크스가 몽고메리유권자동맹의 일원으로 흑인의 투표권 쟁취를 돕기 위해 활동했다는 사실도 안다. 우리는 로자 파크스가 몽고메리의 세인트폴 아프리카감리교성공회African Methodist Episcopal, AME 신자이며, 노예제도에 항의하기 위해 조직된 AME가 흑인의 시민 평등권을 강력하게 지지한 사실을 안다. 우리는 로자 파크스가 몽고메리 버스 보이콧 운동의 가능성을 놓고 다른 흑인 공동체 지도자와 전략 회의에 참여했다는 사실도 안다. 이 모든 '철저한 준비 과정'이 1955년에 그녀가 체포되기 전에 있었다.

여기서 중요한 사실은 우리가 로자 파크스 이야기를 제대로 이해하려면 그녀가 흑인 공동체에서 역사가 긴 조직적인 공동체 운동가로 구성된 더 큰 네트워크의 일부였음을 인정해야 한다는 점이다. 조직과 지도자를 연결하는 이런 시스템에는 시민 평등권 변호사, 노동조합, 교회 성직자, 교육자, 정치인, 공동체를 바꾸는 일에 헌신하는 가난한 사람이 포함됐다. 요컨대 로자 파크스는 사회학자가 '사회운동social movement'이라고 부르는 것의 일부였다.

사회운동이란 무엇인가?

사회운동은 평범한 사람들이 힘을 합쳐 지배적인 권력 구조에 도전하는 집단행동이다. 기성 정당이 벌이는 운동과 달리 사회운동은 '논쟁의 정치'라고 할 수 있다. 사회운동은 대중 시위, 보이콧 운동, 행진, 연좌농성, 대중 집회, 파업, 입후보자를 선출하기 위한 종전의 입법 절차나 선거운동에서 벗어난 다른 전략을 포함하기 때문이다. 권위에 맞선 모든 반대를 사회운동이라고 부르는 것은 아니다. 주기적으로 잠깐 불붙었다가 사라지는 일시적인 저항은 사회운동의 정의에서 벗어나는데, 사회운동이란 같은 목표가 있는 사람들이 상당 기간 노력하는 것이기 때문이다. 따라서 사회운동의 필수 요소는 지배적인 권위 체제에 대한 지속적인 도전, 알아볼 수 있을 만큼 긴 역사, 헌신적인 지지자라고 할 수 있다.

로자 파크스 이야기가 중요한 까닭은 그녀의 행동이 미국의 '시민 평등권 운동'이 시작된 것으로 여겨지는 장소, 시간과 관계가 있기 때문이다. 하지만 역사에서 어떤 사회운동의 정확한 경계를 식별할 수 없듯이, 그 운동에서 결정적인 역할을 한 개인과 행동을 정확히 집어내는 것도 불가능하다. 강물이 둑 위로 흘러넘쳐 마을에 홍수가 났을 때, 강물을 범람하게 만든 특정한 빗방울을 찾아낸다는 것이 터무니없는 생각이듯이. 마찬가지로 사회학자는 시민 평등권 운동을 일으킨 한 개인을 찾아내는 일에 관심이 없다. 로자 파크스가 자리 양보를 거부한 사건이 몇 달 전에 일어났다면, 그녀의 용기 있는 행동은 몽고메리 버스 보이콧 운동으로 이어지지 않았을 수도 있다. 홍수가 나기 전에 며칠 동안 폭풍우 치는 사나운 날씨가 계속되는 것처럼, 사회운동도 시간이 흐르면서 점점 더 압력이 강해진다. 눈으로 확인이 가능한 사회운동이 출현하기까지 착취의 역사와 여러 사람의 불만이 축적되는 시간이 필요하다.

시민 평등권 운동의 경우, 일부 역사가와 대다수 뉴스 매체는 카리스마 넘치는 지도자와 흥미진진한 사건, 폭력적인 충돌, 대중 집회에 초점을 맞춘다. 이 때문에 우리 대다수는 마틴 루서 킹 목사와 로자 파크스에 익숙하다. 우리는 간이식당의 농성, 경찰견, 소방서, 워싱턴에서 벌어진 대규모 행진, 셀마에서 몽고메리까지 이어진 행진, 폭파된 흑인 교회 같은 이미지를 떠올릴 수 있다. 하지만 상대적으로 남부기독교연합회의, 인종평등회의, 몽고메리개선협회, 화해를위한연대, 학생비폭력조정위원회, 여성정치위원회, 연합조직위원회, 시민평등권연합회의, 전국도시연맹에 대해서는 아는 것이 거의 없다. 이런 조직은 NAACP나 다수 종교 모임과 더불어 시민 평등권 운동의 핵심이었다. 이들은 조직, 교육, 자금을 제공했다. 이들은 새로운 운동가를 모집하고, 이벤트를 기획하고, 지도자를 양성하고, 전략을 짜고, 정부를 상대로 로비했다. 일반적인 생각과 반대로, 시민 평등권 운동은 로자 파크스가 자리를 양보하지 않았을 때 모든 자격을 갖춘 사회운동으로 '터져 나온' 것이 아니다. 그날 그녀의 저항이 미국 역사에서 의미 있는 상징적 행위라는 점에는 의심할 여지가 없으나, 이후에 일어난 사회적 · 정치적 변화는 다른 수많은 저항 행위와 수천수만 시간의 계획과 전략 수립, 수많은 운동가의 희생을 발판으로 실현됐다.

이는 긍정적인 사회적 변화를 이끌어내는 데 성공한 다른 사회운동에도 해당한다. 사람들이 힘을 합쳐 오랜 기간 동안 지배적인 권위에 공개적으로 도전하는 경우, (1) 착취당하거나 배제당한 역사를 공유하고 (2) 지원하는 조직이 연합하며 (3) 헌신적인 운동가로 구성된 촘촘한 인적 네트워크가 형성됐을 가능성이 많다. 1800년대 후반에 꽃피워 많은 노동자를 위한 경제 정의를 성취한 미국의 노동운동도 그런 경우다. 당시 성취한 경제 정의에는 아동노동 제한, 노동시간 제한, 임금과 수당 인상, 안전과 보건 관련 규정, 최저임금 보장 등이 있었다. 이는 여성의 선거권 확보, 동일노동 동일임금 보장, 성을 기반으로 한 모든 차별 폐지를 위해 100년이 넘게 싸우는 페미니즘 운동에도 해당한다. 사회가 성적性的 지향이 다른 사람을 받아들여야 한다고 외치고, 이성애에 대한 문화적 확신에 이의를 제기하며, 모든 사회제도에서 법적 평등을 쟁취하기 위해 노력하는 게이 권익 수호 운동에도 해당한다. 사회운동이 시민 평등권과 사회적 평등 확대에 관심을 두는 경향이 있다는 사실은 결코 우연이 아니다. 역사적으로 볼 때 사회운동이 시작된 시기는 근대 민주주의가 탄생한 시기와 일치한다.

사회운동과 민주주의

자유와 독립, 평등을 위한 투쟁은 어제오늘 일이 아니다. 최초의 독재자가 자신을 내키지 않아 하는 국민에게 자기 뜻을 강요하기 시작한 이래 사람들은 계속 맞서 싸웠다. 인류의 역사는 대부분 지배와 저항의 관계로 규정된다고 해도 과언이 아니다. 모든 노예는 주인의 지배에 맞서 싸운다. 농노는 영주의 지배에 저항한다. 가난한 사람은 주기적으로 경제 정의를 위해 싸운다. 그러나 더 평등한 권력을 확보하기 위한 피지배계급의 싸움이 항상 사회운동의 형태를 띠는 것은 아니다. 3장에서 봤듯이, 권력에 저항하기보다 순응하고 복종하는 것이 일반적이다.

역사적인 관점으로 보면 내가 앞에서 묘사한 사회운동은 비교적 새로운 집단행동이다.

대다수 학자는 유럽과 북아메리카에서 사회운동이 처음 일어난 시기를 18세기 후반으로 본다.[4] 이때는 사회가 급변한 시기다. 글을 읽을 줄 아는 사람이 점점 늘고, 신문과 정치 팸플릿이 처음으로 대량생산 됐으며, 교통수단이 발달함에 따라 많은 사람이 만나서 조직을 만들기 쉬워졌다. 비록 영국과 프랑스는 여전히 식민 강대국이었지만, 유럽 역사에서 이 시기는 오랫동안 굳건하던 이 두 군주 국가가 몰락하기 시작한 시기다. 급진적인 사상과 '계몽된' 사고방식이 많은 지식인의 머릿속에 스며들고, '민주주의'라는 혁명적인 개념이 형태를 갖추기 시작했다.

현대의 노예제 폐지 운동도 이런 사회 환경에서 움텄다. '폐지론자'는 아프리카와 아메리카의 새로운 식민지 사이에 벌어지던 노예무역을 종식하기 위해 헌신했다. 더 급진적인 지도자는 모든 노예가 자유로워져야 한다고 생각했다. 일부 사회학자는 새로운 이들 운동가 집단의 활동이 결국 세계 최초의 사회운동이 됐다고 본다. 사람들이 역사상 처음으로 (1) 집단의 조직적인 연합을 활용해서 지배적인 권위에 맞서고 (2) 사용 가능한 매체를 동원해 특정한 불만을 알리고 (3) 집회와 행진을 하고 (4) 헌신적인 사람으로 구성된 대규모 조직이 긍정적인 사회 변화를 가져올 수 있다는 사실을 보여줬다. 가장 중요한 사실은 노예제 폐지 운동이 이후에 일어난 다른 모든 사회운동의 본보기 역할을 했다는 점일 것이다. 노예제 폐지 운동이 시작된 지 200년 이상 지났지만, 민주주의와 평등을 옹호한 이 초창기 운동가들이 쓴 전략과 전술은 지금도 활용되고, 미국의 시민 평등권 운동에도 중요한 역할을 했다.

예를 들어 공동의 불만을 알리기 위한 전술로 탄원서를 사용한 경우를 생각해보라. 1787년 영국에서 노예제를 반대하는 사람들로 구성된 작은 조직이 노예매매폐지협회를 결성했다. 그들은 자신의 대의가 폭넓은 대중의 지지를 받는다는 걸 영국 의회에 보여주려고 탄원서에 수많은 사람의 서명을 받았다. 맨체스터에서 1만 1000명의 서명을 받은 것으로 추정되는데, 이는 맨체스터 남성 인구의 약 3분의 2에 해당하는 수치다. 이후 수십 년 동안 전 세계에서 수백만 명이 비슷한 노예제 반대 탄원서에 서명했다. 미국에서는 1831년부터 1863년까지 여성 약 300만 명이 의회로 보낼 노예제 반대 탄원서에 서명했다. 당시 여성은 정치제도에서 배제되고 투표권이 없었기 때문에, 이런 탄원서에는 민주적 절차에서 여성을 배제한 데 저항하는 의미도 있었다.[5]

노예제도 폐지론자는 역사상 최초로 대규모 보이콧 운동을 조직했다. 그림 8-1과 같은 팸플릿이나 포스터를 통해 소비자에게 노예가 생산하는 설탕을 구매하지 말아달라고 촉구했다. 이런 전단이 영국 전역에 유포됐고, 한 해에 약 30만 가구가 노예가 생산한 설탕을 구매하지 않겠다고 서약한 것으로 추정된다. 폐지론자는 탄원서와 보이콧 운동, 인쇄 매체를 효과적으로 사용해 운

동인도 설탕

여섯 가구가 서인도 설탕 대신 동인도 설탕을 쓰면 노예 한 명이 덜 필요합니다. 장담컨대 우리와 똑같은 한 인간을 잔인한 구속과 비참한 처지에서 해방할 것입니다. 우리의 아주 작은 희생에 모든 사람이 관심을 보일 것입니다.

주의 : 노예 한 명의 노동으로 연간 약 450킬로그램이 넘는 설탕이 생산됩니다.

J. 블랙웰, 인쇄소, 아이리스 사무실, 셰필드

그림 8-1 이 전단은 셰필드여성노예반대협회에서 제작해 1825~1833년에 배부했다. 영국종교친우회의 허가로 실음.

동을 확장하고 노예제도를 폐지하도록 정부에 압력을 행사했다.

중요한 사실은 노예제 폐지 운동이 두 가지 방식으로 민주주의 확대에 기여했다는 점이다. 첫째, 노예제도를 끝내기 위한 지칠 줄 모르는 투쟁 과정에서 많은 폐지론자는 모든 인간이 태어날 때부터 평등하다는 사실을 옹호했다. 특정한 집단이 정치적 절차에서 배제된다면 민주주의가 작동한다고 말하기 힘들다. 흑인이라는 인류를 받아들이는 것은 모든 사람이 동등한 권리를 누리기 위한 첫걸음이었다. 흑인이 생물학적으로 백인보다 열등하다는 인식이 있을 때는 노예제도를 정당화하고 흑인의 민주주의 참여를 제한하기가 비교적 쉬웠다. 흑인과 백인이 지적으로 동등하며, 흑인에게도 논리적으로 사고하고 배우고 창조할 능력이 있다는 것이 증명된다면 흑인이 2등 시민이라는 주장은 근거가 약해질 수 있었다. 이것이 한때 노예였다가 해방된 사람의 역할이 노예제 폐지 운동의 성공에서 대단히 중요한 이유다. 예를 들어 열 살 때 납치되어 10년 이상 노예로 살다가 자유를 되찾은 올라우다 에퀴아노Olaudah Equiano는 영국 노예제 폐지 운동에서 중요한 인물이다. 노예 매매의 참상을 자세히 기술한 그의 자서전은 많은 사람에게 읽혔고, 어마어마한 영향을 미쳤다. 에퀴아노는 자서전과 공개 강연에서 노예제도의 잔인함을 폭로하고, 과거에 노예였던 흑인의 지적 능력이 교양 있는 많은 백인 시민보다 우월하다는 것을 드러냈다.

둘째, 노예제 폐지 운동은 정치적 절차에 대중이 참여할 새로운 기회를 열어줌으로써 민주주의 확대에 기여했다. 보이콧 운동, 탄원서, 대중 집회, 행진, 팸플릿, 배지를 비롯해 노예제도 폐지론자가 사용한 대다수 전술은 모든 시민이 할 수 있고, 공식적인 정치 절차에서 배제된 사람도 할 수 있는 것이었다. 남성이 아니어도, 부유한 지주가 아니어도, 국회의원이 아니어도 노예제 폐지 운동에 뛰어들 수 있었다. 여성, 가난한 사람, 노예가 노예제 폐지 운동에서 민주주의의 목소리를 냈다.

사회운동은 오늘날에도 민주주의의 수단 역할을 한다. 더 민주적인 사회를 향한 행진이 장애물에 부딪혀 멈춰 설 때마다 사회운동이 등장해 장애물을 제거하고, 비협조적인 엘리트를 재촉해 막힌 길에서 빠져나와 평등과 정의, 공동의 의사 결정을 위한 자리를 마련한다. 우리는 이렇게 민주주의가 입법기관의 법적 절차나 투표용지에 기입하는 일 이상이라는 걸 알 수 있다. 민주주의는 전형적인 정치적 경계나 개인적 한계와 상관없이 모든 사람의 집단행동이 필요한 사회적 절차다. 따라서 민주주의의 약속을 실현하기 위해서 민주화 과정은 공식적인 정부의 업무를 넘어, 각계각층의 모든 사람을 포함해야 한다.

글로벌 민주주의

1999년 초가을 무렵, 한 친구에게 도움을 요청하는 이메일을 받았다. 지역 노동조합에서 일하는 친구는 11월 30일에 워싱턴주 시애틀에서 항의 집회가 열릴 예정인데, 내가 소문을 내줬으면 하고 바랐다. 그는 시애틀에서 세계무역기구World Trade Organization, WTO의 국제회의가 열리는데, 그 자리에서 WTO를 운영하는 세계적인 기업 경영자들이 글로벌 경제에 중요한 영향을 미칠 새로운 '무역협정'을 비준할 것으로 예상된다고 말했다. 나도 사회학자이다 보니 WTO에 대해서 어느 정도 알지만, WTO 전문가라고 할 수는 없었다. 나는 WTO가 거대한 힘을 가진 비민주적인 조직임을 알았다. WTO가 국가 간 '자유무역'을 강력히 지지하며, 시애틀의 WTO 지지자들이 보잉이나 MS, 스타벅스, 인텔, 나이키처럼 세계에서 가장 영향력 있는 기업을 대변하는 것도 알았다. 노동조합이 막강한 경제 권력을 쥐고 민주적 절차 밖에서 가동되는 조직에 관심을 두는 건 당연해 보였다. 나는 친구에게 도울 일이 있으면 돕겠다고 했다.

나는 대학에 있는 동료들을 설득해서 그 집회에 얼마나 많이 참석하게 할지 자신이 없었다. 시애틀은 오리건주에 있는 우리 대학 캠퍼스에서 네 시간이나 걸리는데다, 11월 30일은 화요일이었다. 집회에 참석하려면 미리 잡힌 일정을 바꿔야 하고, 교통편을 알아봐야 하며, 하룻밤 묵을 숙소가 필요할지도 몰랐다. 게다가 태평양 연안 북서부는 11월에 보통 비가 오는 날이 이어진다. 나는 교수노조 위원장에게 시애틀 집회 얘기를 꺼냈다. 그런데 미국노동총연맹산업별조합회의American Federation of Labor and Congress of Industrial Organizations, AFL-CIO가 시애틀행 기차를 예약할 계획이라는 말을 듣고 깜짝 놀랐다. 많은 노조 지도자가 WTO의 과거 행태를 알기에 '자유무역'이라는 안건에 회의적이며, 자신이 우려하는 바를 알리고 싶어 했다. 노조 지도자는 WTO의 비밀스러운 지도자들과 테이블에 앉아 토론하는 게 허락되지 않았지만, 대신 밖에서 일반 대중과 불만을 공유할 능력이 있었다. 이제 나는 좀 더 낙관적으로 생각했다. 오리건주에서 운동가 50~100명이 시애틀 집회에 참석한다면, 워싱턴주에서 그 집회에 참석하는 운동가는 수천 명이 될 수도 있기 때문이다.

이후 몇 주 동안 우리는 캠퍼스에 포스터를 붙이고, 다른 교수에게 집회를 알렸다. 학생들에게도 WTO의 비민주적인 성격과 그들이 계획 중인 글로벌 경제가 초래할 결과를 설명했다. 일부 동료는 우리를 응원했지만 집회에 참가할 시간은 낼 수 없었다. 학생들은 더 관심이 많아 보였으나 집회 참가에는 거의 관심을 두지 않았다. 집회 하루 전, 우리 대학에서 시애틀행 기차에 타는 교수는 달랑 두 명임이 확실해졌다. 교수노조 위원장과 나다. 학생 10여 명은 함께 승용차를 타고 가기로 하고, 월요일 오후에는 집회에서 사용할 피켓을 만들었다. 그날 밤늦게 당시 인근 대학에 다니던 큰아들이 자기도 친구 몇 명과 차를 몰고 시애틀에 가려고 한다고 말했다. 노동운동을 하지는 않지만 환경 문제에 관심이 많은 큰아들은 지역 환경 단체에서 WTO의 정책이 지구를 보호하기 위한 우리의 능력을 위협한다는 사실을 배웠다. 애초에 나는 환경 운동가들이 WTO에 맞서 조직적으로 참가한다면 시위대가 수천 명이 될 거라고 예상했는데, 그 예상이 빗나갈지도 모른다는 생각이 들었다. 이 경우 정확한 예상 인원은 5000~6000명일 것 같았다.

11월 30일 아침, 포틀랜드에서 우리가 전세를 낸 시애틀행 기차에 올랐을 때 300명이 넘는 일반 조합원이 타고 있었다. 나중에 안 사실이지만 시애틀 집회에 참석하는 노동운동가들이 버스도 15대를 전세 냈다고 했다. 그날 오전 늦게 시애틀 시내의 킹스트리트역에 도착했을 때, 나는 눈앞에 펼쳐진 광경과 들리는 소리에 놀라 말문이 막혔다. 분위기는 열광적이며 흡사 축제 같았다. 노조 깃발과 다채로운 피켓이 도시 전체를 물들이는 가운데, 행진하는 악단과 먼 곳에서 들려오는 심장을 울려대는 북소리가 힘차고 역동적인 분위기를 조성했다. 시위대가 5000명쯤 될 것이라는 내 예상이 빗나갔음을 금세 알아차렸다. 시위대는 최소 5만 명이었다!

시애틀에서 자란 나는 베트남전쟁 반대 시위를 포함해 이곳에서 열린 정치적 행사를 많이 봤지만, 그렇게 많은 군중은 평생 처음이었다. 거리며 인도며 이 구역 저 구역, 눈에 보이는 곳은 시위에 참가한 사람들로 미어터졌다. 엄청난 인파보다 놀라운 건 집회에 모인 사람의 다양성이다. 아기와 노인도 있고, 갓난아기를 태운 유모차 옆에 노인이 탄 휠체어가 있었다. 중산층 대학생은 농장의 가난한 이주 노동자와 함께 행진했다. 한 모퉁이에서는 '우리 숲을 지키자'고 적은 커다란 깃발을 들고 비옷을 입은 환경보호 지지자들이 검은 우산을 든 가톨릭 수녀들과 토론을 벌였다. 이 다양한 집단 사이에서 연대감이 특히 눈에 띄었다. 중앙아메리카에서 온 원주민 여성들이 부두 하역장에서 온 항만 노동자들 옆에 서 있었다. 건장한 철강 노동자는 레즈비언 운동가와 스크럼을 짜고 발맞춰 행진하며 구호를 외쳤다. "헤이! 헤이! 호! 호! WTO는 돌아가라!"

우리는 수많은 운동가를 헤치고 스무 블록쯤 떨어진 메모리얼 스타디움까지 걸어갈 계획이었다. 그곳에는 다른 노조들이 집회를 위해 모여 있었다. 우리는 거기서부터 행진을 시작해 WTO 회의가 열리는 장소까지 갔다. 우리가 야외 경기장에 도착했을 무렵, 그곳은 기계 숙련공에서 목수, 교사, 트럭 기사, 자동차 제조 노동자, 사무직, 의류 공장 노동자까지 거의 모든 직종의 조합원으로 발 디딜 틈이 없었다. 사람들의 활기와 결속력을 보자니 시애틀 시호크스의 미식축구 경기를 볼 때 느낀 열기가 떠올랐다. 다만 이번에는 사람들을 즐겁게 해주는 대상이 미식축구 선수가 아니다. 노동자를 대표하는 이 많은 사람의 관심은 너나 할 것 없이 글로벌 자본주의의 힘이라는 경제적 위협에 있었다. 우리는 전 세계에서 온 노동조합 대표의 이야기를 들었다. 그들은 인원 감축과 임금 삭감을 이야기하고, 권력을 쥔 비타협적인 경제 엘리트의 '요구 사항'에 커져가는 불만을 이야기했다. 그들의 관심사가 너무나 비슷해서 놀랐다. 그 시각 모두가 공유한 감정을 대변한 이는 바베이도스에서 온 노조 대표 르로이 트롯맨Leroy Trotman이다. 그는 마이크 앞으로 성큼성큼 걸어 나가 힘 있고 확신에 찬 목소리로 국제적인 연대를 촉구했다.

형제자매 여러분, 계속 투쟁합시다! 전 세계 정부 지도자들이 오늘, 1999년 11월 30일을 잊지 못하게 만듭시다! 이 시위는 미국의 시위가 아닙니다. 이 시위는 전 세계 모든 노동자의 시위입니다. 부유한 나라, 가난한 나라, 백인 나라, 흑인 나라, 모든 나라 노동자의 시위입니다.

내 나라 바베이도스에서는 사람들이 말합니다. 직업에 종사하고 싶다면 노조의 권리는 잊어야 하고, 노동법을 잊어야 하며, 괜찮은 임금은 잊어야 한다고 말입니다. 우리는 그들에게 말합니다. 지옥에나 가라!

우리는 전 세계 모든 사람이 노동의 열매를 나눠 가져야 한다고 생각합니다. 이것이 우리가 여러분을 축하하고, 여러분과 함께하며, 여러분과 함께 싸우고, WTO의 행동에 '노$_{no}$'라고 말하는 이유입니다!

나는 인도, 중국, 아프리카, 남아메리카, 유럽에서도 그 많은 사람이 시위에 참가하기 위해 시애틀까지 오리라고는 생각하지 못했다. 나는 불공정한 자본주의 체제를 향해 커지는 불만을 과소평가했다. 나는 WTO의 정책에 그처럼 조직적이고 단결된 반발이 있으리라고는 기대하지 않았다. 한마디로 나는 새로운 국제적 사회운동이 나타날 가능성을 내다보지 못했다.

세계화 운동

우리는 5장에서 새로운 글로벌 자본주의가 부유한 나라와 가난한 나라에서 노동자의 삶을 어떻게 망가뜨리는지 살펴봤다. 우리는 전 세계의 부가 어떻게 점점 더 슈퍼리치 자본가의 수중에 집중되는지도 봤다. 이른바 시애틀 전투는 이런 세계적 추세에 반발한 증거다. 오늘날 많은 분석가는 1999년 11월 30일을 다국적기업의 권력에 도전하는 새로운 국제적 사회운동이 태어난 날이라고 본다. WTO가 전 세계 모든 경제문제의 근본적 원인은 아니다. WTO가 대기업의 이익을 대변하는 유일한 조직도 아니다. 그러나 WTO는 새로운 글로벌 경제에서 핵심적인 역할을 맡은, 권력이 막강한 조직이다. 이 때문에 WTO는 전 세계인이 느끼는 다양한 불만의 상징적 표적이 되었다. 세계화 운동을 이해하려면 WTO가 어떤 조직인지부터 살펴봐야 한다.

세계무역기구

당신이 WTO의 공식 웹 사이트를 방문한다면 WTO의 본부가 스위스 제네바에 있고, 1995년 1월 1일에 공식 출범한 사실을 알 것이다. WTO가 157개 '회원국'을 대변하며, 600명이 넘는 직원에 의해 운영된다는 사실도 알 것이다. 어쩌면 이것이 가장 중요한 사실인지도 모르는데, 당신은 WTO가 '세계에서 유일하게 국가 간 교역의 규칙을 다루는 국제기구'이며, 이 기구의 목적은 '상품과 서비스의 생산자, 수출입 업자의 업무를 돕는 것'이라는 내용을 볼 것이다. 요컨대 WTO의 목적은 '교역이 최대한 자유롭게 흘러가도록 돕는 것'이다.

전부 맞는 말이다. WTO는 경제 이슈에 초점을 맞춘 세계적인 동호회다. WTO는 경제성장을 촉진하고, 평화를 장려하고, 제품 가격을 줄이고, 노동자의 소득을 올리고, 좋은 정부를 격려해서 '모든 이의 삶을 더 쉽게 만드는 일'에 관심있다고 공언한다. 이는 분명히 숭고한 포부로, 그 고귀한 원칙에 반대할 사람은 없을 것이다. 그런데 왜 시위를 벌였을까? 왜 5만 명이나 되는 사람이 시애틀까지 가서 생긴 지 5년도 안 된 조직에 이의를 제기했을까? 이 질문에 답은 많겠지만, 좀 더 구체적인 불만을 들여다보면 두 가지 보편적인 우려가 있다. 첫째, 많은 사람은 WTO의 운영 방식이 사실상 글로벌 민주주의를 위협한다고 생각한다. 둘째, WTO가 만든 규칙이 득보다 실이 훨씬 많다는 인식이 폭넓게 퍼졌다.

먼저 WTO가 어떤 식으로 운영되는지 살펴보자. 외견상 WTO는 광범위한 대표성을 갖춘 기구처럼 보인다. 전 세계 거의 모든 국가에서 대표를 보내니, 어떤 면에서는 국제 의회를 보는 듯하다. 문제는 이른바 무역 대표라는 사람을 국민이 선출하지 않았다는 점이다. 대다수 무역 대표는 해당 국가의 정부 지도자가 임명하며, 이중 많은 지도자가 비민주적인 정부의 수반이다. 그 결과 WTO에서 목소리를 내는 사람이 전 세계 대다수 인구를 차지하는 노동자와 농민, 가난한 사람의 관심사를 대변하는 경우는 거의 없다. 그들에겐 강력한 다국적기업의 관심사가 최우선이고, 결국 세계에서 가장 부유한 국가의 지도자가 가장 큰 영향력을 행사한다.

또 다른 문제는 국제적인 무역과 상업의 규칙을 정하는 무역 대표의 모임이 비공개로 열린다는 점이다. 자유롭고 공개적이고 민주적인 체제의 특징이라 할 투명성과 대중의 참여는 찾아볼 수 없다. 국가 간에 의견 충돌이 생길 때 가장 위험한 것이 비밀주의다. 국가 간에 의견 충돌이 생기면 임시 심사 위원을 맡을 무역 관리 세 명이 선출된다. 그들에겐 국제상거래법에 대한 국가 간 분쟁을 심판할 권한이 주어진다.[6] 이 소규모 집단의 힘은 아무리 강조해도 지나치지 않다. WTO는 다른 국제기구와 달리 자신이 내린 결정을 집행할 능력이 있다. WTO의 규칙을 위반한 국가는 경제가 대혼란에 빠질 수 있을 정도로 혹독한 금융상의 불이익과 무역 제재를 받는다. 설령 WTO의 결정이 민주적인 정부의 법과 배치된다 해도 '문제가 있는' 국가는 WTO의 결정에 따를 것을 강요받는다.

한 예로 1994년에 미국 정부는 외국의 정유 회사가 미국에 수출하는 휘발유의 품질을 향상하도록 요구하기 위해 대기오염방지법Clean Air Act을 개정했다. 이 법의 골자는 수입 휘발유에 있는 유해한 배기가스를 줄이라는 것이다. WTO가 1996년에 이 법이 FTA 위반이라고 결정하자 미국은 물러섰고, 심각한 대기오염을 발생시키는 휘발유 수입을 받아들일 수밖에 없었다. 이 사례에서 분명히 알 수 있듯이, WTO가 집행하는 결정이 반드시 더 나은 세상을 만드는 것은 아니다. 더 중요한 사실은 개별 국가의 법보다 소규모 국제기구의 법이 우선시될 때 민주주의가 후퇴한다는 점이다.

WTO를 이끄는 신조는 '자유무역'이 세상을 더 좋은 곳으로 만든다는 것이다. 세계시장에서 팔릴 수 있는 것을 제한하면 세계 경제에 나쁜 영향을 미치리라는 게 급진적 자유무역 혹은 '신자유주의'를 지지하는 이들의 입장이다. 하지만 억제되지 않은 비민주적 자본주의에 대한 이런 신념을 뒷받침하는 증거는 없다.[7] 우리가 5장에서 살펴봤듯이, 아무런 제약이 없는 세계경제는 공정하고 공평한 부의 분배보다 부의 집중으로 이어진다. 각국 정부가 제품을 생산하는 방식이나 농작물을 수확하는 방식에 차별적인 기준을 적용할 수 없으면 환경보호와 노동자의 권리 확보, 소비자 안전을 위해 만든 국내법을 집행하기 더 어려워진다.

예를 들어 우리는 2006년 WTO가 식품 안전에 관해 내린 결정에서 그 증거를 볼 수 있다. 오늘날 대다수 유럽 국가는 유전자변형농산물genetically modified organisms, GMO 판매를 법으로 금지한다. 사람들이 우려하는 것은 GMO가 생물의 다양성을 위협하고, 특정한 조건에서 사용되면 건강에 해로울 수 있다는 점이다. 그럼에도 WTO 심사위원회는 유럽의 GMO 금지법이 WTO가 정한 무역 규칙에 위배된다고 판결했다. 이 판결은 유럽 시민의 의지와 상반되는 반면, 몬산토나 듀퐁, 다우케미컬 같은 다국적 영농 기업에게는 경제적 이득을 준다.

대기업에 우호적인 WTO의 성향은 2005년 판결에서도 뚜렷이 드러난다. 이 사례에서 쟁점은 도박이다. 미국에서는 많은 정부 기관이 인터넷 도박 사업을 제한하는 법을 시행한다. 하지만 이런 온라인 도박 규제는 세계 도박 산업에 이득이 되지 않는다. 이에 도박 업계 경영자들은 이 문제를 WTO에 제소했다. 카리브 해의 작은 섬 안티과에 사무소를 둔 많은 도박 업체는 자신들의 자유무역이 방해를 받는다고 주장했고, WTO는 이 주장에 동의했다. WTO는 최종 판결을 통해 미국의 법이 차별적이며, WTO의 규칙과 상반된다고 분명히 밝혔다. 미국 정부가 법적으로 도박을 규제한다는 사실은 중요하지 않았다.

앞서 언급했듯이 WTO는 다국적기업의 이익을 증진하기 위해 만들어진 유일한 국제기구가 아니다. 세계은행과 국제통화기금International Monetary Fund, IMF도 '자유무역'을 지지하면서 전 세계 사회정책과 경제정책을 바꾸려고 하는 강력한 조직이다. 여기서 이런 조직을 일일이 살펴볼 수는 없지만, 한 가지 짚고 넘어가야 할 사실은 WTO와 IMF와 세계은행의 협력도 시애틀의 시위대를 분노케 했다는 점이다. 세 조직 모두 제약 없이 이익을 취할 권리를 확대해 세계경제를 지배하려는 최상류층 자본가들의 목표를 대변한다. 세계 각국에서 공중 보건과 퇴직 제도가 사영화 압력을 받는 이유도, 세계 각국이 자국의 천연자원을 외국자본이 소유하는 것을 제한해선 안 된다는 얘기를 듣는 이유도, 경제 민주주의를 걱정하는 시민이 맞서 싸우는 이유도 바로 이것이다.

권력 지키기

WTO의 비민주적 절차에 맞서기 위해 시애틀 시위에 동참한 사람들은 점점 막강해지는 다국적기업의 힘에 위협을 가했다. 그들은 경제 엘리트가 주문처럼 외우는 '자유무역'에 이의를 제기했고, '공정 무역'을 강조한 대안을 제시했다. 이는 WTO가 회피하고 싶어 하는 사상과 사회정책을 놓고 벌이는 공개적인 싸움이다. 수많은 사람이 자리에 앉아 팔짱을 끼고 건물 입구를 막으면 정상적인 영업에 지장을 받는다. 역사는 우리에게 민주적 사회운동은 투쟁 없이 승리할 수 없음을 보여준다. 노예제도 폐지론자 프레더릭 더글러스는 150년 전에 그 사실을 깨달았다. "투쟁 없이 진보 없다." 1999년 11월 30일 시애틀이 바로 그런 경우다. 시민 5만 명이 일으킨 예상치 못한 봉기 앞에서 권력을 쥔 자들은 진로를 바꾸지 않았다. 그들은 반격에 나섰다.

오전 9~10시, 폭동 진압 장비로 무장한 경찰이 시애틀 시내로 이동했다. 그들은 충격 수류탄과 최루가스 대포로 무장한 차량의 호위를 받았다. 경찰은 경찰봉과 플라스틱 총알이 장전된 소총을 들었다. 한 목격자의 설명이 당시 상황을 짐작케 한다.

오늘 아침 저는 (8번 가와 세네카에서) 경찰이 저지선을 향해 경찰봉을 앞뒤로 흔들면서 발 맞춰 행진하는 걸 목격했습니다. 그들은 저지선에 도착하자, (폭력을 쓰지 않고 자리에 앉은) 시위자의 등

짝을 반복적으로 내려쳤어요. 그러더니 시위자의 방독면을 벗기고 직사거리에서 그들의 눈에 후추 스프레이를 여러 차례 분사한 다음, 손가락으로 시위자의 눈을 문지르고 입술 주변을 만져 효과를 배가했어요. 이 모든 짓을 하고 난 경찰은 경찰봉으로 시위대를 가격했어요. 급기야 저지선이 무너졌고, 시위대는 의료 지원을 받기 위해 근처에 있는 교회 계단으로 후퇴했어요.[8]

시장이 비상사태를 선포하고 주 방위군을 출동시키면서 평화적인 시위자와 시민 불복종 운동에 헌신하는 사람을 더 심하게 진압했다. 이후 이틀 동안 수백 명이 부상당했다. 이들은 후추 스프레이 때문에 다친 눈과 플라스틱 탄환에 부상당한 부위를 치료해야 했다. 그보다 많은 사람이 무차별적으로 검거됐고, 경찰이 징발한 시내버스에 실려 임시 구치소로 쓰이는 격납고로 이송됐다. 가장 충격적인 일은 공권력의 명령에 따라 시민권이 일방적으로 정지된 것이다.

시애틀 시내에는 새벽 5시까지 통행금지령이 내려졌고, 공식적인 '시위 금지' 구역이 지정됐다. 시위 팻말을 들고 다니거나 전단지를 배포하는 사람은 물론, 배지를 단 사람도 체포될 수 있었다. 일부 기자는 군대의 수사망에 걸려 검거됐다. 〈시애틀포스트인텔리젠서Seattle Post-Intelligencer〉의 기자는 이렇게 보도했다. "시애틀 경찰관 세 명이 나를 밀어붙여 인도에 넘어뜨렸다. 그들은 내게 수갑을 채우고, 나를 밴으로 던졌다. 내 혐의는 시위를 해산하라는 명령을 거부한 것이다. 그들에게 기자 신분증을 보여주고 취재 중이었다고 거듭 설명했지만 소용없었다."[9] 대다수 텔레비전 매체는 나이키, 맥도날드, 스타벅스 등 기업의 탐욕을 상징하는 상점 앞의 상징물을 공격하는 몇몇 젊은이를 집중적으로 보여줬다. 공권력이 WTO 회의를 필사적으로 지키려는 과정에서 시민의 권리를 침해한 사실을 보도하는 방송은 거의 없었다. 소송은 7년 동안 이어졌고, 연방 배심원단은 마침내 시애틀 시가 시위자를 불법으로 체포한 행위에 법적 책임을 지라고 판결했다. 합의금 100만 달러는 시애틀 시를 상대로 소송한 수백 명이 나눠 가졌다.

의문은 여전히 남는다. 왜 시애틀 시와 워싱턴주의 지도자는 시위대를 불법적으로 진압하라고 명령했을까? 어떤 면에서 이것은 권력을 쥔 사람의 사고방식에 대한 지식이 필요한 심리학적인 질문이다. 그러나 시애틀 시위를 폭넓은 역사적 관점과 사회적 맥락에서 이해한다면, 우리는 이 질문을 좀 더 객관적으로 살펴볼 수 있다. WTO 정상회담은 세계 최고 권력자의 모임이고, 그중엔 빌 클린턴Bill Clinton 대통령도 있었다. 클린턴과 다른 정상은 대부분 WTO가 지지하는 자유무역 안건을 소리 높여 지지했다. 이런 의미에서 대규모 시위는 단순히 WTO 회의를 위협하는 데 그치지 않고, 글로벌 기업의 재정적 이익과 유력 정치 지도자의 경제적 계획까지 위협했다. 이민자의 권리를 지지하는 집회나 사형 제도에 반대하는 시위를 벌이는 것은 세계경제의 자본주의적 전제에 도전하는 것과 다른 문제다. 후자는 강대국의 심장부에 맞서는 것이나 다름없다. 군대와 경찰을 지배하는 자의 탄압은 일반적으로 권력이나 경제적 이익이 더 큰 위기에 봉착할수록 심해진다.

결국 WTO 회의는 연기됐고, 시위대 수백 명의 시민권도 유예됐다. 시애틀 시내는 일상적인 업무로 돌아갔고, 시위에 참가한 이들도 일상으로 돌아갔다. 그러나 세계경제를 누가 통제하느냐 하는 문제는 풀리지 않은 숙제로 남았다. 이후 10년 동안 시애틀 시위와 비슷한 대규모 시위가 전 세계에서 벌어졌다. 그중엔 WTO를 겨냥한 시위도 있고, 세계 무역정책의 방향을 좌지우지하는 기관이나 단체를 겨냥한 시위도 있다. 표 8-1은 그런 시위 중 일부의 목록으로, 시위가 벌어진 장소와 날짜, 참가한 사람의 규모를 추정한 수치다.[10]

시애틀 시위 이후 경찰과 군대는 잠시도 경계를 게을리하지 않으며, 시위대를 통제하는 기술이 더 정교해졌다. 그들은 더 많은 병력을 배치하고, 회의장 주변에 장애물을 세우고, 운동 조직에 잠입하고, 시민과 경제 지도자의 접촉을 차단하기 위해 회의를 개최하는 도시의 일부 구역을 통제한다. 그럼에도 수많은 사람이 계속 체포되거나 부상당하고, 몇몇은 목숨을 잃는다.

중요한 사실은 세계화 운동이 단순히 시위에 참여한 사람의 규모와 숫자로 규정할 수 없다는 점이다. 오늘날 대다수 사회운동과 마찬가지로 세계화 운동 역시 민주주의를 확장하기 위해 부지

표 8-1

1999년 11월 30일	워싱턴주 시애틀	50,000명
2000년 4월 16일	워싱턴 D.C.	20,000명
2000년 9월 11일	오스트레일리아, 멜버른	30,000명
2000년 9월 26일	체코, 프라하	15,000명
2001년 4월 20일	캐나다, 퀘벡	30,000명
2001년 6월 25일	스페인, 바르셀로나	20,000명
2001년 7월 20일	이탈리아, 제노바	300,000명
2002년 4월 20일	워싱턴 D.C.	70,000명
2003년 9월 14일	멕시코, 칸쿤	10,000명
2003년 11월 20일	플로리다주 마이애미	15,000명
2004년 4월 29일	폴란드, 바르샤바	3,500명
2004년 11월 23일	칠레, 산티아고	20,000명
2005년 12월 13일	중국, 홍콩	10,000명
2006년 11월 18일	오스트레일리아, 멜버른	3,000명
2007년 6월 2일	독일, 로스토크	50,000명
2009년 3월 28일	영국, 런던	35,000명
2010년 6월 26일	캐나다, 토론토	10,000명

런히 움직인다. 이런 현상은 전 세계 수많은 조직에서 볼 수 있으며, 이런 조직의 구성원은 협력하여 민주적으로 운영되는 경제를 증진한다. 그들은 생활임금, 공중 보건, 인간의 존엄성 존중, 환경보호에 공통된 시각을 드러낸다. 따라서 세계화 운동을 반세계화적이라고 보는 해석은 옳지 않다. 지나치게 단순하고 사실과 다른 해석은 운동가와 시위대를 순진하고 비현실적인 사람으로 깎아내릴 때 흔히 사용된다. 사실 세계화 운동은 전 세계를 아우르는 폭넓은 커뮤니케이션과 국제적인 연대의 강화를 지

지한다. 의견 차이는 명령을 하달하듯 '위에서 세계화'를 밀어붙이는 사람과 민중에게서 비롯되는 '아래에서 세계화'를 지지하는 사람 사이에서 벌어진다.[11]

좀 더 평등주의적인 세계화에 대한 긍정적인 전망은 아래에서 세계화를 위해 애쓰는 운동가와 단체의 연례 국제 모임인 세계사회포럼World Social Forum, WSF에서 잘 드러난다. WSF는 2001년 브라질의 포르투알레그리에서 처음 열렸다. 전 세계에서 이 역사적인 포럼에 참석한 1만 1000여 명은 며칠 동안 자신의 경험을 공유하고, 공동의 목표를 논의하고, 운동 전략을 토론했다. 2005년 WSF에는 15만 명 이상이 워크숍과 강연, 민주적 토론에 참여했다. 이때부터 WSF는 좀 더 현지 지향적인 접근법을 택해, 전 세계 여러 도시에서 규모가 작은 모임을 동시에 열었다. WSF는 정치 정당이나 군사 조직을 대표하는 이들의 참가를 허용하지 않는다. 따라서 비정부기구NGO와 정당에 소속되지 않은 개인만 초대받는다.

다음은 WSF 헌장 일부다.

WSF는 세계가 겪는 인간성 말살의 과정에 맞서 공적·사적 생활에서 비폭력적이고 사회적인 저항 능력을 향상할 사회조직과 운동의 새로운 국내 연대와 국가 간 연대를 강화하고 창조하고자 한다. WSF에서 제시하는 대안은 거대 다국적기업의 지시에 따라, 중앙정부와 공모하여 그 기업의 이익을 위해 일하는 정부와 국제기구

의 지시에 따라 진행되는 세계화 과정과 반대 입장에 있다. WSF
는 연대를 통한 세계화가 세계사에서 새로운 단계로 확실히 자리
잡을 수 있도록 대안을 제시한다. 연대를 통한 세계화는 보편적인
인간의 권리, 모든 국가와 환경, 모든 시민(남성과 여성)을 존중하
며 사회정의와 평등, 민중의 자주권을 위해 봉사하는 민주적이고
국제적인 체제에 기반을 둘 것이다.

국제적 연대에 대한 이런 전망이 비현실적이거나 터무니없이
순진해 보일 수도 있다. 하지만 모든 사회운동을 이끄는 것은 더
나은 세상으로 나아갈 수 있다는 이상적인 원칙과 공동의 신념
이다. 민주주의와 사회정의, 평등, 인간의 존엄성이라는 가치를
공유한다고 저절로 혁명이 일어나거나 사회의 긍정적인 변화가
시작되는 것은 아니다. 실제적인 변화는 사람들이 집단행동을 위
해 조직을 만들고, 사회제도를 혁신하기 위해 각고의 노력을 기
울일 때 일어난다. 그러나 이상적인 원칙이 널리 공유될 때 우
리의 공통된 인간성이 좀 더 쉽게 인식되고, 언어와 문화와 종교
가 달라서 생기는 전통적인 장애물을 돌파할 방법을 더 잘 찾을
수 있다. 이것이 바로 2011년에 일어난 일이다. 즉 글로벌 민주
주의 운동에 참여한 이들은 저항 행위와 집단의 결속을 통해 영
감을 주고받았다.

글로벌 연대

우리는 7장에서 모하메드 부아지지의 비극적인 자살이 튀니지 혁명, 더 나아가 북아프리카와 중동에서 연달아 일어난 봉기에 어떤 영향을 미쳤는지 살펴봤다. 아랍의 봄에서 시각적으로 가장 극적인 사건은 카이로의 타흐리르 광장 점거다. 2011년 1월 25일, 세계는 수만 명이 이집트의 수도로 밀려들어 목숨을 걸고 호스니 무바라크의 독재에 반대하는 시위를 벌이는 모습을 경외의 눈길로 지켜봤다. 광장을 점거한 시위대의 규모는 군대와 비밀경찰의 폭력적인 진압에도 날이 갈수록 커졌다. 마침내 점거 17일째 되는 날, 무바라크가 권좌에서 축출되고 이집트는 민주주의 통치로 가는 첫걸음을 내디뎠다.

지구 반대편 또 다른 수도에서는 좌절감에 빠진 대학원생 무리가 카이로에 주목했다. 그들은 독재 치하에 있지는 않았지만 정치 지도자의 행동에 실망했다. 그곳은 미국 위스콘신주의 주도 매디슨으로, 신임 주지사 스콧 워커Scott Walker와 공화당 의원들이 공무원 노조의 단체교섭권을 박탈하는 법안을 통과시키려 하고 있었다. 대학원생들은 위스콘신대학교의 조교협회 회원인데, 그 법안이 통과되면 조교협회는 근무 조건을 놓고 상사와 협상할 권리를 박탈당할 운명이었다. 학생들은 민주주의가 한 걸음 후퇴하는 마당에 싸워보지도 않고 법안이 통과되도록 내버려 둘 수 없었다.

이집트 국민이 타흐리르 광장 점거를 승리로 이끈 사흘 뒤, 조교협회는 위스콘신주 의사당 건물로 행진을 시작했다. 첫날은 예상보다 많은 1000명(거의 학생이었다) 정도가 참여했으며, 학생들의 행진에 자극을 받은 다른 공공 노조도 합류했다. 이튿날에는 교사와 소방관, 경찰관, 간호사를 비롯한 여러 분야 공무원 1만 3000명이 학생들과 합류하여 의사당 건물로 몰려갔으며, 그중 많은 사람이 텐트 치고 밤을 샜다. 사흘째가 되자 시위대는 국내 언론의 관심을 받았다. 시위대의 규모는 2만 명에서 2만 5000명으로, 다시 4만 명으로 늘었다. 엿새째 열린 대규모 시위에는 무려 6만 8000명이 참가한 것으로 추정됐다. 이제 이집트 국민을 포함해 전 세계가 이들을 지켜보고, 그중 많은 사람이 위스콘신 봉기를 지지하는 성명을 발표했다. 이집트 혁명 지도자 중 한 명인 마오르 엘레트레비Maor Eletrebi는 위스콘신 노조와 그 지지자에게 연대의 편지를 보냈다.

위스콘신주 매디슨에 사는 우리 친구들에게
나는 우리가 여기서 이룬 변화를 여러분이 직접 목격하기를 바랍니다. 정의는 아름답습니다. 하지만 정의는 절대로 공짜가 아닙니다. 타흐리르 광장의 아름다움은 모든 곳에서, 모든 구석진 곳에서, 모든 도시에서, 여러분의 마음속에서 되살아날 수 있습니다. 그러니 굳건히 버티세요. 포기하지 마세요.[12]

매디슨과 카이로의 점거 시위 직후, 민주주의를 지지하는 또 다른 점거가 구체화되기 시작했다. 이 시위는 거대 자본이 미국 정치에 점점 더 큰 영향력을 행사하는 데 분노한 사람들에게서 비롯됐다. 진정한 민주주의라면 부자가 가난한 사람보다 정부에 많은 영향을 미쳐선 안 된다. 이상적으로 말하면 젊은 학생과 실직한 건설 노동자, 은퇴한 주부, 소기업 경영자가 정치에 미치는 영향이 대기업을 경영하고 투자은행을 장악하고 군대를 지휘하고 대학을 운영하는 부유한 지도층이 정치에 미치는 영향과 같아야 한다. 대다수 미국인은 현실이 그렇지 않다는 것을 인정하면서도 이 체제를 바꿀 수는 없다고 느낀다. 그럼에도 2011년 가을, 아랍의 봄과 위스콘신주 시위에서 영감을 얻은 뉴욕 시민은 행동하기로 결심했다.

그들의 행동은 친親민주주의 잡지의 웹 사이트에 올라온 도전장과 함께 시작됐다.

타흐리르의 순간을 맞이할 준비가 됐습니까?
9월 17일, 남부 맨해튼으로 몰려가서
텐트와 주방, 평화로운 장애물을 세우고 월가를 점령합시다.[13]

월가는 뉴욕증권거래소의 본거지이고, 세계 최대 투자은행이 있는 곳이며, 글로벌 자본주의의 금융 중심지로 여겨지는 곳이다. 월가는 많은 사람에게 지나친 부와 무제한 권력을 상징하는 곳으로도 비친다. 시위대의 목표는 월가를 점거해서 미국의 정치·경제체제에 내재한 불공평함에 주의를 집중시키는 것이었다. 처음 시위를 조직한 이들은 큰 기대를 하지 않았지만, 첫날 시위에 참가한 사람이 수백 명에 이르자 용기를 얻었다. 경찰이 월가에 바리케이드를 쳤기 때문에 시위대는 인근의 주코티공원 Zuccotti Park에 텐트를 쳤다. 몇 주가 지나면서 텐트에 머무는 사람과 항의 시위에 참가하는 사람이 갈수록 늘어 3만 명이 넘었다. 새로운 구호가 전국으로 퍼졌다. "우리는 99퍼센트다!" 미국 인구의 1퍼센트를 차지하는 최고 부자들이 말도 안 되게 많은 부와 권력을 장악한 것을 비꼬는 구호다. 10월 초에는 수십만 명이 워싱턴 D.C., 보스턴, 필라델피아, 애틀랜타, 멤피스, 시카고, 덴버, 신시내티, 로스앤젤레스, 샌프란시스코, 포틀랜드, 시애틀 같은 미국의 주요 도시에서 비슷한 점거 시위를 시작했다. 심지어 텍사스주 매컬런McAllen, 오리건주 모지에Mosier, 미주리주 웨스트플레인스West Plains처럼 작은 도시도 점거 시위에 참가했다. 10월 15일에는 전 세계 900여 개 도시에서 연대 시위가 벌어졌다. 경기 침체가 심각한 스페인은 마드리드에서 50만 명, 바르셀로나에서 40만 명이 시위에 참가했다.

이 글을 쓰는 2017년 현재, 매디슨의 시위대는 해산했고 주코티공원을 점거한 이들도 뿔뿔이 흩어졌다. 스콧 워커는 여전히 위스콘신 주지사이고, 스페인은 대규모 공무원 감축을 계획 중이며, 미국에서는 최고 부자 1퍼센트가 정치를 주무른다. 그러나 글로벌 민주주의 운동의 성공 여부를 판단하기엔 아직 이르다. 2017년 1월 21일 '여성의 행진Women's March'에서 420만 명으로 추산되는 시위자가 600군데가 넘는 미국의 도시에 모여 양성평등을 외친 것처럼, 국제적인 연대 활동은 종종 예기치 않은 상황에서 일어난다.[14] 우리는 글로벌 민주주의 운동의 민주적 목표를 묵살하거나, '또 다른 세계는 가능하다'는 낙관적인 주장을 조롱해선 안된다. 노예제 폐지 운동이 처음 승리한 때부터 미국의 시민 평등권 운동이 진보하기까지 거의 200년이 필요했다. 민주적 과정은 느릴 수 있지만, 그렇다고 집단행동의 힘을 과소평가하는 건 옳지 않다. 사회정의로 가는 길은 늘 사회운동의 에너지에서 권한을 부여받은 헌신적인 운동가들의 호위를 받았다.

결론

사회학은 사회적 삶, 사회의 변화, 인간이 하는 행동의 사회적 원인과 결과를 연구하는 학문이다.

미국사회학회American Sociological Association

사회학적 관점은 사람을 홀리는 악령, 너무나 흥미로워서 몇 번이고 되풀이해서 사람을 그 질문으로 끌어들이는 악령에 가깝다. 따라서 사회학으로 초대한다는 것은 아주 특별한 열정으로 초대하는 것이나 다름없다.

피터 버거Peter Burger[1]

사회학은 학문의 한 분야인 동시에 관점이다. 학문의 한 분야로서 사회학을 인식하고 설명하는 것은 상대적으로 쉬운 편이다. 학문으로서 사회학은 과학적 지식 분야이고, 가설과 결론으로 구성된 지식 체계이며, 대학 요람에 포함된 강좌이고, 도서관

서가에 꽂힌 책 제목이며, 과학자와 교수들이 날마다 하는 작업이다. 반면에 관점으로서 사회학은 덜 형식적이고, 좀 더 주관적이며, 규정하기도 어렵다. 두 번째 의미의 사회학은 우리를 둘러싼 세계를 인식하고 이해하는 독특한 방법을 제공하는 방향 설정이자 관점이다. 이 관점은 우리의 관심을 고립된 개인에서 벗어나 집단과 제도, 우리가 사회라고 부르는 사회적 연결망 쪽으로 향하도록 이끈다.

많은 사람에게 사회학적 관점이란 받아들이기 힘든 관점이다. 사회학적 관점은 인간의 본성과 개인의 정체성에 관한 확고부동한 가정에 반대하는 경우가 많기 때문이다. 하지만 바로 그 때문에 사회학은 새롭고 흥미진진한 접근법이 될 수 있으며, 열정이 될 수도 있다. 이 책의 가장 중요한 목적은 관점으로서 사회학을 받아들이는 태도를 개발하고 강화하며, 꺼져가는 열정의 불씨를 되살리는 것이다.

약 500년 전에는 대다수 교육받은 유럽인이 태양계의 중심은 지구라고 생각했다. 눈에 보이는 행성과 태양이 지구 주변의 궤도를 돈다고 여겼다. 이 지구 중심적인 관점은 대다수 사람에게 뚜렷하며, 반론할 여지가 없는 사실로 보였다. 사람들은 지구가 계속 정지한 동안 태양이 달을 비롯해 머나먼 곳에서 빛나는 다른 별들과 함께 '떠올랐다'가 '지는' 것을 '보기' 위해 하늘을 올려다봤다. 성서는 이 문제에 관해 입장이 분명했고, 교회의 지도자는 지구 중심적 관점에 반대하는 관점은 이단이라며 단호한 태도를 취했다. 오랜 시간이 걸렸으나 수학적·과학적 증거가 너무나 강력한 설득력이 있다는 사실이 밝혀졌으며, 오늘날 교육받은 사람 중에서 태양계의 중심이 태양이라는 사실을 받아들이지 않는 사람은 전 세계 어디서도 찾아보기 어렵다. 우리는 여전히 해가 '떠올랐다'가 '진다'고 말하지만, 지구가 자전하면서 태양의 둘레를 도는 것을 안다. 이 태양 중심적인 천체의 움직임을 바꾸지는 않았다. 태양 중심적인 관점은 지구와 달과 태양과 별들이 어떤 관계인지 우리 인식을 바꿨을 뿐이다.

이와 비슷하게 사회학적 가설과 증거도 인간의 사회적 행동을 설명하는 관습적인 방식에 도전한다. 사회학적 관점은 지배적인 관점인 개인주의적 관점에서 벗어나, 사회적 관계와 힘을 가장 중요하고 근본적인 것으로 보는 방향으로 나아가는 인식의 변화를 드러낸다. 즉 사회학적 관점은 우리에게 자신과 멀리 떨어진 곳에서 인간의 상호작용을 관찰할 것을, 다른 사람에게 의존하는 자신에 대해 곰곰이 생각할 것을, 이 새로운 시선을 깨닫기를 요구한다. 우주 비행사 닐 암스트롱Neil Armstrong은 달 위를 걸은 기분이 어땠는지 묻자, 이렇게 대답했다. "문득 저 작은 완두콩이, 저 예쁘고 파란 완두콩이 지구라는 생각이 떠올랐습니다. 나는 엄지를 치켜들고 한쪽 눈을 감은 다음 엄지로 지구를 완전히 가려봤습니다. 나는 거인이 된 것 같지 않았습니다. 내가 아주 작아진 느낌이었습니다." 어떤 면에서 사회학적 관점은 암스트롱과 비슷하게 겸손한 관점일 수 있다.

우리는 이 책에서 개인적인 삶이 선택하는 것을 제한하고 형성하는 다양한 사회적 힘을 알아봤다. 사회적 힘이 우리 삶을 완전히 통제하는 경우가 드물다는 말은 맞지만, 어떤 개인에게도 완벽한 '선택의 자유'가 있지 않다는 말 역시 맞다. 우리는 거의 언제나 제한된 인생의 선택에 직면하며, 이런 선택은 대개 우리 개인이 통제할 수 있는 범위 밖의 사회적 힘에 따라 결정된다. 우리가 이런 사회적 힘을 알아차리거나 인식하지 못한다고 해서 사회적 힘의 영향력이 달라지는 것은 아니다.

우리 삶은 처음 숨을 들이마신 순간부터 마지막 숨을 내뱉는 그날까지 다른 사람의 삶과 떼려야 뗄 수 없는 관계로 엮였다. 아기에게는 이와 같은 상호 의존이 너무나 당연하고 쉽게 확인된다. 하지만 우리는 커가면서 혼자 힘으로 살아갈 수 있는 능력을 점점 더 확신하고, 개인의 힘을 과장하면서 개인의 자율성과 자립, 자기 결정권을 강조하는 관점을 받아들이는 경향이 있다. 이런 경향은 개인주의 신화가 공동의 신념으로 뿌리 깊이 박힌 미국 사회에서 두드러지는 것 같다. 사회학적 관점을 받아들인 다는 것은 지배적인 문화의 흐름을 거스른다는 의미다. 사회학적 관점을 받아들이려면 지적 인내와 열린 마음이 필요하다. 사회학은 단순히 대안적인 이데올로기가 아니다. 사회학은 신앙에 기초한 것도 아니고, 독실한 신자들의 열광적인 헌신이 필요하지도 않다. 모든 과학적 학문이 그렇듯이 사회학 역시 비판적이고 회의적인 태도를 취하며, 아직 검증되지 않은 주장을 뒷받침할 수 있는 체계적 조사와 실증적 증거를 요구한다.

이 책의 목적은 사회학적 관점을 뒷받침할 수 있는 완벽한 증거를 살펴보는 것이 아니었다. 그 작업은 책 한 권을 따로 써야 할 정도로 만만찮다. 대신 현대사회에서 우리 삶을 형성하는 두드러진 사회적 힘을 분명히 보여주는 강력한 사례 몇 가지를 중점적으로 살펴봤다.

- 우리는 '마녀'와 '잃어버린 고리'를 살펴봄으로써 인간의 자격에 대한 정의가 시간이 흐름에 따라 어떻게 변해왔는지 알아봤다. 그런 정의는 대개 권력을 쥔 자들의 이해를 반영했다.
- 우리는 상징을 통한 의사소통이 미치는 깊고 광범위한 영향을 분석하고, 언뜻 사적인 절차처럼 보이는 사고와 느낌의 과정이 사회적 힘에 따라 어떻게 구조화되는지 증명했다.
- 우리는 집단과 그 구성원에 대한 연구를 검토하고, 종종 개인의 기대나 의도와 모순되는 극적인 순응 행위가 얼마나 쉽게 벌어지는지 살펴봤다.
- 우리는 가정과 사회계층의 관계를 살펴보고, 문화 자본이 어떤 가정에는 유리하고 어떤 가정에는 방해가 되는 자원인지, 어떤 작용을 하는지 알아봤다.
- 우리는 현대자본주의, 지구 반대편에 사는 사람들의 경제적 연결, 때때로 세계화가 전 세계의 개인과 공동체에 일으키는 엄청나게 파괴적인 변화를 살펴봤다.

- 우리는 국가가 민주적 통치로 어떻게 공익을 강화하는지, 반대로 국경을 세우고 경찰과 군대에 특별한 권력을 부여하고 학교의 교과과정을 통제해서 어떻게 불평등을 제도화하는지 알아봤다.
- 우리는 대중매체가 폭력과 부정적인 문화적 편견을 어떻게 부추기는지, 압제에 저항하는 효과적인 수단으로 어떻게 활용되는지 알아봤다.
- 우리는 집단행동의 힘을 분석하고, 성공한 사회운동이 어떻게 사회정책에 영향을 미치며 더 평등하고 민주적인 과정을 향하도록 정부를 움직이는지 살펴봤다.

우리는 사회학적 관점을 받아들임으로써 이런 사회적 힘의 영향력을 인정하고, 개인의 힘이 가장 중요하다고 주장하는 사회정책과 인간 행동 이론에 의문을 제기한다. 요컨대 우리는 사회학적 관점을 받아들일 때, 우리 모두 연결된 복잡한 사회적 관계망을 인식한다.

끝으로 사회학적 지향은 사회적 삶의 복잡성을 고려하지 못하는 단순한 설명을 경계하라고 경고한다. 우리는 사회적 힘이 사회 구석구석에 미치는 영향을 생각할 때, 사회를 커튼 뒤에서 우리의 움직임을 은밀하게 통제하는 거대한 꼭두각시 인형극의 조종사로 생각하기 쉽다. 이는 잘못된 생각이다. 사회적 힘은 우리 행동을 완벽하게 통제하지 않으며, 사회는 우리가 하는 행동과 상관없이 독립적으로 존재하지 않는다. 우리는 앞선 세대에게서 사회적 조건을 물려받지만, 이런 조건은 영구불변한 것이 아니다. 피해를 초래하고, 경제적 불평등을 강화하고, 차별을 유지시키는 사회적 행동 양식은 바뀔 수 있다. 이런 변화를 위한 첫걸음은 개인주의라는 차안대*를 벗기는 것이다.

---

* 　말이 옆이나 뒤를 보지 못하게 씌우는 눈가리개.

미주

서문

1 1858년 9월 18일 일리노이주 찰스턴에서 에이브러햄 링컨과 스티븐 더글러스가 토론한 내용 가운데 인용.

2 위대한유인원프로젝트Great Ape Project, GAP 임원 페드로 윤테린Pedro A. Ynterian 박사의 2006년 12월 4일 보도 자료. http://www.projetogap. org.br.

3 "Spanish Parliament Approves 'Human Rights' for Apes," *Guardian*, June 26, 2008.

4 아이러니하게도 특허를 신청한 과학자는 다른 과학자들이 그런 실험에 착수하는 것을 막으려고 했다.

5 다음 자료를 참고할 것. Joseph Veroff, Elizabeth Douvan, and Richard Kulka, *The Inner American: A Self-Portrait from 1957 to 1976* (New York: Basic Books, 1981); Jean M. Twenge, Emodish M. Abebe, and W. Keith Campbell. "Fitting In or Standing Out: Trends in American Parents' Choices for Children's Names, 1880-2007," *Social Psychology and Personality Science* 1 (2010), pp. 19~25; Daphna Oyserman, Heather M. Coon, and Markus Kemmelmeir, "Rethinking Individualism and Collectivism: Evaluation of Theoretical Assumptions and Meta-Analysis," *Psychological Bulletin* 128, no. 1 (2002), pp. 3~72.

6 개인주의의 기원에 관한 포괄적이고 역사적인 분석은 다음을 참고할 것. Raymond Martin and John Barresi, *The Rise and Fall of Soul and*

Self: An Intellectual History of Personal Identity (New York: Columbia University Press, 2006); Jerrold Seigel, *The Idea of Self: Thought and Experience in Western Europe since the Seventeenth Century* (Cambridge: Cambridge University Press, 2005).

7   "Democracy in America," trans. Arthur Goldhammer, vol. 2, part 2, chap. 2 (New York: Library of America, 2004[1856]), p. 585.

8   George Orwell, *1984* (Fairfield, IA: 1st World Library, 2004), p. 89.

9   C. Wright Mills, *The Sociological Imagination* (New York: Oxford University Press, 2000[1959]).

10   Karl Marx, *The Eighteenth Brumaire of Louis Bonaparte* (Rockville, MD: Wildside Press, 2008[1852]), p. 15.

1장 • 개인주의 : 신화의 힘

1   Emile Durkheim, *Selected Writings*, ed. Anthony Giddens (Cambridge: Cambridge University Press, 1972), p. 113. 에밀 뒤르켐(1858~1917)은 학문으로서 사회학을 창시한 사람 중 한 명이다.

2   테드 카진스키의 삶에 대한 설명은 주로 다음을 참고했다. Alston Chase, *Harvard Unabomber: The Education of an American Terrorist* (New York: Norton, 2004). 별도로 언급한 경우를 제외하고 모든 인용구는 이 책에서 발췌한 것이다.

3   특히 다음을 참고할 것. Robert N. Bellah, Richard Madsen, William M. Sullivan, Ann Swindler, and Steven M. Tipton, *Habits of the Heart: Individualism and Commitment in American Life* (Berkeley: University of California Press, 1985); Adrie Kusserow, *American Individualisms: Child Rearing and Social Class in Three Neighborhoods* (New York: Palgrave MacMillan, 2004); Charles Lemert and Anthony Elliott,

Deadly Worlds: The Emotional Costs of Globalization (Lanham, MD: Rowman&Littlefield, 2005).

4 탁월한 개요는 Steven Lukes, *Individualism* (New York: Harper&Row, 1973)을 참고하라.

5 카진스키의 인생은 여러 가지 면에서 완벽한 개인주의자가 되기는 불가능하다는 사실을 보여주는 또 다른 증거다. 그는 물리적으로 다른 사람과 격리되어 살았지만, 테러 행위를 통해 사회적 세계를 개조하려고 시도했다. 혹자는 그가 악명을 떨치기 바랐다고 주장할 수도 있으나, 악명 자체가 사회에 어느 정도 관여함을 말해준다.

6 이 결과는 국제적인 사회과학자 네트워크가 실시한 세계 가치관 조사 World Values Survey에서 인용했다(http://www.worldvaluessurvey.org). 우리는 이 결과를 해석할 때 신중해야 한다. 각 문화의 차이는 복합적이며, 설문지의 답으로 전부 알 수 있는 문제가 아니다. 나이지리아 같은 나라는 특히 그렇다. 다양한 종족 집단이 사는데다, 한 국가에서 다른 언어를 쓰는 공동체가 250개가 넘기 때문이다.

7 예를 들어 Ian Watt, *Myth of Modern Individualism: Faust, Don Quixote, Don Juan, Robinson Crusoe* (Cambridge: Cambridge University Press, 1996)를 참고할 것. 심지어 최초의 소설이 나오기 전, 그러니까 2000년 전 고대 그리스신화에서도 영웅적인 개인을 찬양하는 글을 찾아볼 수 있다. 예를 들어 호메로스Homeros의 서사시 《일리아드Iliad》와 《오디세이Odyssey》의 주제나 등장인물은 지금도 대중문화에 계속 등장한다.

8 문자를 위한 현대 자본주의 개론은 다음을 참고하라. Michael D. Yates, *Naming the System: Inequality and Work in the Global Economy* (New York: Monthly Review Press, 2003). 자본주의와 개인주의의 관계에 대한 구체적인 설명은 다음을 참고하라. Michael Perelman, *Manufacturing Discontent: The Trap of Individualism in Corporate Society* (London: Pluto Press, 2005).

9   Milton Friedman and Rose Friedman, *Free to Choose* (New York: Harcourt, 1980), p. 246.

10 《플레이보이Playboy》 1973년 2월호에 실린 제프리 노먼Geoffrey Norman 과 밀턴 프리드먼의 인터뷰에서.

11 아테네는 기원전 400~500년에 번성한 가장 강력하고 영향력 있는 고대 그리스의 도시국가다.

12 1859년 4월 6일, 헨리 피어스Henry Pierce에게 쓴 편지에서.

13 1862년 2월 22일, 제퍼슨 데이비스의 집권 2기 취임 연설에서.

14 1963년 4월 16일, 앨라배마주 버밍햄 교도소에 갇혔을 때 쓴 편지에서 발췌.

15 1964년 7월 4일, 조지아주 애틀랜타 사우스이스턴 박람회장 연설에서 발췌.

16 2004년 9월 2일, 공화당 전당대회 연설에서 발췌.

17 알자지라 TV에 방영된 비디오테이프에서 발췌. 2004년 10월 29일, BBC와 CNN에서 보도.

18 적극적 자유와 소극적 자유를 최초로 구분한 것은 철학자 이마누엘 칸트까지 거슬러 올라갈 수 있지만, 두 자유를 처음 체계적으로 구분한 인물은 철학자 이사야 벌린Isaiah Berlin(1909~1997)이다.

19 1967년 8월 16일, 남부기독교연합회의 연설에서 발췌.

20 이 이야기를 자주 들려준 사람은 오늘날의 지역공동체 조직 운동을 창시한 사람 중 한 명인 솔 앨린스키Saul Alinsky(1909~1972)다.

21 테드 카진스키의 선언문에서 발췌.

22 이 조사 결과는 로버트 퍼트넘Robert D. Putnam의 사회적 자본 연구에서 발췌했다. 특히 그가 쓴 *Bowling Alone: The Collapse and Revival of American Community* (New York: Simon&Schuster, 2000)를 참고할 것.

23 M. McPherson, L. Smith-Lovin, and M. E. Brashears, "Social Isolation in America: Changes in Core Discussion Networks over Two Decades,"

American Sociological Review 71 (2006), pp. 353~375.

24 Chase, *Harvard Unabomber*에서 발췌.

2장 • 사람의 자격 : 상징의 힘

1 유럽과 북아메리카에서 벌어진 마녀사냥에 대한 역사적 설명은 다음을 참고하라. Brian P. Levack, *The Witch-Hunt in Early Modern Europe* (London: Longman, 1987); Paul Boyer and Stephen Nissenbaum, *Salem Possessed: The Social Origins of Witchcraft* (Cambridge, MA: Harvard University Press, 1974). 2장에 제시된 정보는 대부분 위의 두 책과 세일럼 마녀재판 일지 원본을 참고했다.

2 '천주교'는 영국 청교도가 가톨릭교도를 가리킬 때 사용한 경멸적인 용어다. 교황이 기독교의 부패와 불법적인 계파를 이끈다는 확고한 정서를 반영한다.

3 청교도의 운명 예정설이 사회에 끼친 폭넓은 여파에 대한 매우 영향력 있는 분석은 다음을 보라. Max Weber, *Protestant Ethic and the Spirit of Capitalism* (Chelmsford, MA: Courier Dover Publications, 2003).

4 Boyer and Nissenbaum, *Salem Possessed*, p. 192에 인용된 법정 기록에서 발췌.

5 Kai T. Erikson, *Wayward Puritans: A Study in the Sociology of Deviance* (New York: Wiley, 1966).

6 Carol F. Karlson, *The Devil in the Shape of a Woman* (New York: Norton, 1987).

7 Elizabeth Ewen and Stuart Ewen, *Typecasting: On the Arts and Sciences of Human Inequality* (New York: Seven Stories Press, 2006)에서 인용. 이 책은 우생학 운동을 비롯해 불평등의 합법화와 관련된 사회적 요소와 문화적 이미지에 탁월한 역사적 해석을 제공한다. 다른 사례로 비슷한

주제를 다루는 설득력 있는 비디오 다큐멘터리를 찾는다면 'The Life and Times of Sara Baartman' (New York: Icarus/First Run Films, 1998)을 보라.

8 미국 연방 법 18편 1464조.

9 우리는 손 모양을 이용하는 것을 일반적으로 '수화sign language'라고 부르지만, 이는 말이라는 기호를 좀 더 관습적으로 이용하는 것이다. 실제로 수화는 손이라는 상징을 사용하기 때문에 구어口語와 전혀 다를 바 없다.

10 인지를 사회학적 관점에서 흥미진진하고 독창적으로 분석한 책은 다음을 참고하라. Eviartar Zerubavel, *Social Mindscapes: An Invitation to Cognitive Sociology* (Cambridge, MA: Harvard University Press, 1997).

11 이 연구를 개략적으로 소개한 탁월한 자료는 다음을 참고하라. *The Monitor on Psychology* 37, no. 2 (February 2006).

12 이 연구에 대한 자세한 내용은 다음을 참고하라. M. Morris and K. Peng, "Culture and Cause: American and Chinese Attributions for Social and Physical Events," *Journal of Personality and Social Psychology* 67 (1994), pp. 949~971. 이와 유사한 문화 간 차이는 다음에 요약되었다. David Matsumoto, ed., *Handbook of Cross-Cultural Psychology* (Oxford: Oxford University Press, 2000).

13 집단 간 지능의 차이를 뒷받침하는 데 활용되는 연구에 대한 포괄적인 비평은 다음을 참고하라. Stephen Jay Gould, *The Mismeasure of Man* (New York: Norton, 1981).

14 IQ 검사와 우생학 운동의 연관성에 관한 탁월한 역사적 분석은 다음을 참고하라. Ewen and Ewen, *Typecasting*.

15 Stanley Schachter and Jerome Singer, "Cognitive, Social, and Physiological Determinants of Emotional States," *Psychological Review* 69 (1962), pp. 379~399 참고.

16 Allen C. Smith III and Sherryl Kleinman, "Managing Emotions in Medical School: Students' Contacts with the Living and the Dead," *Social Psychology Quarterly* 52, no. 1 (1989), pp. 56~59.

17 Arlie Russell Hochschild, *The Managed Heart: Commercialization of Human Feeling* (Berkeley: University of California Press, 1983).

18 경계 행동에 대한 더 광범위한 분석은 다음을 참고하라. Stephen Lyng, ed., *Edgework: The Sociology of Risk Taking* (New York: Routledge, 2005).

19 Oyeronke Oyewumi, *The Invention of Women: Making an African Sense of Western Gender Discourses* (Minneapolis: University of Minnesota Press, 1997) 참고.

20 Noel Ignatiev, *How the Irish Became White* (New York: Routledge, 1995) 참고.

3장 • 순응과 불복종 : 집단의 힘

1 C. S. 루이스(1898~1963)는 작가이자 영문학 교수이며, 독실한 기독교인이다.

2 메리 울스턴크래프트(1759~1797)는 철학자로, 여성의 권리를 강하게 옹호했다.

3 비디오에 녹화된 영상은 유튜브에서 볼 수 있다. ABC 뉴스 〈프라임타임Primetime〉에서도 일부 영상을 볼 수 있다. 나는 비디오테이프에 녹화된 영상과 법정 증언, 몇몇 언론 보도를 바탕으로 이 사건을 재구성했다.

4 밀그램 실험에 대한 최근의 분석과 반향은 다음을 참고하라. Jerry M. Burger, "Replicating Milgram: Would People Still Obey Today?" *American Psychologist* 64, no. 1 (2009), pp. 1~11.

5 이 인용문은 다음 두 고문서에서 발췌했다. *Principles and Purposes of*

the KKK; *The Klansman's Manual*, 1924. 두 문서 모두 미시간주립대학교 컬렉션에 있다.

6 사생활 보호를 위해 가명을 사용했다.

7 오늘날 기준으로 볼 때 이 연구 방법에는 밀그램 실험과 마찬가지로 비윤리적인 측면이 있다는 사실을 간과해선 안 된다.

8 Muzafer Sherif, O. J. Harvey, B. Jack White, William R. Hood, and Carolyn W. Sherif, *Intergroup Conflict and Cooperation: The Robbers Cave Experiment* (Norman: University of Oklahoma Book Exchange, 1954/1961).

9 하산 살레는 그의 본명이 아니다.

10 자세한 내용은 다음을 참고하라. Ronald Inglehart, Mansoor Moaddel, and Mark Tessler, "Xenophobia and In-Group Solidarity in Iraq: A Natural Experiment on the Impact of Insecurity," *Perspectives on Politics* 4, no. 3 (2006), pp. 495~505.

4장 • 집안이 중요하다 : 사회계층의 힘

1 Pew Research Center, June 27, 2016, "On Views of Race and Inequality, Blacks and Whites Are Worlds Apart."

2 Annette Lareau, *Unequal Childhoods: Class, Race, and Family Life* (Berkeley: University of California Press, 2003). 관련 연구는 다음을 참고하라. Adrie Kusserow, *American Individualisms: Child Rearing and Social Class in Three Neighborhoods* (New York: Palgrave Macmillan, 2004).

3 예를 들어 다음을 참고하라. Emily Beller and Michael Hout, "Intergenerational Social Mobility: The United States in Comparative Perspective," *Future of Children* 16, no. 2 (2006), pp. 19~36.

4 Stanley Aronowitz, *How Class Works: Power and Social Movement* (New Haven, CT: Yale University Press, 2004), p. 31.

5 더 자세한 설명은 다음을 참고하라. Stephen R. Haynes, *Noah's Curse: The Biblical Justification of American Slavery* (Oxford: Oxford University Press, 2002).

6 Larry R. Morrison, "Religious Defense of American Slavery before 1830," *Journal of Religious Thought* 37, no. 2 (1981), pp. 16~29.

7 이는 《포브스Forbes》가 추정한 것을 근거로 한 수치다(2017년 2월, http://www.forbes.com/profile/walton-1/?list=families).

8 미국의 부의 분배에 관한 개요는 다음을 참고하라. Lisa A. Keister, *Getting Rich: A Study of Wealth Mobility in America* (Cambridge: Cambridge University Press, 2005). 사회계급으로서 미국 최고 부유층에 관한 탁월한 분석은 다음을 참고하라. G. William Domhoff, *Who Rules America? Power, Politics, and Social Change*, 6th ed. (New York: McGraw-Hill, 2009).

9 Robert Rosenthal and Lenore Jacobson, *Pygmalion in the Classroom* (New York: Holt, Rinehart&Winston, 1968).

10 리처드 헤른스타인Richard J. Herrnstein과 찰스 머리Charles Murray는 *The Bell Curve: Intelligence and Class Structure in American Life* (New York: Free Press, 1994)에서 이런 개인주의 신화를 드러냈다. 이들이 주장을 뒷받침하기 위해 제시한 빈약한 증거와 형편없는 자료 분석은 많은 학자들에 의해 낱낱이 까발려졌다. 예를 들어 다음을 참고하라. Russell Jacoby and Naomi Glauberman, eds., *The Bell Curve Debate* (New York: Three Rivers Press, 1995).

11 이와 똑같은 게임 은유를 활용해서 불평등을 개략적으로 탁월하게 분석한 자료는 다음을 참고하라. Michael Schwalbe, *Rigging the Game: How Inequality Is Reproduced in Everyday Life* (Oxford: Oxford

University Press, 2007).

12 예를 들어 다음을 참고하라. Melvin Koln, *Class and Conformity: A Study in Values* (Homewood, IL: Dorsey Press, 1969); *Work and Personality: An Inquiry into the Impact of Social Stratification* (with Carmi Schooler) (Norwood, NJ: Ablex, 1983); *Change and Stability: A Cross-National Analysis of Social Structure and Personality* (Boulder, CO: Paradigm, 2006).

13 Nick Bromell, "Scooter Libby and Me," *American Scholar*, January 16, 2007에서 발췌. 와스프WASP는 백인White, 앵글로 · 색슨Anglo-Saxon, 청교도Protestant의 머리글자로 미국 상류층 대다수를 규정하는 특징이다.

5장 • 세계화 : 자본주의의 힘

1 반다나 시바(1952년생)는 국제적으로 인정받는 철학자이자 환경 운동가다.

2 팀 듀이와 그 가족에 대한 정보는 다음에서 가져왔다. Louis Uchitelle, *The Disposable American: Layoffs and Their Consequences* (New York: Vintage, 2007).

3 Joseph Stiglitz, "Interpreting the Causes of the Great Recession of 2008." 이 강연은 2009년 6월 25~26일 스위스 바젤에서 열린 8차 BIS 연례 콘퍼런스를 위해 준비한 것이다.

4 Stiglitz, "Interpreting the Causes."

5 David Himmelstein, Deborah Thorne, Elizabeth Warren, and Steffie Woolhandler, "Medical Bankruptcy in the United States, 2007: Results of a National Study," *American Journal of Medicine* 122, no. 8 (August 2009), pp. 741~746.

6 Richard Sennett, *The Corrosion of Character: The Personal Consequences* *of Work in the New Capitalism* (New York: Norton, 1998), pp. 26~27.

7   예를 들어 다음을 참고하라. Sarah Moore, Leon Grunberg, Richard Anderson-Connolly, and Edward S. Greenberg, "Physical and Mental Health Effects of Surviving Layoffs: A Longitudinal Examination," Working Paper, Institute of Behavioral Science and Research Program on Political and Economic Change, University of Colorado, Boulder, November 2003.

8   T. A. Blakely, S. C. D. Collings, and J. Atkinson, "Unemployment and Suicide: Evidence for a Causal Association?" *Journal of Epidemiology and Community Health* 57 (2003), pp. 594~560.

9   Avner Ahituv and Robert I. Lerman, "How Do Marital Status, Work Effort, and Wage Rates Interact?" *Demography* 44, no. 3 (August 2007), pp. 624~647.

10 P. J. Huffstutter, "Town Faces Hazy Future after Exit of Auto Plant," Los Angeles Times, April 30, 2007.

11 Elijah Anderson, *Code of the Street: Decency, Violence, and the Moral Life of the Inner City* (New York: Norton, 1999), pp. 133~134.

12 Rick A. Mathews, Michael O. Maume, and William J. Miller, "Deindustrialization, Economic Distress, and Homicide Rates in Midsized Rustbelt Cities," *Homicide Studies* 5, no. 2 (2001), pp. 83~113.

13 "Race, Ethnicity, and Health Care Fact Sheet," Henry J. Kaiser Family Foundation, July 2006.

14 "Public Research Universities: Changes in State Funding," The American Academy of Arts and Sciences, 2015.

15 경제와 교도소 증가, 고등교육의 관계에 대한 더 자세한 분석은 다음을 참고하라. Jason Ziedenberg and Vincent Schiraldi, "Cell Blocks or Classrooms: The Funding of Higher Education and Corrections and Its

Impact on African American Men," Justice Policy Institute Report, 2002, http://www.justicepolicy.org/coc1/corc.htm.

16 재스민에 관한 내용은 2006년 테디베어필름Teddy Bear Films이 제작하고 미샤 펠레드Micha X. Peled가 연출한 다큐멘터리영화 〈차이나 블루China Blue〉를 참고했다.

17 National Council of Textile Organizations, "U.S. Textile Industry," http://www.ncto.org.

18 Wayne Tompkins, "Fruit of the Loom's Closing Tore at Fabric of Life in Campbellsville," and "Salvadorans Cling to Apparel Jobs," *Courier-Journal* (Louisville, KY), June 19, 2005, and June 20, 2005에서 발췌.

19 세계화의 조류 속에 중국 노동자가 처한 곤경과 특히 여성 노동력 착취에 대한 좀 더 자세한 설명은 다음을 참고하라. Pun Ngai, *Made in China: Women Factory Workers in a Global Workplace* (Durham, NC: Duke University Press, 2005).

20 다음을 참고하라. *Forbes* magazine, "The World's Billionaires," http://www.forbes.com/billionaires/list/#version:static.Retrieved February 2017.

21 "Human Development Report 2005: International Cooperation at a Crossroads; Aid, Trade and Security in an Unequal World," United Nations Development Programme.

22 Robert Frank, "High-Paying U.S. Nanny Positions Puncture Fabric of Family Life in Developing Nations," Wall Street Journal, December 18, 2001에서 발췌.

23 Arlie Russell Hochschild, "Love and Gold," in *Global Woman: Nannies, Maids, and Sex Workers in the New Economy*, ed. Barbara Ehrenreich and Arlie Russell Hochschild (New York: Henry Holt, 2002), p. 20.

24 ILO Global Estimates of Migrant Workers and Migrant Domestic

Workers: Results and Methodology/International Labour Office (Geneva: ILO, 2015).

25 Rachel Salazar Parrenas, "The Care Crisis in the Philippines: Children and Transnational Families in the New Global Economy," *Global Woman: Nannies, Maids, and Sex Workers in the New Economy*, ed. Barbara Ehrenreich and Arlie Russell Hochschild (New York: Henry Holt, 2002), pp. 39~54.

26 I-140 ("Immigrant Petition for Alien Worker"), United States Citizenship and Immigration Services, Department of Homeland Security.

27 Jeffrey S. Passel, "Estimates of the Size and Characteristics of the Undocumented Population," Pew Hispanic Center Report, March 2005.

6장 • 정부의 통치 : 국가의 힘

1 2012년 5월 16일, 버니 샌더스가 CNN 텔레비전 인터뷰에서 한 말.

2 이와 유사한 분류는 다음을 참고하라. Michael Mann, "The Autonomous Power of the State: Its Origins, Mechanisms and Results," *European Journal of Sociology* 25, no. 2 (1984), pp. 185~213.

3 다음을 참고하라. Todd Beer, "Police Killing of Blacks: Data for 2015 and 2016," *The Society Pages* (January 20, 2016), https://thesocietypages. org/toolbox/policekilling-of-blacks.

4 Institute for Intergovernmental Research. "After-Action Assessment of the Police Response to the August 2014 Demonstrations in Ferguson, Missouri. COPS Office Critical Response Initiative," Washington, D.C.: Office of Community Oriented Policing Services (2015).

5 James W. Buehler, "Racial/Ethnic Disparities in the Use of Lethal Force by US Police, 2010–2014," *American Journal of Public Health* 107, no. 2

(February 2017), pp. 295~297.

6   Roland G. Fryer, Jr., "An Empirical Analysis of Racial Differences in Police Use of Force," NBER Working Paper No. 22399 (July 2016).

7   "Black, White, and Blue: Americans' Attitudes on Race and Police," Roper Center, Cornell University (2017), https://ropercenter.cornell.edu/black-white-blue-americans-attitudes-race-police.

8   Salvatore Colleluori and Daniel Angster, "New York City Television Stations Continue Disproportionate Coverage of Black Crime," Media Matters for America (March 23, 2015), https://mediamatters.org/research/2015/03/23/report-new-york-city-television-stations-contin/202553.

9   Nazgol Ghandnoosh, "Race and Punishment: Racial Perceptions of Crime and Support for Punitive Policies," The Sentencing Project: Research and Advocacy for Reform (September 2014), http://www.sentencingproject.org/wp-content/uploads/2015/11/Race-and-Punishment.pdf.

10 Ted Chiricos, Kelly Welch, and Marc Gertz, "The Racial Typification of Crime and Support for Punitive Measures," *Criminology* 42, no. 2 (May 2004), pp. 358~390.

11 Roy Walmsley, "World Prison Population List, Tenth Edition," International Centre for Prison Studies (October 2013), http://www.apcca.org/uploads/10th_Edition_2013.pdf.

12 "King's Dream Remains an Elusive Goal: Many American See Racial Disparities," Pew Research Center: Social and Demographic Trends (August 22, 2013), http://www.pewsocialtrends.org/2013/08/22/kings-dream-remains-an-elusive-goal-many-americans-see-racial-disparities.

13 Melissa S. Kearney, Benjamin H. Harris, Elisa Jácome, and Lucie Parker,

"Ten Economic Facts about Crime and Incarceration in the United States," The Hamilton Project (May 2014), https://www.brookings.edu/wp-content/uploads/2016/06/v8_THP_10CrimeFacts.pdf.

14 인종과 수감에 관한 더 광범위한 분석은 다음을 참고하라. Michelle Alexander, *The New Jim Crow: Mass Incarceration in the Age of Colorblindness* (New York: The New Press, 2012).

15 Mary K. Reinhart, "Tom Horne: Tucson Unified School District Runs Afoul of Ethnic Studies Law," The Arizona Republic (January 3, 2011), http://archive.azcentral.com/news/election/azelections/articles/20110103arizona-ethnic-studies-tucson-tom-horne.html#ixzz4ULtHKjpJ.

16 Alexis Huicochea, "TUSD Board Shuts Down Mex. American Studies: Disputed Program Abandoned to Avoid Loss of State Funding," Arizona Daily Star (January 11, 2012), http://tucson.com/news/local/education/precollegiate/tusd-board-shuts-down-mex-american-studies/article_89674600-5584-58a8-9a0f-4020113900f9.html.

17 James D. Phelan, "Why the Chinese Should Be Excluded," *The North American Review* 173, no. 540 (November 1901), pp. 663~676.

18 Brooke Harrington, *Capital without Borders: Wealth Managers and the One Percent* (Cambridge, MA: Harvard University Press, 2016), p. 245.

19 Gabriel Zucman, Teresa Lavender Fagan, and Thomas Piketty, *The Hidden Wealth of Nations: The Scourge of Tax Havens* (Chicago: University of Chicago Press, 2015).

20 Richard Phillips, Steve Wamhoff, and Dan Smith, "Offshore Shell Games 2014: The Use of Offshore Tax Havens by Fortune 500 Companies," Citizens for Tax Justice and US PIRG Education Fund (2014), http://ctj.org/pdf/offshoreshell2014.pdf.

21 Brooke Harrington, *Capital without Borders: Wealth Managers and the One Percent*, p. 25.

7장 • 폭력, 섹스, 정치 : 대중매체의 힘

1 에드워드 사이드(1935~2003)는 영향력 있는 영문학 교수이자 사회 비평가, 인권 운동가다.

2 Harold Herd, *The March of Journalism* (London: Allen&Unwin, 1952)에서 인용.

3 이 사례는 대중매체의 발전과 관련된 논란에 대한 스티븐 스타커Steven Starker의 탁월한 역사적 분석에서 발췌했다. *Evil Influences: Crusades Against the Mass Media* (New Brunswick, NJ: Transaction, 1989).

4 *Quarterly Christian Spectator* (1822) 기사에서 인용.

5 캘리포니아주 43선거구 민주당 소속 하원 의원 조 바카Joe Baca.

6 "Generation M2: Media in the Lives of 8-to 18-Year-Olds," Kaiser Family Foundation Study (January 20, 2010), http://kff.org/other/event/generation-m2-media-in-the-lives-of.

7 Chris O'Shea, "NY Times Circulation Increases: Digital Circulation Is Up, Print Circulation Is Down," *ADWEEK* (May 1, 2015), http://www.adweek.com/digital/ny-times-circulation-increases.

8 O'Shea, "NY Times Circulation Increases."

9 Daniel Holloway, "Nielsen: Number of U.S. TV Households Grows in 2016–17 Season," *Variety* (August 26, 2016), http://variety.com/2016/tv/news/nielsen-number-of-u-s-tv-households-grows-1201845482.

10 "U.S. Homes Add Even More TV Sets in 2010," *Nielsen* (April 28,2010), http://www.nielsen.com/us/en/insights/news/2010/u-s-homes-add-even-more-tv-sets-in-2010.html.

11 "Generation M2: Media in the Lives of 8-to 18-Year-Olds," A Kaiser Family Foundation Study (January 2010), http://files.eric.ed.gov/fulltext/ED527859.pdf.

12 Channel One News website, retrieved March 6, 2017, https://edshelf.com/tool/channel-one-news에서 보도된 수치.

13 "Essential Facts about the Computer and Video Game Industry: 2016 Sales, Demographic and Usage Data," released by the Entertainment Software Association (ESA) in April 2016, http://essentialfacts.theesa.com/Essential-Facts-2016.pdf.

14 "WoW is up to 10.1 million subscribers," Elizabeth Harper, *Blizzard Watch*, October 4, 2016, http://blizzardwatch.com/2016/10/04/wow-10-1-million-subscribers.

15 "Essential Facts: 2016," ESA.

16 "Essential Facts: 2016," ESA.

17 "Magazine Media Factbook: 2016/17," http://www.magazine.org/sites/default/files/MPA-FACTbook201617-ff.pdf.

18 "YouTube Company Statistics," reported by http://www.statisticbrain.com/youtube-statistics.

19 YouTube, March 2017, https://www.youtube.com/watch?v=9bZkp7q19f0.

20 "The Top 20 Valuable Facebook Statistics—Updated March 2017," Zephoria Digital Marketing, https://zephoria.com/top-15-valuable-facebook-statistics.

21 Kenneth Burke, "How Many Texts Do People Send Every Day?" *Text Request* (May 18, 2016), https://www.textrequest.com/blog/many-texts-people-send-per-day.

22 Greg Hardesty, "My Daughter Racked up 14,528 Text Messages in One Month," *The Orange County Register*, http://www.ocregister.com/articles/

text-185518-phone-texting.html.

23 Marissa A. Harrison and Angela L. Gilmore, "U txt WHEN? College Students' Social Contexts of Text Messaging," *The Social Science Journal* 49, no. 4 (2012), pp. 513~518.

24 Harrison and Gilmore, "U txt WHEN?"

25 'Teens, Sex and TV'는 카이저패밀리파운데이션Henry J. Kaiser Family Foundation, KFF과 유에스뉴스&월드리포트U.S. News and World Report가 공동으로 진행했다. 전국의 15~17세 청소년을 대표하는 500명 이상이 표본이다.

26 Ryan G. Van Cleave, *Unplugged: My Journey into the Dark World of Video Game Addiction* (Deerfield Beach, FL: Health Communications, 2010).

27 "The Influence of Big Tobacco," *The Tobacco Atlas*, World Lung Foundation, 2015, http://www.tobaccoatlas.org/topic/the-influence-of-big-tobacco; "Smoking and Tobacco Use: Tobacco Industry Marketing," Centers for Disease Control and Prevention, https://www.cdc.gov/tobacco/data_statistics/fact_sheets/tobacco_industry/marketing. (마지막 업데이트 2016년 12월 19일)

28 이 연구의 자세한 내용은 다음을 참고하라. Chris J. Boyatzis and Gina M. Matillo, "Effects of 'The Mighty Morphin Power Rangers' on Children's Aggression with Peers," *Child Study Journal* 25, no. 1 (1995), pp. 45~55.

29 이 연구의 자세한 내용은 다음을 참고하라. R. H. DuRant, R. Neiberg, H. Champion, S. D. Rhodes, and M. Wolfson, "Viewing Professional Wrestling on Television and Engaging in Violent and Other Health Risk Behaviors," *Southern Medical Journal* 2 (2008), pp. 129~137.

30 이런 문헌에 대한 포괄적인 검토는 다음을 참고하라. Steven J. Kirsh, *Children, Adolescents, and Media Violence*, 2nd ed. (Los Angeles: Sage,

2012).

31 "Psychiatric Effects of Media Violence," American Psychiatric Association (APA) fact sheet series, APA Online Public Information, http://www. psych.org/public_info/media_violence.html. (마지막 수정 1998년 10월)

32 Steven A. Kohm, Courtney A. Waid-Lindberg, Michael Weinrath, Tara O'Connor Shelley, and Rhonda R. Dobbs, "The Impact of Media on Fear of Crime among University Students: A Cross-National Comparison," *Canadian Journal of Criminology and Criminal Justice* 1 (2012), pp. 67~100.

33 "More Americans Say Crime Is Rising in U.S.," Gallup Politics, October 22, 2015, http://www.gallup.com/poll/186308/americans-say-crime-rising.aspx?g_source=Politics&g_medium=newsfeed&g_campaign=tiles.

34 Erin Hatton and Mary Nell Trautner, "Equal Opportunity Objectification? The Sexualization of Men and Women on the Cover of Rolling Stone," *Sexuality and Culture* 15 (2011), pp. 256~278.

35 킬번 박사가 한 모든 연구와 작업이 궁금하다면 www.jeankilbourne. com을 참고하라.

36 Neil Postman, *Amusing Ourselves to Death: Public Discourse in the Age of Show Business* (New York: Penguin, 1985), p. 73.

37 John Thorne in "Bouazizi Has Become a Tunisian Protest 'Symbol,'" *The National* (Abu Dhabi, United Arab Emirates), January 13, 2011.

8장 • '나'에서 '우리'로 : 집단행동의 힘

1 프레더릭 더글러스는 과거에 노예였으며 주요한 노예 폐지론자였다. 이 인용문은 1857년 8월 3일, 뉴욕주 캐넌다이과에서 한 연설 가운데 발췌했다.

2   대화 인용을 포함해서 다음에 나오는 사건 설명은 두 가지 자료를 참고했다. Rosa Parks (with Jim Haskins), *Rosa Parks: My Story* (New York: Penguin, 1992); Douglas Brinkley, *Rosa Parks: A Life* (New York: Penguin, 2000).

3   다음 기사에 실린 디트로이트주 국회의원 존 코니어스John Conyers 의 말을 인용했다. Monica Davey, "Two Sets of Park Memories: From Before the Boycott and After," New York Times, October 26, 2005.

4   사회운동의 역사를 탁월하게 분석한 자료는 다음을 참고하라. Charles Tilly, *Social Movements, 1768–2004* (Boulder, CO: Paradigm, 2004).

5   수전 자스케Susan Zaeske는 미국의 탄원 집회 역사, 노예제 폐지 운동과 페미니즘 운동의 연관성에 대한 역사를 광범위하게 연구했다. 다음을 참고하라. *Signatures of Citizenship: Petitioning, Antislavery, and Women's Political Identity* (Chapel Hill: University of North Carolina Press, 2003).

6   경우에 따라서는 분쟁 심사 위원이 '심판' 4~5명으로 구성될 때가 있 겠지만, 판결을 거부할 유일한 방법은 무역 대표 전원(152명)이 판결 을 뒤집는 데 동의하는 것이다.

7   신자유주의의 역사와 더 광범위한 분석, 비평은 다음을 참고하 라. David Harvey, *A Brief History of Neoliberalism* (New York: Oxford University Press, 2005); Naomi Klein, *The Shock Doctrine: The Rise of Disaster Capitalism* (New York: Metropolitan Books, 2007).

8   비영리 뉴스 분석 매체인 FAIR에 실린 비폭력 시위 교관 매트 거닌 Matt Guynn의 인터뷰에서 인용. 1999년 12월 7일, "WTO Coverage: Prattle in Seattle" 참고.

9   FAIR, "WTO Coverage: Prattle in Seattle."

10   이런 시위의 목표에는 WTO, IMF, 세계은행, G8이 포함된다. 군중의 규모를 알아내는 것은 항상 어렵기 때문에, 이 수치는 다양한 매체에 서 보도한 수치를 평균해서 추산한 것임을 밝혀둔다.

11 세계화 운동을 탁월하게 검토·분석한 자료는 다음을 참고하라. Jeremy Brecher, Tim Costello, and Brendan Smith, *Globalization from Below: The Power of Solidarity* (Cambridge, MA: South End Press, 2002).

12 위스콘신주 시위에 대한 존 니콜스John Nichols의 설명은 다음을 참고하라. *Uprising: How Wisconsin Renewed the Politics of Protest, from Madisonto Wall Street* (New York: Nation Books, 2012).

13 월가 시위에 대한 내부자의 시각은 다음을 참고하라. *Occupying Wall Street: The Inside Story of an Action That Changed America* (New York: OR Books, 2011). 이 책은 월가 점령을 조직하는 데 힘을 보탠 핵심 운동가들의 목소리를 담았다.

14 "The Women's Marches May Have Been the Largest Demonstrations in U.S. History," *Vox*, January 31, 2017, http://www.vox.com/2017/1/22/14350808/womens-marches-largest-demonstration-us-history-map.

결론

1 피터 버거(1929년생)는 국제적으로 인정받는 사회학자다.

찾아보기

개인주의 신화
우리는 왜 개인이 아닌가

펴낸날 2019년 2월 25일 초판 1쇄
엮은이 피터 칼레로(Peter Callero)
옮긴이 김민수
만들어 펴낸이 정우진 강진영 김지영
꾸민이 Moon&Park(dacida@hanmail.net)
펴낸곳 (04091) 서울 마포구 토정로 222 한국출판콘텐츠센터 420호 도서출판 황소걸음
편집부 (02)3272-8863
영업부 (02)3272-8865
팩 스 (02)717-7725
이메일 bullsbook@hanmail.net / bullsbook@naver.com
등 록 제22-243호(2000년 9월 18일)
ISBN 979-11-86821-30-5 03330

황소걸음
Slow&Steady

정성을 다해 만든 책입니다. 읽고 주위에 권해주시길…
잘못된 책은 바꿔드립니다. 값은 뒤표지에 있습니다.

이 도서의 국립중앙도서관 출판시도서목록(CIP)은 서지정보유통지원시스템 홈페이지(http://seoji.nl.go.kr)와 국가자료공동목록시스템(http://www.nl.go.kr/kolisnet)에서 이용하실 수 있습니다.
(CIP제어번호 : CIP2019003360)